国家社科基金“中国武术百年转型历程的时代语境与宏观特征研究”（13BTY060）项目成果，“河南省高等学校哲学社会科学创新团队支持计划”（2017-CXTD-03）系列成果。

中国武术百年转型历程研究（1900—2012）

中国卿◎著

科学出版社
北 京

内 容 简 介

本书从当代中华民族文化发展全新宏观语境出发，主要以 1900—2012 年的中国武术宏观发展轨迹为研究对象，兼顾 1840—1900 年等相关历史阶段的中国武术发展，旨在探讨和揭示近代以来百余年武术转型之旅不同重要历史节点的时代背景及其相应发展特征，在此基础上归纳和总结百余年武术演变轨迹对于当代武术发展的战略启示，以期探研、反思近代以来的武术发展经验，助力当代武术文化发展，为服务中华民族伟大复兴事业尽己所能。

本书可供体育学、历史学等相关专业师生阅读和参考。

图书在版编目（CIP）数据

中国武术百年转型历程研究：1900—2012 / 申国卿著. —北京.科学出版社，2017.11

ISBN 978-7-03-055000-2

Ⅰ. ①中… Ⅱ. ①申… Ⅲ. ①武术-体育运动史-研究-中国-1900-2012 Ⅳ. ①G852.09

中国版本图书馆 CIP 数据核字（2017）第 261888 号

责任编辑：任晓刚 / 责任校对：韩 杨
责任印制：张 伟 / 封面设计：楠竹文化

编辑部电话：010-64011837
E-mail:chenliang@mail.sciencep.com

科 学 出 版 社 出版
北京东黄城根北街 16 号
邮政编码：100717
http://www.sciencep.com

北京虎彩文化传播有限公司 印刷
科学出版社发行 各地新华书店经销

*

2017年11月第 一 版 开本：720×1000 1/16
2020年 1 月第三次印刷 印张：14 3/4
字数：300 000

定价：87.00元

（如有印装质量问题，我社负责调换）

目录

导　　论

一、研究背景、目的及研究意义

（一）研究背景

作为中华民族传统文化的一项重要组成部分，武术在中华民族数千年的历史长河中始终与国家共命运、与民族同呼吸，早已成为中华民族传统文化的一张特殊名片和一个特色窗口。从中华民族伟大复兴的视角而言，武术在当代中华民族复兴战略中的地位与作用也是一个亟须思考与探索的重要问题。从历史发展来看，当代中华民族的伟大复兴其实又与近代以来中华民族经历的独特转型之旅有着紧密联系，武术同样伴随着国家与民族转型的历史语境步履蹒跚地走过了百余年的演进道路，并且至今仍面临着转型的战略选择。因此，从服务当代中华民族复兴的主题出发，对于武术近代百年转型轨迹进行相关研究，理论意义与实践需要等方面都尤为契合时代主题。

从 1840 年中英鸦片战争开启的近代中国转型起点至今，一个多世纪的失落与奋斗、徘徊与拼搏的转型之路已经成为历史的记忆。今天，从新的时代环境回顾曾经的百余年转型之路，我们心中情不自禁地激荡起百感交集的思想与情绪。伴随着硝烟弥漫、山河破碎的近代社会背景，晚清以降的中国武术演进轨迹上充满着近代中国社会宏观转型语境的曲折与沧桑，其中更点缀着传统武术所特有的悲壮与苍劲！这种武术特有的历史内涵同时也在启示着我们不忘昨天的经验教训，认真从百余年的历史转型轨迹中汲取营养和教诲。经历了一个多世纪的风雨洗礼与内外求索，拥有 60 多年社会主义建设经验的中华人民共和国已经开创了一个与 1840 年有着天壤之别的宏观社会环境，中华民族伟大复兴的时代主题也将再度揭开中国武术当代转型的战略序幕。从新的时代环境起点审视中国武术的发展之路，传统武术博大精深的文化内涵与近代武术水深火热的转型轨迹相互交织，当代中国稳健崛起的华彩乐章与现代武术喜乐交加的生态景观融为一体，共同呈现出一幅多彩而又斑驳的世纪文化动态图谱，它们既吸引着关注中国武术发展者的视线与神经，同时也考验着当代中国武术工作者以及相关部门、群体的视野与智慧。面对正在开启的新一轮中国武术战略转型，我们自然不能一味地满足于传统武术恢宏的文化内涵及其曾经的历史辉煌，同样也不必过多纠结于当前的各种武术问题以及由此发酵造成的相关现实困境。全面深入地回溯历史，从近代以降的百余年武术演进路径中感知问题、总结经验，从而转化为指导当代武术转型的宏观指南，应该不失为一条切实可行而又深谋远虑的战略选择。

武术是中国传统文化中极具特色的一种经典资源，没有对于近代以来武术历史发展轨迹的研究探讨，就难以真正了解近代以降百余年中华文化的发展概貌，全面把握当代中国武术的发展、科学规划中国武术的战略转型、准确研判武术文化的演进趋势、合理制定服务中华民族伟大复兴的武术文化策略等也都无从谈起。从中国武术上下五千年的历史进程整体来看，近代以来百余年的武术发展无疑是极其独特的。近代以来百余年武术发展所置身的中华民族时代转型语境，近代以来百余年武术发展所蕴含的中华武林爱国图强精神，近代以来百余年武术发展所呈现的传统武术文化现代转型路径，近代以来百余年武术发展所凸显的武术文化发展规律，近代以来百余年武术发展所揭示的中国武术科学化战略，近代以来百余年武术转型所预示的全球化趋势下中国武术的必然归宿等，无一不震撼着当代武术人的情志，涤荡着当代武术人的心魂。近代以来一个多世纪中传统武术的落寞与振起，武术文化的徘徊与转型，武术路径的开放与嬗变，武林中人的异化与坚守，武术形象的颠覆与重构等，潜蕴着极具当代武术发展研究、思索的深刻内涵。总之，置身于近代以来中国转型语境的一百余年武术发展轨迹，对于当代中国武术文化而言，实在无异于一座富有深挖、深研、深问、深思价值的历史宝库。

20世纪90年代以来，陆续有一批学者围绕近代以来百年武术发展的相关问题进行了探讨。其中，谭华论述了"土洋体育"论争中的武术发展问题①；易剑东指出20世纪百年武术轨迹具有重要象征意义②；蔡宝忠认为近代以来的东西方体育文化的激荡是推动百年武术教育嬗变的主要动因③；曾于久总结了改革开放30年历程中武术散打运动的发展经验以及武术发展所启示的战略眼光问题④；戴国斌、杨桦等分别从全球化与中华和平崛起的研究视角论述了中国武术与西方奥林匹克运动和而不同的战略发展思路⑤；蔡仲林、栗胜夫等从生命文化和文化软实力视域指出当代中国武术传播要注重凸显民族文化影响力⑥；邱丕相、王岗、郭玉成等则分别从文化立国和大武术观层面提出当代中国武术发展应担当起弘扬中华民族精神的历史使命，让中国武术的发展为诠释中华崛起而贡献力量⑦。另外，李蕾研究了近代以来

① 谭华：《70年前的一场中国体育发展道路之争》，《北京体育大学学报》2002年第1期，第16—18页。

② 易剑东：《中国武术百年历程回顾——面向21世纪的中国武术》，《体育文史》1998年第1期，第22—27页。

③ 蔡保忠：《中国武术史专论》，北京：人民体育出版社，2003年。

④ 曾于久，陈星潭：《武术散打运动30年的回顾与展望》，《体育科学》2009年第6期。

⑤ 戴国斌：《不同历史时期武术影视明星发展特征研究》，《北京体育大学学报》2011年第9期；杨桦：《2008年北京奥运会对提升中国国际地位和声望的研究》，《体育科学》2006年第9期等。

⑥ 蔡仲林，汤立许：《武术文化传播障碍思考——以文化软实力为视角》，《天津体育学院学报》2009年第5期；栗胜夫，李富刚：《中华崛起进程中的武术演变与展望》，《体育科学》2009年第10期。

⑦ 杨建营，邱丕相：《"国家需要"对武术发展的驱动力探析》，《体育学刊》2010年第2期；王岗，郭华帅：《"文化立国"战略指导下的中国武术发展研究》，《成都体育学院学报》2009年第5期；郭玉成，刘韬光：《武术构建中国国家形象的作用研究》，《广东体育学院学报》2012年第4期。

中国武术项目的管理过程[①]，刘彩平论述了当代背景下的学校武术教育价值问题[②]，刘晖则联系中国社会的运动分析了中国近现代体育发展的历史动因[③]等。上述研究，都不同程度地联系或涉及了近代武术各个发展阶段的历史背景，但围绕武术百年转型各历史节点的时代语境及其宏观发展特征的相关研究成果显然仍有待深入。可以预见，在当代中国全新转型语境之下，武术文化继往开来的研究主题今后势将更加引人关注。

（二）研究目的

基于以上相关内容及认识，本书从当代中华文化发展全新宏观语境出发，主要以 1900—2012 年的中国武术宏观发展轨迹为研究对象，兼顾 1840—1900 年等相关历史阶段的中国武术发展，旨在探讨和揭示近代以来百余年武术转型之旅不同重要历史节点的时代背景及其相应发展特征，在此基础上归纳和总结百余年武术演变轨迹对于当代武术发展的战略启示，以期探研、反思近代以来的武术发展经验，助力当代武术文化发展，为服务中华民族伟大复兴的宏伟事业尽己所能。

（三）研究意义

1. 当代中华民族文化复兴的转型语境为当代武术研究提供了新的视角

基于当代中华民族文化全新发展的时代背景，针对近代以来武术百年转型历程的时代语境与发展特征进行研究和探讨，对于当代武术文化的科学、创新发展显然具有重要的理论意义与战略价值。

---

① 李蕾：《近代以来中国武术项目管理过程及其评价与发展》，北京：北京体育大学出版社，2006 年。
② 刘彩平：《当代学校武术教育价值刍论》，北京：北京体育大学出版社，2011 年。
③ 刘晖：《“民族复兴”：我国近现代体育发展的历史动因》，北京：北京体育大学出版社，2014 年。

2. 针对武术百年历史轨迹的总结与反思是当代中华民族伟大复兴的战略需要

从当代中华民族复兴全新历史节点出发，总结和归纳近代以来武术百年转型轨迹不同阶段的发展经验与历史启迪，不仅对于中国武术自身的反思、完善及其当代转型等意义深远，而且也是当代中华民族伟大复兴战略的客观需要。一方面，服务当代中华民族复兴的战略主题，中国武术自然责无旁贷；另一方面，中国梦的综合内涵及其实现，亦必然包括传统武术的文化精神与复兴。

二、研究思路、方法与研究假设、创新点

（一）研究思路

本书最初萌芽于当代中国出现的社会巨变，以此为启发，笔者开始了有关服务中华民族当代复兴的武术文化发展思考，经过对于中国武术近代以来发展轨迹的回溯与分析，逐步形成了相关的研究思路。概括而言，研究宏观思路主要可为以下相互联系、互为基础的四个步骤。

首先，以中华民族文化转型发展的历史新起点为视角，联系中华民族和平崛起的时代背景，结合中共中央推动文化大发展、大繁荣的指导思想，形成关于当代武术文化宏观发展背景的相关认识，在此基础上产生关于不同时期武术文化发展特征与其相应时代宏观社会环境背景之间的关系思考。

其次，以历史学领域公认的鸦片战争象征的近代中国社会转型标志为依据，收集、分析 1840 年以降，特别是 1900 年以来乃至 2008 年北京奥运会至今的一系列重大武术文化事件信息，总结、提炼 1840—1900 年、1900—1949 年、1949—1978 年、1978—2008 年、2008—2012 年等不同历史阶段中国武术发展的时代语境及其相应宏观特征，形成关于 1840 年特别是 1900 年以来中国武术近代百年转型发展经验的总体认知。

再次，从中国武术的当代发展现状调查研究入手，揭示当代武术文化客观、真实的生存状态，针对中国武术近代以来百年转型之旅的三次思想讨论和新中国成立以来的武术发展战略等进行分析与思辨，由此形成关于中国武术文化当代转型战略的相关内容与建议。

最后，紧扣当代中华民族复兴蓝图，从宏观上提出以服务中华文化复兴为主题的后2012时代中国武术文化转型战略及其相关对策建议，为中国武术的当代复兴以及当代中华民族伟大复兴事业提供借鉴与参考。

（二）研究方法

本书运用的相关方法主要有系统方法、文献资料法、专家访谈法、个案分析法、历史学研究方法以及马克思主义唯物辩证法等，具体如下：

1. 系统方法

把中国武术看作是一个综合体系，从系统视角对于近代以来的中国武术发展进行研究。以1840年第一次鸦片战争为研究起点，当代武术发展主要以2012年为界，对于1840年至今的一百多年武术文化发展状况展开系统研究。其中，从时间维度而言，则又进一步将这一近代百年历程细分为1840—1900年、1900—1949年、1949—1978年、1978—2008年、2008—2012年等几个相应阶段，分别针对每个阶段的中国武术发展进行相应的研究、探讨，在上述各阶段工作的基础上，最后再从整体方面进行新一轮系统层面上的相关研究，最终得出1840年至今的一个多世纪中国武术发展的整体理解与系统认识。

2. 文献资料法

通过中国知网等电子文献以及北京体育大学、上海体育学院等各大图书馆渠道广泛地收集相关文献信息资料。以中国知网、万方数据库等为主，结合各种互联网信息渠道，以中国武术为专业核心内容，注重收集与近代中国社会、文化转型主题有密切联系的各种相应文献，尽可能较为全面、深入地接触、了解、把握与研究内容有关的各种参考材料。

3. 专家访谈法

利用各种机会和途径，针对河北省、河南省、湖北省等武术传统强省与武术文化资源大省的一些武术运动管理中心、传统武术之乡以及北京体育大学、上海体育学院、武汉体育学院、湖北大学等高等院校，进行相关专家访谈，获取有关武术文化发展的重要观点与不同认识。访谈专家以武术领域高学历、高职称人员为主，前后总计有 23 人，其中博士生导师 7 人，除 1 名教授外，其余皆拥有博士学位。

4. 个案分析法

以太极拳为对象，进行当代中国武术发展的个案研究，通过太极拳的传播现状、发展脉络、历史经验等分析，综合展现市场经济语境下当代中国武术的客观生存状态，揭示其中蕴含的当代中国武术文化发展的战略启示。

5. 历史学研究方法

以历史学研究方法为指导，针对中国武术近代以来不同历史阶段的发展状况进行纵向梳理与横向分析，以史料、史论为根基，抽象思维与形象思维相结合，注重不同阶段主要内容要素的归纳、演绎，从中梳理脉络、提炼特质，把握特征，进而获得并呈现近代百余年中国武术的发展规律，在此基础上逐步产生当代武术文化发展的相关启示及思路认识。

6. 马克思主义唯物辩证法

在当代人文社科研究领域中，马克思主义唯物辩证法所具有的指导作用无可替代。对于近代以来横跨 100 多年时空的中国武术发展研究而言，马克思主义唯物辩证法的引领作用同样至关重要。基于上述认识，本书亦以马克思主义唯物辩证法作为研究设计及研究方法等方面的整体指导原则。特别是对于近代以降中国转型语境的理解与把握，对于当代中国武术发展状态的阐释与分析，对于中华民族伟大复兴战略所启发的中国武术文化思考等，也皆以马克思主义唯物辩证法作为主要的方法论和研究依据。

（三）研究假设与创新点

1. 研究假设

（1）近代以来的中国武术发展特征与中华民族宏观转型语境相辅相成。

（2）不同时期的特定时代主题决定了偶然而又必然的百年武术发展轨迹。

（3）当代中华民族文化转型的时代语境是探讨当代武术文化转型问题的战略基础。

2. 创新点

（1）马克思主义哲学“出场学”“语境论”理论在武术文化领域的应用。以马克思主义唯物辩证法为指导，运用当代哲学的出场学理论和语境论研究理论，从综合与动态的视角对于武术文化百年转型不同阶段的时代背景及其宏观特征进行历史审视与综合思辨。

（2）以太极拳为实证，建构当代中华民族文化复兴语境的武术文化转型战略。从体育、文化视角梳理和辨析新中国各主要时期的武术发展战略，以当代中华民族文化复兴语境为新起点，以太极拳为实证，提出当代武术文化转型相关战略。

（3）归纳并分析了武术百年转型历史上三次思想讨论的重要意义，指出当代武术文化转型的关键是正能量指引下的人的科学发展问题。

三、相关概念简释

“语境”是由波兰学者马林诺夫斯基于1923年提出的一个与语言学密切

相关的专门术语，在概念上最初一般专指语言环境，后来在不断演变过程中逐渐被丰富为一种包括话语语境、情景语境、社会语境、文化语境等在内的理论体系，其应用范围也从初期的语言学研究持续拓展为民俗学、社会学、历史学、文化学等人文科学综合领域。[①]长期以来，各领域的专家学者都积极地尝试着从不同的侧面与角度对“语境”概念进行阐释与界定，从而有力地推动了“语境论”的发展与完善，但因为各自学科视域的局限性等缘故，至今仍难以产生“普遍性的、科学的定义”。[②]20世纪80年代至今，“语境论”开始在国内得到了较为迅速的发展，尤其在哲学领域颇受关注，一些马克思辩证唯物主义研究者引用相关国外理论指出：“所有的对象都是已经语境化了的对象”。因此，“对象不能超越语境，语境不能独立于对象，二者是一致的。”[③]也有一些学者甚至强调“一切信息都必须放置在语境的框架下才可以正确地被理解、被交换”[④]，因此通过语境因素来考察社会、历史现象也日益成为社会学和历史学相关研究一种重要的方法、路径。[⑤]从总体来看，现有主流研究通常把语境构成分为物质世界、社会世界和心理世界三个部分，不少学者注重强调语境的自身独立性和发展动态性特征，比较倾向于社会语境等方面的相关研究，其中的大部分研究则又往往把社会语境与社会背景相等同[⑥]，因此，本书同样采用这一主流观点并以之作为理论依据和方法指导。

以史学界公认的1840年为起始，近代以降的中国发展，一直置身于社会转型的宏观语境。[⑦]从第一次鸦片战争到民国时期的救亡图存语境，从中

① 程逸松：《论外宣翻译中的语境因素》，《湖北经济学院学报》（人文社会科学版）2012年第12期。

② 李桔元：《语境的多维研究——国内语境研究十年发展综述》，《东北大学学报》（社会科学版）2008年第2期，第178—183页。

③ 郭贵春：《论语境》，《哲学研究》1997年第4期，第46—52页。

④ 程逸松：《论外宣翻译中的语境因素》，《湖北经济学院学报》（人文社会科学版）2012年第12期。

⑤ 王学典：《语境、政治与历史：义和团运动评价50年》，《史学月刊》2001年第3期，第13—23页。

⑥ 李桔元：《语境的多维研究——国内语境研究十年发展综述》，《东北大学学报》（社会科学版）2008年第2期，第178—183页。

⑦ 胡绳：《从鸦片战争到五四运动》，北京：人民出版社，1998年，第3页。

华人民共和国成立初期到“文化大革命”结束的特殊时代语境，从1978年改革开放标志的社会主义经济建设语境到当代中华民族的伟大复兴语境，100多年的转型历程，中国社会宏观语境经历了多次深刻的时代变迁，武术置身于这样的时代转型语境之中不可能不深受影响，并且体现出与之相应的宏观发展特征。救亡图存语境下武术技击功能得到充分发挥，近代武术轨迹充满了尚武自强的爱国壮歌；新中国武术则主要以一种体育身份沿着体育化道路向着规范化、系统化发展，竞技武术申奥战略也成为过去半个多世纪武术轨迹的一道突出标志。可见，在不同时代语境之下，由于各种社会因素综合作用与影响，不同历史阶段武术发展面貌也很不相同，有时甚至迥然相异，时代语境的综合张力也由此得到了突出折射与彰显。

第一章　百年转型语境下的中国武术发展

1840 年鸦片战争以来，近代中国在以科技为先导的西洋文明的冲击下被迫拉开了转型的历史帷幕，伴随着西学东渐的强劲步伐，古老的中国武术同样演绎出了一首艰难曲折的转型乐章。从 1840—1949 年的近代转型之路上，不仅充满了武林人士尚武自强的爱国精神壮举，彰显了各界精英强国强种的救亡图存努力，而且也反映了以奥林匹克运动为代表的西方体育思想对于中华民族传统体育的深刻震撼，折射出以科技和征服为先导的近代西方文明对于崇尚保守、宁静传统的东方华夏文明的空前影响。总体而言，步履维艰的百年武术转型旅程既标志着武术对自身传统技击属性的正式告别和历史扬弃，又象征着其面向现代竞技体育运动的文化展望和身份诉求，同时也为当代武术文化发展埋下了未竟的伏笔，带来了全新的思索。

回顾近代以来武术的历史轨迹，我们无论如何都难以忽略近代中国百年转型语境对于武术发展的宏观影响。一方面，置身于水深火热的民族转折语境之中，武术的各种应激反应显然不同程度地映射着国难当头之下的中华文化宏观时代印记；另一方面，作为一种独特的传统民族文化体系，武术在这段特定时期的发展则又必将凸显出与民族百年沧桑相适应的历史特质及其自身特征。由此而言，从中华民族百年转型的宏观视角回溯中国武术百年转型之路与透过中国武术的历史演进特征审视中华民族百年转型语境，不仅是同一事物相辅相成的两个方面，而且也是对于当代中国武术发展非常重要的“推进剂”。

第一节　西风凛冽中的落日辉煌：1840—1900 年的传统武术发展宏观特征

以 1840 年第一次鸦片战争为标志，中华民族正式揭开了近代转型的历史帷幕。总体而论，武术传统的“俗文化”特征在近代转型的初期得到了显著的体现，一方面它表现在相对于同时代其他领域的精英人物来看，传统武林人士对于西风东渐的反应并非十分敏感；另一方面也决定了相对于政治、经济等其他领域而言，武术在一开始并没有受到近代转型过多的影响与冲击。这一特点，以现在的立场看来，颇为耐人寻味。

一、炮舰轰鸣中的近代文化转型语境

19 世纪初期之际，就在古老的中华大地依然安逸于传统保守生活之时，在广袤的地平线的另外一端，以英国、法国、荷兰等为主要代表的西方资本主义列强却早已开始正从欧洲大陆向四方加速扩展。[①]工业科技的巨大威力和追逐资本的人类本能使得富饶而内敛的华夏农耕文明注定了必将要经受血与火的磨难与洗礼。第一次鸦片战争，以中国的失利而告终，之后，在资本主义列强的肆意掠夺与凌辱之下，中华民族被迫背负着各种各样的条约，步履维艰地进入了满含屈辱、悲愤的近代转型语境。炮舰轰鸣声中，闭关锁国的传统帷幕逐渐落下，西方先进科技和工业文明透过强行打开的“交

① 中共中央马克思恩格斯列宁斯大林著作编译局编：《马克思恩格斯选集》，北京：人民出版社，1972 年，第 252 页。

流通道”逐渐进入国人视野并在部分开明人士心中产生深刻的震撼。面对日渐衰微、消沉的国运和劲悍、新奇的异域来风，魏源、林则徐等近代中华转型语境中的先行者们纷纷开始了“师夷长技以制夷”的积极探索，在以军事科技为标志的西方文明的参照下，不仅引领中华民族走上了救亡图存的近代文化转型之路，而且也为之后的“军国民教育”“土洋体育之争”等一系列与武术密切相关的重要事件培育了种子。

二、烽火映照下的晚清武术发展高峰

鸦片战争的失败强烈地刺激了以传统武功自慰的国民心灵，“天朝上国”的有识之士深刻领教了工业文明的威力并为西洋科技的奥妙所折服，从《南京条约》到《马关条约》再到《辛丑条约》，众多丧权辱国的战败协定在日益清醒的华夏子民心坎上敲打出了难以忘却的印记，围绕中西文化的优劣对比和中华文化历史出路的思考成为无可回避而又压倒一切的时代主题；无论“洋务运动”“戊戌变法”还是“辛亥革命”，无论“实业救国”“制度改良”还是“思想启蒙”，持久、激烈的“文化论争”都反映出各界精英对于民族命运的空前关注和身体力行。就在这样一种宏观时代氛围中，古老的中国武术在烽火闪耀下的晚清时期，迎来了自己的历史高峰。

明清时期是中国武术发展的高度成熟期，晚清更被世人公认为中国武术史上的集大成阶段。中国武术的各个拳种流派绝大多数在晚清完成定型，当时流行的各家武技已经不下 100 余种①，而且涌现出了分别以太极、八卦、五行立论的太极拳、八卦掌和形意拳等极具文化象征意义的哲理性拳派。经典哲学理念的融入，一方面为传统武术的文化层面增添了新的内容，积极地延展了武术文化的内涵与外延；另一方面，又极大地提升了武术的文化品位并最终奠定了中国武术经典形象的学理基础。然而，回望历史，研究者们大

① 国家体委武术研究院编纂：《中国武术史》，北京：人民体育出版社，1997 年，第 310—352 页。

多习惯于把目光聚焦在武术空前繁荣与成熟的传统视域，大多却忽略了晚清武术高峰四周明灭可见的烽火之光及其所映照的特殊的社会语境。如果没有列强的入侵与分割，如果中国武术的发展轨道一如既往地在远离了文化裂变的传统社会氛围中继续向前延伸，晚清武术发展的历史成果也许会更加灿烂多姿，当代武术的整体状况抑或也将是另外一种面孔，但是，今天，我们已很难撇开时空的独特场景去假设或想象昔日武术发展的可能走向，通过鸦片战争开启的中国近代社会转型帷幕审视水深火热边缘的晚清武术发展高峰，似乎又隐隐闪现出一种与中国武术传统历史生态有关的真实写照。

三、近代转型语境映现的武术俗文化特征

由于武术技击功能的传统影响，历史上，从事武术活动的相关主体总体上都是以下层社会的各色人群居多，即便是与武术联系向来紧密的武侠文艺传播对象也皆以底层大众为主。因此，普遍缺乏文化教育基础的劳苦大众主体也决定了传统武术的草根文化性质乃至民间江湖特色。以 1860 年前后杨禄禅北京传拳等为标志的清末武术高潮正值中国近代转型大幕揭开初期，这一时期受到西洋舰炮冲击最为直接、对西洋科技认识最为深刻的也主要是晚清政府的一些职能官员乃至当时经济、文化界的部分远见之士，就在“洋务运动”于华夏大地蓬勃兴起之际，传统“俗文化”特征与底层民众主体却决定了武术在一开始受到西洋文明的综合影响要较为间接而且相对较小，因此，在象征封建社会最后一缕余晖的晚清时期，中国传统武术的发展整体上似乎并没受到外来侵略的致命颠覆，而是在一种巨大历史惯性的推动下按部就班地上演了一幕壮观的“落日辉煌”。

今天，从 21 世纪的立场重新审视近代武术的转型语境，透过西方舰炮的火光以及社会各界的时代反应，我们对于传统武术的民间大众根基以及俗文化特征其实有着两种既一分为二又水乳交融的认识。总体来看，由于受教育程度、生活场所等因素的综合影响，以底层民众为主体的俗文化特征注定

了传统武林人士较难像其他社会精英一样迅速对于千秋时代变局做出相关反应。因此，当林则徐率先翻译《四周志》、魏源积极编纂《海国图志》、徐继畬精心著作《瀛寰志略》、何秋涛泣血写就《朔方备乘》[①]之际，西风凛冽、山河飘零的变革之兆促使一批视野敏锐的先进分子积极投身于参研西学、放眼世界的时代潮流之际，后世的研究者却难以通过文献资料找到有关武林人士举目远眺、引领潮头的相关记载。

在英国战舰上的炮弹呼啸而过之际，源远流长的中国武术已经在传统而稳定的封建社会土壤中安然度过了数千年的岁月。在流连乡野、躬耕田园的传统小农经济氛围里，在道法阴阳、自娱自乐的传统文化哲学追求中，在刀剑相搏、远走他乡的传统武林规则之下，在秘密结社、游走江湖的传统黑白世界之间，在道观庙宇、碧水青山之内……习惯了悠然与因循的中国武术在传统的生活轨道上一路前行，步伐沉重而又豪迈，步调轻灵而又稳健，踪迹遍及天南海北，气息弥漫市井边陲，武技的内核口传心授而一脉相承，文化的种子薪火相传而生生不息。因此，在这样一种惯性的长期作用与影响之下，海疆的舰炮在短时期内的确仍然无法撼动传统武术人士的乡野江湖，而后世研究者也同样难以掩饰相关武术主体在近代中华转型变局中滞后半拍的客观事实。

另一方面，我们同样不能忽视一个现实情况，那就是源远流长的草根气息和大众特质也使得近代武术呈现出了质朴而刚健的积极发展态势！虽然西洋兵器的威力使得传统武术技击在 20 世纪初期便已基本退出了军事舞台，但是生命力旺盛、适应性很强的传统武术依然在广阔的民间土壤之中迎来了新的繁荣；虽然从 20 世纪以来西方体育的广泛普及就开始持续挤占传统武术赖以流行的大众空间，日新月异的现代生活方式却依然难以改变民众内心对于传统武术根深蒂固的经典印记；因为西洋兵操充斥军事训练而激发的中华新武术与精武体育会等系列近代武术改良标志性事件，实质上也是传统武

① 张岱年，方克立主编：《中国文化概论》修订版，北京：北京师范大学出版社，2004 年，第 329 页。

术人士为争取武术社会话语权而发起的民间自发运动，即便中央国术馆主导的带有一定官方性质的武术相关发展举措也依然是由张之江等先贤自发组织的武术成果体现。整体而言，与自上而下开始的以“洋务运动”为标志的中国社会被动转型姿态相比，宏观上的近代武术发展轨迹较为明显地呈现出了一种自下而上的自发性特征。在中国武术延续数千年的历史张力与传统惯性的反弹与作用之下，1840—1949 年这段时期的武术文化宏观发展，在大多数的情况下显然都应该归因于各种自发性质的民间力量的努力成果。相较而言，这一特点也与中华人民共和国成立以来武术发展尤其是当代太极拳传播中政府行为的相关作用形成了非常鲜明的对比。

在此需要强调的是，之所以把 1840 年开启的近代以来中华民族百年转型第一阶段的时间节点定位于 1900 年，主要还与 1900 年前后兴起于河北、山东、河南等北方大地的义和团运动有关。在国难当头、皇室权贵争相逃避退缩之时，数十万计以传统武术拳械奋勇抗争的中华儿女展现了中华民族不畏强暴、刚健有为的传统品质。虽然，为了激励人们勇于和强大的帝、官、封势力做斗争，义和团民众的习拳练武往往伴随有诸如“画符念咒”“刀枪不入”等一些神秘主义活动形式，给武术蒙上了一种封建迷信的色彩，从而造成了武术发展中的某些负面影响，义和团民众的思想和行为，在某些方面也不可否认地显示出了封建社会时代小农经济落后和愚昧的一面，但是这些微观方面的非主流因素都无法掩盖义和团反帝爱国运动的伟大进步意义及其对于中国武术的巨大的推动力量和深远的影响作用。当年的八国联军统帅——英国驻大沽口舰队司令西摩尔在回忆录中提及义和团运动时依然不免心有余悸，他曾经这样写道：“如果义和团所用的武器是近代枪炮的话，那么我所率领的联军必会全军覆没。”[①]诚如斯言，义和团运动是中国武术在封建社会最后一次大规模的技击实践，从此，中国武术就以弱者的形象悲壮地面对着战斗力更为强大的西方现代武器，引起后人的深刻敬意与无尽慨叹，

① 罗澍伟编著：《引领近代文明：百年中国看天津》，天津：天津人民出版社，2005 年，第 22—24 页。

但武术一脉相承的自强不息、英雄爱国等传统民族文化精神亦日益彰显出积极的时代价值。伴随着历史前行的车轮，在科学技术空前发达，社会进步一日千里的当今时代，武术传统的爱国主义精神也启示着我们如何用全新的思维来弥补和改观传统与现实的巨大落差，对这一问题的思考与探索，也构成了中国武术文化科学研究领域一个永恒而突出的主题。

抚今追昔，审视晚清传统武术的这一发展高峰，在与同时代放眼远望的各界精英的对比中，我们无法忽略武术相关主体在近代社会转型大潮中落后半拍的客观事实。西洋炮火的肆意轰鸣，既烘托了武林志士舍身为国的刚健有为，也凸显了武术技击功能的时代局限。历史的车轮滚滚前行，以鸦片战争为肇始的这场自上至下的近代中国转型长剧注定要在传统武术的前进之路上烙下难以磨灭的印记，而清末流行的以健身和简化为主导的武术发展趋势，也预示着炮火催生的近代中国转型语境正在映现出武术文化的清晰身影。

四、武林人士在近代转型语境初期的宏观形象

上文指出武术相关主体在近代社会转型大潮中落后半拍的客观事实，一方面是相对于林则徐、魏源、冯桂芬、张之洞等同时代其他社会精英人物对于时局敏锐反应而言的真实历史状态反映；另一方面其实也蕴含着温暖的褒义。之所以称其为“落后半拍”而非落后一拍甚至于全面落后，我们在这里想指出的是，在这场被世人公认为“千年变局”的近代以来的中华社会转型长剧之中，其实也活跃着不少著名的武林人士，他们的积极爱国之举，都在近代史上镌刻了永恒的印记。

在近代社会转型初期的1840—1900年这段时间，至少有两个引以为豪的武林名士以他们的豪情、胆识、视野、追求，在中国近代史上留下了不朽的传奇。这两位近代英雄中，一位是大名鼎鼎的被称为“戊戌六君子”之一的湖南浏阳人谭嗣同，这位维新派的主要领袖人物，不仅遍访武林名师，精通传统武术，同时也是中国近代著名的资产阶级政治家、思想家和湖湘学派

的重要代表人物，堪称文武双全的杰出人才。维新变法失败后，他放弃远洋避祸的机会，甘愿以一腔热血警醒国人革新图强，英勇就义时“我自横刀向天笑，去留肝胆两昆仑”的悲壮与豪迈则又引出了人们对于当时侠义之士“大刀王五”的敬佩与景仰。大刀王五是有名的北京源顺镖局总镖头李冠铭的再传弟子，据梁启超《饮冰室诗话》记述，谭嗣同因戊戌变法遇难之时，横死街头而无人敢近，唯有王五“伏尸大哭，涤其血殓之”，时人对其颇为赞誉。[①]据传大刀王五与同样知名的同时代武术家霍元甲为至交，王五死于抗击八国联军之役后，也是霍元甲深夜冒着生命危险推回王五遗体并厚葬。另一位同样名闻遐迩的是近代史称鉴湖女侠的浙江绍兴巾帼英雄秋瑾。这位革命大侠不仅是慨然以身殉国的女中豪杰，而且也是一位痴心武术、擅长剑法的武林高手。她小时候就酷爱武术，曾经至浙江萧山拜舅父为师习练刀剑棍棒，立志有朝一日能“恃赤铁”来挽救民族危亡！[②]秋瑾东渡日本留学期间也经常刀剑在身，演武论文，满腔爱国英武气概，从日本回国后在大通体育会担任教练时又在武功和枪术上下了大功夫。她短暂而光辉的一生中，除了创办《中国女报》、创立光复军等时代壮举之外，亦表现出了武林侠女大义凛然、刚健有为的传统风骨，彰显了近代社会转型初期华夏武林志士在国难当头时的积极形象和历史正能量！秋瑾壮烈牺牲后墓葬于杭州西湖，与民族英雄岳飞一道接受民众的万世景仰，革命先驱孙中山亲笔题写“巾帼英雄”及挽联深刻缅怀，周恩来总理亦有“勿忘鉴湖女侠之遗风”赞语激励后人！[③]秋瑾于 1907 年壮烈殉国后，其岸然侠风余响不息，在她的激发、感召之下，各地女子尚武运动蓬勃而起，先后出现了女子尚武会、同盟会女子经武队等较具影响的女子武装组织，上述巾帼英豪们不仅为辛亥革命做出了积极贡献，也是对于秋瑾精神的一种客观历史注解。

除谭嗣同和秋瑾之外，同时代其他武术家中也有不少扬武爱国的事迹留

---

① 质如：《大刀王五和源顺镖局》，《北京档案》2014 年第 3 期，第 54—55 页。

② 徐霞鸿：《精神家园里永远的秋瑾》，《绍兴晚报》，2010 年 11 月 28 日，第 7 版。

③ 徐霞鸿：《“鉴湖女侠”——自由魂里的“决绝与柔情”》，《绍兴晚报》，2010 年 11 月 28 日，第 8 版。

传。例如，创立上海西庆镖局、以华拳被尊称为“枪王”的山东济宁人蔡桂勤，教授“鉴湖女侠”秋瑾习武时深为其爱国思想感染，一生为革命捐献甚多，曾和其他武术家一起接受国外武术界的团体挑战[①]，大长了国威，也成为传统武林人士的德行楷模。另外，还有天津义和团首领同时也是形意拳代表人物之一的李存义，在同八国联军作战时身先士卒，以一把单刀在与西洋枪械的生死搏杀中张扬了中国武术的威名等。需要强调的是，上述所列的几位人物，皆为同时代武林的杰出代表，在他们之外，其实还有更多普通的传统武术人，他们以武为业或者毕生嗜武，虽然由于各种因素所限而未能在中国近代转型的历史文献中留下个人的丝毫痕迹，但是这并不影响他们内心普遍存在的质朴的爱国热情与忧民之思！由于传统俗文化特征等影响，从我们目前所能够查阅的各种文献资料中，有关武林中人在中国近代转型语境中的信息记载较为少见，然而，透过近代社会转型大潮水深火热的客观场景，我们仍然能够感知并充分理解以底层社会大众为主体的武术人群在主流舞台之外的质朴本色与刚健姿态！

第二节　从尚武图强到改良自新：1900—1949 年的武术文化发展回应

1900—1949 年的这一段时期，是中华民族近代转型的关键时期。以该时期中华民族救亡图存的时代主题为研究主线，从 1901 年武举制废除、1902 年军国民运动到“中华新武术”的革新尝试，从影响深远的“土洋体育之争”到精武体育会、中央国术馆等体育组织的积极探索，系列重大事件由点到线、由线到面的平铺与开展，不仅折射出民族自强背景下的武术发展特点、尚武精神的时代价值及武术体育化转轨的时代诉求等，而且清晰地呈

① 郭守靖：《齐鲁武术文化研究》，上海：上海体育学院博士学位论文，2007 年，第 41 页。

现了这一重要历史时期民族文化所处的典型宏观背景以及武术文化对于这一时代语境的应激与回应。

一、1900—1949 年的中华民族转型语境

在 20 世纪初期，鸦片战争触发的民族生存危机尚未丝毫退却。让人瞠目结舌的严重不平等条约的不断签订，使得越来越多的人开始深刻地感触到国运的沧桑与前景的不测。在民众对于国家前途问题的忧思与论争中，中日甲午战争的惨败与随之而来的《马关条约》又像一道晴天霹雳，让上至官僚阶层、下至民间草根，特别是基层官僚和中下层士人群体对于满清政府孱弱与无能的容忍达到了极点。丧权辱国的现实点燃了国人压抑已久的情绪，民众对于清廷腐朽的愤慨、对于国破家亡的担忧、对于帝国列强的仇恨，对于西洋科技的认同进入新的阶段，中华大地开始产生有关西方文化的探索等。在上述各种心态的综合作用之下，"'亡国灭种'的想象与变革政治的诉求结合在一起，构成了十九世纪末二十世纪初特有的政治现象"[①]，这种时代背景之下，各界民众纷纷以各种相应的方式开展自强图存努力，在对于自身制度、文化反思的同时也开始逐渐直面西方先进科技乃至文化层面的压力与启迪。接下来，经历了艰苦卓绝的抗日战争、解放战争时期，直到 1949 年 10 月 1 日中华人民共和国的成立，救亡图存的时代主题才算暂时告一段落。1900—1949 年，这段长达半个世纪的近代历史时期，构成了中华民族转型语境的第二阶段，同时也是近代中国社会转型的一个核心阶段。在这段历史时期，转型的波涛涌动在中国社会的各个阶层，转型的浪潮席卷中华大地的每一个角落，转型的主题几乎涉及了每一个中华民族成员的身体与心灵。无论是主动融入的积极应对还是身不由己的被动适应，包括武术在内的中国各

---

① 陆勇：《"亡国灭种"的想象与近代民族国家话语霸权的形成》，《洛阳师范学院学报》2010 年第 1 期，第 110—113 页。

个文化类型都开始以各自的方式进一步迈入近代转型的演进轨道。

二、20世纪初期的中国武术宏观生存状态

（一）清末社会武术的显著衰微

19世纪末期，以北方的燕赵、齐鲁等地域为中心而兴起的义和团运动对腐朽的满清政府产生了极大的打击。一方面，无数下层社会大众揭竿而起的潮流几乎冲垮了本来就摇摇欲坠的清王朝政权，以传统武术拳械为武器的义和团所表现出的战斗精神和强劲冲击在清朝统治阶层中留下了极大的恐慌和忌惮，于是，他们严厉禁止民间习武和存置武器，由此也直接影响到当时武术的生存与发展状态；另一方面，传统武术技击功能和义和团在西洋枪炮面前的时代落差与绝对弱势也让清政府统治阶层直观地认识到了西洋火器乃至军事操练的先进威力。于是，清政府在禁止民间习练传统武技的同时，亦迅速加快了装备西方枪械并演习西方兵操训练的应对之举。由于受到上述两方面因素的共同影响，清末特别是20世纪初期中国武术的发展状态较之以往有了明显程度的弱化。

据相关研究资料显示，20世纪初期在中国较具知名度的美国体育人士麦克乐曾在1922年回忆中国武术发展时说："庚子之变，实中国各种事业革新之一大关键也。惟古有之武术教育，社会之自然体育，经此一变，反趋衰微。"[①]因为提倡中华新武术而同样影响较大的当时的军阀马良1924年在其所著的《中华北方武术体育五十余年纪略》中也曾指出了类似的情况。从马良书中的论述，我们还可以进一步了解到当时与武术相关的一些情况——官方严禁人民存有并习练武术器械，一旦有被发现者，即由当地的官员严刑峻法、从重论处。在这种特定情况下，当时甚至有人以此为借口对他人进行报

① 马良：《中华北方武术体育五十余年纪略》，《体育与卫生》1924年第3期，第3页。

复，因习武或者以习武为由而遭受诬陷者竟然还不在少数。在这种高压政策和武禁境遇中，武术的存在状态可想而知。据马良记述，因为上述社会环境的影响，当时的武术传播氛围已经明显难以与之前相提并论，传统武术家的授武活动受到了各种有形或无形的综合限制，已经无法像以往一样自然地传习武术，即使繁盛如北京这样的大都市，也不能幸免，在这些大都市里设场教授拳技，非但不如先前自由，而且还必须要有相关社会名流或绅士、商人等提供担保。虽然在一些达官贵族家中仍有少数人进行非公开形式的武术私家传授行为，但总体而言，20 世纪初期的武术传播状态与以前的兴旺相比，已经迥然相异。这种状况自然也影响到了当时以武术安保为业的镖局，以往曾经为武术传播交流做出积极贡献的镖局从 1900 年前后也逐渐开始走下坡路，日益面临倒闭的命运。作为一种民俗，武术向来与民间的各种文化活动水乳交融，特别是乡间的传统庙会、祭祀等活动，武术更是其中的重要内容，但是，在当时的宏观社会氛围中，这些传统的民间活动也受到了严格的限制，如果没有地方实力人士的出面担保，也已经难得像以往一样自由地进行。①

（二）传统武术全面退出军事教育内容

不仅武术的技击功能正式退出了军事舞台，在 20 世纪初期的军事训练中，武术的相关内容也已经全面减少。早在 1840 年第一次鸦片战争之际，清政府就已经深受西洋枪炮威力的震撼，19 世纪 60 年代兴起的“洋务运动”便开始逐渐引入西洋枪炮及其制造技术，袁世凯 1895 年在天津小站训练新式陆军时已经全面装备西洋军器，彻底放弃了传统武术兵械，而且，以兵式体操等为代表的西方军事训练形式也被普遍大规模地引入清军。相关文献显示，湖北新军于 1904 年 11 月 9 日举行的营兵运动会上，绝大多数的所设内容都是西洋兵操和田径项目，其中，“仅有马术和摔跤与武术有一定关

① 邓先海：《清末湖北新军的营兵运动会》，《体育文史》1995 年第 3 期，第 40 页。

系”。[①] 就当时的相关学校教育内容来看，以西方军事操练为主要形式的兵操、田径等也开始全面领先于传统武术教育形式。根据张襄海的《近代中国武术发展概况》记述，宁垣学界 1907 年举行的江南第一次联合运动会开设的全部 69 个竞赛项目中，属于武术内容的仅有击剑、刺枪及柔术三项，与同场进行的田径、体操等西洋军事体育运动项目差距尤为悬殊！[②]于南京举办的该届联合运动会总共有 86 所学校参加，是当时全国规模最大的一次校际运动会[③]，其项目设置以现在的视角来看虽然有明显不合理之处，但是客观而真实地反映出清末时期新式学堂教育中有关体育教学的一些基本状况。[④]联系到该时期特殊的社会语境，我们似乎不难得出这样的认识，即 20 世纪初期，传统武术已经全面退出军事教育内容，而且在当时的学校教育中居于显著的弱势地位。支持这一论点的历史文献并不少见，据上海教育编印馆 1935 年印行的邵炎秋《历届教育会议议决案汇编》中的相关信息显示，晚清政府学部于 1911 年举行的“中央教育会议”共通过了各项议案 17 件，尤其值得研究者重视的是，其中的“定军国民教育主义案”首先强调了应该重视体操教育，该议案直至最后才呼吁和建议“高等小学以上应兼习拳术”，由此可见，武术传统拳械内容在当时教育中的地位与作用较之以前已经有了非常明显的“衰退”。[⑤]

（三）武举废除与传统武术转入民间

武举制是中国封建社会长期沿袭的武勇人才选拔制度，在中国武术史上长期据有重要的地位。至晚清时期，面对外夷洋枪洋炮威力的极大落差，人们日益认识到传统武举考核内容及选拔人才方式已经有着严重的时代局限，

① 邓先海：《清末湖北新军的营兵运动会》，《体育文史》1995 年第 3 期，第 44 页。
② 张襄海：《近代中国武术发展概况》，国家体委体育文史工作委员会，全国体总文史资料编审委员会编：《体育史料》第 14 辑，北京：人民体育出版社，1989 年，第 46 页。
③ 罗时铭：《奥运来到中国》，北京：清华大学出版社，2005 年，第 44 页。
④ 崔乐泉总主编：《中国体育通史》第三卷，北京：人民体育出版社，2008 年，第 142 页。
⑤ 邵炎秋：《历届教育会议议决案汇编》，上海：上海教育编印馆，1935 年，第 2 页。

因此，早在1898年，即有不少清政府官员提议废除武举科考制度，选拔能够擅长西洋枪炮应用的专门人才充实军队，但是，考虑到各种因素，清朝政府执政者当时没有同意。1900年8月，在八国联军的炮火之中京师沦陷[①]，一贯以“弧失”为傲的八旗绿营面对西洋军事装备几无还手之力，富丽堂皇的圆明园也在侵略者的熊熊火光中付之一炬，其后的光绪二十七年（1901年），在各方再度呼吁之下，清政府终于采纳了废除武举科考制度的提案，在内外压力的多重作用之下，一贯与军事水乳交融的传统武术也以此为标志，在20世纪的第一个年头正式从官方层面上总体性地退出了军事技术的历史范畴。[②]此后不久，清政府又通过了张之洞等人停止科举考试的奏章，下令自1906年开始在全国范围内全面停止科举考试。上述两大举措，对于中国的广大习武人群产生了深刻的影响，它们不仅中止了各地习武者以武艺或文章之道进入官场的仕途之路，而且也进一步使得一贯凭借武力事功扬名时代的传统武林人士不得不放下封妻荫子的功名幻想，远离风雨飘摇中的都市繁华，更多地转向广阔的民间土壤从事其他各行各业谋生，他们在草根市井的天地里以武术自娱自乐、聊以自慰，从另外一个方面也加速了传统武术由军事舞台向民间武术的重心下移，促进了民间大众武术的进一步发展。对此，马良《中华北方武术体育五十余年纪略》及同时代其他相关人士的论著中都有相应描述。另外，义和团运动遭到清政府与八国联军的疯狂镇压之后，其中的大部分武林人士也不得不隐居民间，以各种公开或非公开的方式继续演拳习武，客观上有效地充实了民间武术的内容与厚度。除此之外，也有一部分曾经参加过义和团的武术家为避祸而不得已转入军队，或者先是在军队中担任武术教官，之后再进入民间持续其武术生涯，这方面非常知名的代表人物就有沧州武术界的泰斗——被后人尊称为“千斤神力王”的回族武术家王子平和后来曾经担任中央国术馆武当门门长的形意拳家高振东等。王

① （清）赵尔巽：《清史稿》卷一，北京：中华书局，1977年，第108页。
② 温力：《中国武术概论》，北京：人民体育出版社，2006年，第286页。

子平自幼随查拳名师杨鸿修习练武功，精通查拳、滑拳、八极拳等传经传统武技，青年时曾参加反帝爱国的义和团运动。义和团反洋斗争失败后，他不得不多方辗转至山东避祸，辛亥革命之际又被酷爱武术的军阀马良召为部下，任其军队武术教练[①]，一段时间后他又离开军队，行走江湖，与当时知名的各民间习武组织几乎均有往来，南京中央国术馆成立时，张之江馆长亲自礼聘其担任少林门门长之职，中华人民共和国成立后也曾担任中国武术协会副主席等职务。高振东于1879年出生于河北省雄县高辛庄，自幼练习武术，20岁时即投身义和团抗击八国联军的爱国运动，失败后先隐身河北新城县一家店铺打工，拜名家马玉堂为师苦练形意拳，凭一身功夫在吴佩孚军队中任武术总教官，后来又为躲避战事而转至上海以教拳为业，南京中央国术馆成立时，张之江馆长亲自委任其代理武当门门长之位。王子平、高振东的经历也可以看作是与他们同时代众多武术家的一种生活缩影。从个体角度来看，王子平、高振东等传统武林人士们的经历无疑是坎坷多难的，然而从另一种角度而言，也正是在这样的坎坷多难中，他们的习武活动无形中也在促使着传统武术在民间土壤的传承与传播，从而艰难而又积极地推动着近代转型语境中传统武术的持续演进。

在此还需要提及的是，清朝末年传统武术转入民间发展舞台的各种表现之中，不可避免地也将涉及与秘密结社组织的相互关联。我们知道，秘密结社组织及其武术活动是中国古代社会早已存在的一种独特现象，在晚清政府与帝国主义列强的两座大山重压之下，清朝末年的社会特殊环境使得传统武术与当时的秘密结社活动保持了错综复杂的交织与联系。当时恶劣的生存环境中，在公开场合不适宜展示的传统武术，通过秘密结社组织这种独到的形式，在某种程度上也得以继续绵延、传播。这种活动既是义和团运动中各种演拳习武的活动延伸，也反映了中国传统武术发展过程中一种曾经长期持续的历史惯性。一方面，秘密结社组织的主体一般都是各种社会下层人民，这

① 莫朝迈：《义和团运动中的武术拳种及传人》，《中华武术》1995年第10期，第8—9页。

一点与传统武术的主体是一致的，其内部成员关系皆以中国民间文化推崇的“四海之内皆兄弟”的侠义思想为信条和纽带，“有福同享，有难同当”的江湖气概也奠定了各方武林人士之间交往的信义基础。[①]另一方面，作为各种社会大众传统生活方式的习武练拳活动，不仅成为各种秘密结社组织的一项主要活动内容，还是其成员在社会生存的一种有效地技术保障。所以，义和团运动失败后民间武术在各种秘密结社组织中的传播就不难理解了，只是其手段和方式较之以前更为隐蔽而已。总体而言，晚清各种秘密结社组织的武术活动一般可以分为会党、民间宗教、拳会三大类别，其中，各种会党组织的习武活动在后来的民国创建过程中发挥了重要的作用，如孙中山、黄兴、蔡元培等创建的兴中会、同盟会、光复会等皆以会党力量为基础和骨干，孙中山尤其整编了广东、福建、湖南、湖北一带的“哥老会”“三合会”等大批民间秘密结社组织[②]，聚拢了一批会党、绿林等民间武林人士，这些武勇人才都为孙中山从事的革命事业做出了突出贡献，他们的演拳习武活动也往往与其特定的身份及相应的活动融为一体，构成了一种晚清至民国时期特有的社会武术现象。

三、民国时期的武术文化发展特征概要

1911 年 10 月 10 日，以武昌为中心，爆发了中国近代史上著名的资产阶级民主革命——辛亥革命。1912 年 1 月 1 日，孙中山在南京正式宣布中华民国成立。1 月 2 日，临时大总统孙中山通告南北各省废除一直沿袭的阴历记年传统，改用阳历记年形式并将 1912 年定为中华民国元年。以此为象征，中国武术发展也进入了一个明显有别于以往的历史时期。为方便起见，本书把 1911—1949 年的武术发展划分为民国时期。

---

① 陈山：《中国武侠史》，上海：三联书店，1992 年，第 216—225 页。

② 汪涌豪：《中国游侠史》，上海：上海文化出版社，1994 年，第 135—144 页。

综观民国时期武术文化发展的整体情况，我们认为，这一阶段的主要特征大略可以从以下几个方面来把握和理解：第一，武术进入学校，与现代教育接轨。第二，武术社团组织的涌现及其管理的制度化。第三，武术团体分类及其组织自发性。第四，社会名流对于武术的提倡。第五，纷繁交错的民国武林与政治生态。上述各个方面的相应内容，概要分述如下。

（一）武术进入学校，与西方现代教育接轨

武举制的废除，不仅象征着武术正式脱离军事舞台，武林人士因此失去了通过习练武术进入仕途的传统路径，而且也意味着传统的武术教育形式将要进入一个不同以往的历史阶段。在全面学习西洋科技文化的潮流带动之下，20世纪初期，武术开始进入学校，武术教育也正式成为学校教育体系的一项规定内容。由口传心授的传统民间教学方式到成为采用西方教育模式的学校正规教育内容，武术进入学校，堪称是武术发展史上的一件非常重要的事件。接轨西方现代教育、以课堂教学的方式公开、正式地成规模教授武术内容，不仅对于讲究门派观念、一贯非公开甚至秘密小群体传授的以往武术传承方式无疑是一种巨大的颠覆，而且也使得普通的社会大众能够通过学校平台更加方便、规范地贴近武术的传统运动技术和文化思想内涵，另外，经由学校教育的全新武术传播形式，也有利于在国运低迷之际，振奋社会风气。在这种情形下，武术进入学校教育日益成为社会各界的共识，而武术正式成为与西方现代教育接轨的学校武术教育内容也成为近代武术发展所呈现的一个突出特征。

民国初期，陆续有各界人士提出武术应该列入学校教育的正式体系。1914年，近代史上较具影响的教育家徐一冰上书教育部，强烈呼吁将武术纳入当时的高小、中学以及师范学校教育体系[①]。此举得到了从教育部到地方部门的广泛积极响应，武术教育也开始正式成为民国时期学校教育的有机组成部分。之后，当时的教育部于1918年通过了《请将中国固有武术加入

① 易剑东：《民国时期武术社会化探析》，《南京体育学院学报》1996年第11期，第42—45页。

专门学科案》，在当年的全国中小学会议上，教育部规定“全国中学一定要习练武术”。[①]1914—1940 年，当时教育部通过的与各级学校武术教育相关并且直接以武术为主题的议案就有 7 个之多！其中如 1919 年通过的《拟请全国中学校一律添习武术案》，1928 年通过的《请令全国学校定国术为体育主课案》，1940 年通过的《整理国术教材案》等，都成为当今学者研究近代中国武术教育的经典资料。[②]其实，早在 1911 年之时，北洋法政学校就率先开设了以技击为主要内容的武术课，该校武术课的开设受到了全校师生的普遍欢迎，以至于课余时间大家仍挥汗如雨，勤练不歇。在该校的示范作用之下，同时期的其他学校也纷纷开设武术课程，由于武术教学师资方面的不足，这些学校也先后积极地与民间武林人士以及各种社会武术组织等展开合作，聘请各种流派的有名武术家进入学校任武术教师，1912 年 11 月成立的北平体育研究社和由霍元甲创立于上海的精武体育会也因此分别成为北京、上海地区重要的学校武术教育师资来源。在武术师资紧缺的现实需求驱动之下，一所以专业武术教师培养为主旨的学校——上海体育师范学校在 1921 年正式问世。一份 1924 年 6 月进行的一次全国范围的调查资料显示，在这次调查所涉及的民国 16 个省 40 所中等以上学校中，将武术列为正课的学校比重已达到 52.5%！武术在当时的北平师范大学课程体系中也受到了相当程度的重视，其课时位居英文教育之后，高居全校课程授课用时的第二位！[③]除大学之外，武术教育在全国各级中小学也得到了较为普遍的开展，例如，据相关资料记载，1933 年之际，汉口市中学每周开设有武术课程两次，每次上课时间 1 小时。同时期广东各学校也都为 7 至 15 岁的小学生群体开设有专门的武术课程。[④]当时国内的一些传统武术流派及武术组织的杰出人物，如形意拳名家刘殿琛、精武体育会的核心骨干卢炜昌等，也都曾在各级

① 周伟良：《二十世纪前的中国武术》，http://view.news.qq.com/a/20080729/000040_1.htm（2013-01-16）。
② 易剑东：《民国时期武术社会化探析》，《南京体育学院学报》1996 年第 11 期，第 42—45 页。
③ 易剑东：《民国时期武术社会化探析》，《南京体育学院学报》1996 年第 11 期，第 42—45 页。
④ 佚名：《真实版〈一代宗师〉告诉你真实的民国武林》，https：//tieba.baidu.com/p/2646327189（2013-01-18）。

学校担任武术教师。在社会各界力量的共同助推下，民国的学校武术教育也呈现出一种以西方教育制度为指导、以中国传统武术为内容、以传统武术人士为师资的发展状态，显著地改变了中国武术传统的传播方式和传播格局。

（二）武术社团组织的涌现及其管理的制度化

民国时期的另外一个突出的武术文化发展特征是武术组织的大量涌现及其管理的制度化。武术组织的大量涌现自然与民国时期相应的宏观社会环境有密切关联，但这些武术组织管理的制度化特点，无疑则与张之江 1927 年于南京发起成立的中央国术馆有着重要而直接的关系。

早在晚清时期，社会上就已经出现了一些不同类型的武术社团组织。被学者们认为是中国近代最早出现的武术社团组织创建于 1888 年秋天，即由近代著名的武术大家孙禄堂为创始人的“蒲阳拳社”，该社以奔流于其家乡河北省完县（今河北省顺平县）境内的蒲阳河而命名，是一所植根于乡村的类似武术学校性质的民间社团组织，先后培养出了一大批在近代中国较为知名的武术专业人才，如裘德元、齐公博、孙存周等[①]。继孙禄堂“蒲阳拳社”之后，由耿继善创建的近代北京第一家民间武术团体——“北京四民武术研究社”于 1900 年春天问世。耿继善是形意拳大师刘奇兰之弟子，擅长形意拳和八卦掌，该社之所以取名“四民”，实际上是蕴含有面向“士、农、工、商”等各阶层大众人员之意。[②]“北京四民武术研究社”也是近代以来延续时间最长的民间武术团体，培养了吴子珍、邓文英、牛宝贵、门惠丰等众多当代武术知名人士，当年其所在地——北京地安门西火神庙内，亦成为民国时期南北武术家荟萃云集之处，形意拳、八卦掌、太极拳等各流派的武术名手时常在这里交流切磋，较具影响。在耿继善弟子邓云峰担任第二任社长时期，四民武术研究社学员曾经有 200 余人，当时社内教员分班教

① 童旭东：《孙禄堂评传》，《武当》1995 年 6 期，第 17—18 页。
② 孙长芙：《北京四民武术研究社简史》，《武魂》1996 年第 4 期。

授，忙得不亦乐乎，也成为一段近代武林佳话。新中国成立后，孙禄堂之女——著名武术家孙剑云等也都曾经担任过该社名誉社长之职，牛宝贵、门惠丰等四民武术研究社弟子也皆为当代武术重要人物。[①]近代史上与精武体育会齐名的天津“中华武士会”则于1911年由武术名家李存义发起成立。[②]“中华武士会”是在中国同盟会的参与下创建的，其重要人物有同盟会燕支部成员叶云表、马凤图等，云集了当时北方的一批武林风云人物，如形意拳大师刘殿琛、刘文华，八卦掌名家张占魁，“北方大侠”韩慕侠，“北冥剑人”阎道生，“八极神枪”张景星，一代宗师李书文，太极巨匠李瑞东等，可谓群星灿烂。这一时期最为著名的武术社团组织则应当是世所公认的1909年6月由天津武术家霍元甲于上海创立的精武体操学校。1910年精武体操学校改为精武体育会，由陈公哲等人主持，继承霍元甲“破除门户之见”的精神，结合西方教育理念传承创新武术，为中国近代以来的武术发展做出了卓越的贡献。除以上各家知名武术组织之外，同时期影响较大的武术社会组织还有出生于湖南平江的近代武侠小说家、武术家向恺然于1909年创办的长沙国技会，汪禹承等人于1911年开办的上海拳术研究会，沧州武术家佟忠义创立的忠义国术社等。[③]上述武术组织，都在同时代发挥了积极作用，但是，整体而言，仍处于一种较为分散的状态，由于当时的社会环境所限，难以表现出一种相对正规的制度化管理状态。这种状况，一直持续到由张之江发起创立的南京中央国术馆的出现。

中央国术馆于1928年3月24日成立于南京，始称国术研究馆，6月又易名为中央国术馆，馆长为河北盐山人张之江。中央国术馆得到了当时政府的支持，成为官方传播武术的载体，起到了以国家力量传播武术的作用，同时在传播武术的过程中也采取了许多积极、有力的措施。例如，把武术称作

① 催玉京：《北京四民武术研究社的历史传承》，http://www.qqgfw.com/News_1Info.aspx?News_1ID=31268（2017-03-26）。

② 章绍嗣：《中国现代社团辞典》，武汉：湖北人民出版社，1994年，第188页。

③ 易剑东：《中国武术百年历程回顾——面向21世纪的中国武术》，《体育文史》1998年第1期，第22—27页。

“国术”，提升了武术的社会地位；以“泛学博通”为教学原则，广设武术技术课；组织出版了一批武术书籍，注重理论与技术传播的同步进行；派出人员到军校、部队、政府机关等进行武术辅导，通过设立民众辅导站等多种途径对于社会大众进行义务武术辅导；提倡“术德并重，文武兼备”的武学思想，以之作为武术教育的指导性理念；积极开展各种武术竞技比赛，以竞赛为引线，通过武术竞赛活动带动武术发展并积极进行武术的国际传播等。[①]因此，中央国术馆在近代中国武术的发展史上具有重要的作用并产生了深远的影响。

由于拥有国民政府支持的背景以及教育部经费资助的优势，中央国术馆与以往其他武术社团组织的身份与地位便显著不同，其可以调动的社会资源也远非同时代其他武术社团组织能够相提并论，因此，目标、宗旨与相应工作进展也自然要高出同时代其他武术社团组织不少。在其推动与影响之下，全国各省都紧随其后纷纷成立省、市、县等各级层次的国术馆、社等。据易剑东的研究显示，在1928—1933年这段时间里，短短5年左右，当时的民国上下建立起国术馆的已经有25个省市，而全国范围内的国术馆至少有300多所，其中青岛市共开设有国术训练所83处，数量为民国时期各省市国术馆数量之最。在中央国术馆的引领与推动之下，全国各地成立的各级国术馆组织都成了今天研究者仍然津津乐道的经典。例如，当时的河南省国术馆成立于1928年，由商震担任馆长；重庆市国术馆成立于1930年，由潘文华担任馆长；绍兴国术馆成立于1931年，由汤日新担任馆长；青海国术馆成立1935年，由马凤图担任馆长；山东省国术馆和浙江省国术馆分别成立于1929年和1930年，两者皆由李景林担任馆长，堪称当时国术界的一个亮点。[②]

---

① 郭玉成，许杰：《精武体育会与中央国术馆的武术传播研究》，《体育文化导刊》2005年第2期，第76—79页。

② 易剑东，张苓：《中国武术百年历程回顾——面向21世纪的中国武术》，《体育文史》1998年第3期，第21—23、46页。

张之江发起成立的中央国术馆对于同时期武术社团组织的制度化、正规化管理做出了极为重要的贡献。针对武术教育内容、技术训练体系、武术竞赛方式、武术组织形式等相关武术组织运转所涉及的其他诸多方面，中央国术馆先后制定了一系列相对较为完备而严格的规章、制度、大纲、条例、细则等，以民国政府的名义与力量对当时全国各地的国术馆及其他社会武术组织进行了较具成效的系统规范与统一管理，有力地突破了旧式武术社团组织的松散、无序状态，使得当时的武术发展呈现出一种明显区别于以往时代的状态，成为民国武术中一道耀眼亮点，同时也是中国武术近代百余年转型轨迹中不多见的成功范例之一。

（三）民国武术团体分类及其组织自发性

众多的武术社团组织成为清朝末年与民国时期一个较为显著的社会现象，它们的纷纷涌现也烘托了清末与民国武术的繁荣气象。如果进一步地深入探究这种现象，我们又将会发现上述各家武术民国社团组织绝大多数都具有的一个特点，即清朝末年与民国时期武术团体的宏观类别及其组织的自发性。

本书认为，总体而言，清朝末年与民国时期武术团体组织可以大致划分为以研习武技为追求的武术专业团体，以从事武术教育为目的的武术教育组织，以汇集人才、演拳习武为救亡图存方式的武术组织等几大类别。一方面这种分类方式主要基于我们个人理解；另一方面需要明确两个相应条件：其一，联系到清朝末年与民国时期特定的时代背景，在这一阶段出现的各种武术社会团体、组织通常都从属于并拥有尚武爱国的同一时代主题，之所以可以划分为不同的类型，只是因为在爱国的统一主题下，由于不同的综合追求及相关倾向而最终表现出各种相应的自身特点。其二，在上述各武术民间社团组织中，中央国术馆由于自身特殊的原因，在相当程度上应可视为上述各类组织特点的综合体现，另外，也有少数的民间武术组织因为各种原因与民间宗教组织乃至秘密结社活动等交融甚深，在此则不作讨论。

具体来看，以研习武技为追求的民国武术专业团体当以孙禄堂创建的“蒲阳拳社”为重要代表。孙禄堂是近代武术史上受到普遍赞誉的顶尖武术大家。1888 年之际，孙禄堂经过多年苦修、研习，已经悟出了“拳与道合”的武学核心要义，在此基础上，孙禄堂遂于该年秋天在家乡河北省完县（今河北省顺平县）创建了“蒲阳拳社”，主要以传授武技、深研武道为要旨，围绕这一目标的长期实践过程中，“蒲阳拳社”培养了一大批精通传统武技的武学专业人才。如孙存周等，皆以精深的武技实证了“拳与道合”的孙氏武学理念。不可否认，孙禄堂创建“蒲阳拳社”自然也有培养武术人才，以备来日国家所需的初衷，本书只是从“蒲阳拳社”的整体主要表现入手，认为“蒲阳拳社”及其他一批与其有极大类似的社会武术组织共同表现出的最主要的特点可以概括为“以研习武技为追求”。从这一认识出发，湖南武术家向恺然于 1909 年创办的长沙国技会显然亦与其契合。向恺然自小习武，在日本留学期间，深感武术的实践意义，归国后遂发起成立长沙国技会，以精研武术为主旨。以此类推，上海武术家汪禹承、吴荫培于 1911 年开办的拳术研究会，沧州武术家佟忠义创立的忠义国术社等也基本属于这一类别。以孙禄堂“蒲阳拳社”为代表的上述武术社会组织创建者的出发点无疑都是尚武爱国的，他们建立各自的武术社团，也都是完全意义上的自发性质，这种自发性质更多地基于他们自身对于传统武术的深入理解与质朴追求。这种状况，一方面，与传统武术的技击理念、拳道意义完全吻合；另一方面，也是近代中国转型语境中绝大多数武术社团组织现实状态的反映。在这些武术社会组织的充实与推动下，广大的武林中人研习拳法，交流武技，构成了传统武林的中坚力量。综合相关文献资料，民国时期，以研习武技为追求的民间武术专业团体除上述几家之外，还有 1928 年成立的“中国武术会”，位于上海松江，由马海珊发起；1929 年成立的“广州国术社”，位于广东广州，由顾汝章担任社长；1929 年成立的“同济国术团”，位于上海同济大学，由曹玉祥担任团长；1929 年成立的“北平国术研究社”，位于北平，由北平市长袁良担任社长；1932 年成立的“湖南国术训练所”，位于湖南长沙，由万籁声担任所长；1933 年成立的“云南国术团”，位于云南昆明，由陈玉泉担任团长；1934 年成立的“湖南民众国术俱乐部”，位于湖南长沙，由何键担任董事长；1934 年成立的“国术统一月刊社”，位于上海，由姜侠魂发起；1938 年成立的“珠光国术社”，位于广西合浦，由未署姓名的民间武师担任团长；1940 年成立的“辅光国术社”，位于四川重庆，由张应人担任社长；1944 年成立的“群英国术研究社”，位于淇江，由温卓华等为领导；1946 年成立的“无锡国术研究团”，位于江苏无锡，由沈济之担任名誉会长；1947 年成立的“广东太极联谊社”，位于广东广州，由付振嵩担任社长；1947 年年成立的“意拳研究会”，位于北平，由王芗斋作为发起人；1948 年成立的“申新国术会”，位于无锡申新三厂，因为无署名，由何人担任社长不详等。[①]

以从事武术教育为目的的民国武术教育组织代表自然非霍元甲“精武体育会”莫属。天津人霍元甲 1909 年应邀至上海创办“精武体操学校”，后又改名为“精武体育会”，该组织在近代中国的知名度远非一般武术社团所能比拟。作为以研究武术、提倡体育为宗旨的我国近代群众体育组织，“精武体育会”对于中国武术发展的贡献早已为世人所公认，它“以提倡武术，研究体育，铸造强毅之国民为主旨”[②]，实质上也就是以中西结合为理念，以中华武林丰富的传统武术技法为基础，以西方体育先进教育模式为指引，培养能够吻合时代特征的新型高素质武术人才。同样是以传统武术拳械的教学、研练为主干，传播中华文化，遵循寓教于体理念的“精武体育会”教育视野、教育功能等显然要比同时代大多数民间武术组织体现得更为突出。精武体育会没有类似中央国术馆这样的政府背景，它完全是霍元甲、农劲荪、陈公哲等一帮志同道合者共同自发创建的结果。另外一个同样在武术教育方面发挥了重要作用的民国社会武术组织是 1911 年由许禹生发起于北

① 易剑东，张苓：《中国武术百年历程回顾——面向 21 世纪的中国武术》，《体育文史》1998 年第 3 期，第 21—23、46 页。

② 国家体委武术研究院编纂：《中国武术史》，北京：人民体育出版社，1997 年，第 332—335 页。

平的体育研究社。由许禹生联合其他武林人士自发成立的北平体育研究社，不仅对于民国时期北平中小学的武术教育发挥了积极作用，还为中国传统武术进入近代学校教育做出了非常突出的贡献。综合相关文献资料，民国时期以从事武术教育为目的的民间武术教育组织除上述几家之外，另外还有 1934 年成立的“山东健康实验学社”，位于山东济南，由钱宝享担任社长等。

提到以汇集人才、演拳习武为救亡图存方式的尚武爱国组织，则很容易使人联想到 1911 年由形意拳家李存义发起成立的“中华武士会”。1911 年，著名形意拳家河北省深县（今河北深州市）人“单刀”李存义在其师弟张占魁的协助下，在天津成立了民间武术组织“中华武士会”。虽然同样是民间自发成立的社会武术组织，但由于其创始人李存义特殊的义和团反帝爱国经历以及马凤图等其他参与者的相关军事领域背景，“中华武士会”与其他武术组织的最大区别在于其有着明显的以技击对抗外夷侵凌的发展主旨。由此，“中华武士会”也得到了孙中山领导的同盟会的欣赏与支持，为了巩固组织、加强对会员进行“民主革命思想”的教育，同盟会特委派燕京支部委员叶云表任第一任会长，沧州武术家马凤图任副会长，李存义初期任总教习，后来则担任会长兼教务主任。①后来“中华武士会”成员的表现，也的确不负其创会初衷，以李存义为表率，韩慕侠、郝恩光等不少英雄都有反击外辱的壮举留名后世。在“中华武士会”的影响和带动下，天津等地纷纷掀起了积极的习武热潮，两年多的时间里，天津市内就兴起了道德武术研究会、中华武术研究社、青年会国术社等十多家武术组织。如同“中华武士会”一样，上述各家武术社团组织，无一例外也皆属于自发成立的民国武术机构。综合相关文献资料，除了上述的“中华武士会”之外，民国时期以汇集人才、演拳习武为救亡图存方式的尚武爱国组织还有 1940 年由赵锡铭等人联合发起创建于安徽阜阳的“抗敌国术社”等。

① 李瑞林：《孙中山与天津中华武士会》，https：//tieba.baidu.com/p/165841551（2007-05-15）。

（四）社会名流对于武术的提倡

在翻阅晚清与民国时期武术发展的相关文献资料时，有一种较为突出的现象引起了我们的关注与探究，那就是当时各界社会名流对于武术的积极呼吁及大力提倡。无论是以汪荣祖、梁启超等为代表的学界知名知识分子还是以徐一冰、谢似颜、蔡元培等为引领的教育界相关开明人士，无论是以孙中山、黄兴等为代表的民国革命领袖还是以于右任、钮永建等为中坚的民国摄政大员，他们都对于当时的武术发展给予了充分的肯定与有力的支持。另外，以冯玉祥等为首思想进步的军事将领和以徐世昌等为代表的传统旧军阀，大多也都对于武术的价值有充分的重视并且对于武术传播进行了积极的倡导。当然，这一部分的研究，并不包括一般武林人士的相关内容。

首先，各界名流对于武术精神的重视与倡导。在内外交困、山河破碎的那段特定历史时期，当武术由于各种综合原因而逐渐淡出社会主流舞台的时代背景之下，不少有识之士及时地感知了武术衰落以及由此带来的各种相关后果。他们开始接二连三地站出来强调武术在激发国民士气与提振国民精神方面的重要作用，呼吁社会各界积极传播与弘扬武术。这方面的杰出人士有汪荣祖、梁启超等。汪荣祖于 1901 年之际指出了尚武气质的缺乏在中国近代以来多次对外战争中导致的致命代价，直接肯定了武术所具有的独特时代价值。梁启超从 1903 年发表《新民说・论尚武》一文开始，一直对于中国武术的提倡情有独钟，他的《中国之武士道》等系列赞扬武术精神的作品，也成为近代转型语境中支撑中国武术前进的重要理论依据。

其次，对于武术进入学校教育内容的呼吁与支持。针对晚清时期武术全面让位于西洋兵操等西方体育形式这一状况，民国时期，在国粹主义等的影响之下，以著名教育家徐一冰、谢似颜、蔡元培等为杰出代表的一批教育界人士开始积极呼吁武术进入当时的各级学校教育体系。徐一冰于 1914 年向当时的教育部郑重上书，诚挚吁请在全国高等小学以上的各级学校教育中开列武术教育课程，谢似颜也强烈建议教育部在全国范围的所有学校教育体系中进行武术传统拳械技法的课程教育。曾经身为民国时期第一任教育部长的蔡元培对于武术进入各级学校教育尤其发挥了关键作用。在“兼容并包”的学术思想的指导之下，武术也因为蔡元培的开明与博大而终于走上了学校教育的正轨。在上述各位名士为首的一批教育家的努力之下，学校武术教育在民国时期开始逐渐被社会各界认可和接纳。

另外，以孙中山等为代表的不少军政界人士对于当时的武术发展也进行了积极的倡导与支持。孙中山自始至终都对于武术持坚定的支持立场，无论是他对于各种民间会党组织的积极联络还是亲自为精武体育会题写“尚武精神”，都是这种坚定立场的一贯体现，在著名的“土洋体育之争”中，孙中山对于武术的明确支持亦成为当时鼓舞武术人勇往直前的精神动力之一。与孙中山一样，另外一位革命领导人黄兴也是武术坚定不移的支持者。他不仅自己擅长武功，同时也向其他人士热情推介武术的现实价值并鼓励友人习武练拳。在孙中山、黄兴两位领袖的带动之下，民国的各级领导阶层中间，对于武术持积极态度的大有人在。1927 年之际，国民党政府已经基本上稳定了全国的局势，在其对于社会各领域加强管理的过程中，武术也受到了“党国要人所重视”，以蒋介石为首，包括当时的国民政府秘书长钮永建、行政院长谭延闿、财政部长宋子文、教育部长蔡元培等重量级人物在内的党政大员都对于武术改称“国术”的提议一致赞同，这些积极支持“国术”发展的高层人士中也包括李烈钧、李宗仁、于右任等国民党元老以及冯玉祥、何香凝等著名进步人士。民国政府不仅大力支持南京中央国术馆的成立，还以中央国术馆为枢纽建立了遍及全国的官方性质的国术馆体系，并规定由政府首脑或其推荐人担负各级国术馆馆长之职[①]，体现了民国政府对于武术发展的高度重视。

事实上，在晚清与民国这段特定的历史时期内，对于武术积极支持的政

① 周伟良：《二十世纪前的中国武术》，http://view.news.qq.com/a/20080729/000040_1.htm（2013-01-16）。

界、军界高层人士远远超过了上述列举人物之限，即便如徐世昌、张作霖、吴佩孚、曹锟等各大军阀，皆都深深了解武术的现实价值并且在自己的军队里大力提倡，正因如此，该时期的一些著名武术家也纷纷在各级军队里担任教官，从一定程度上促进了武术在全国各地的传播与交流。此种现象也与晚清时期政府对于武术的严禁势态形成了一种较为鲜明的对比。

（五）纷繁交错的民国武林与政治生态

民国时期的武林，在近代以来的中国武术史上有着重要而深刻的影响。这种影响不仅仅是因为民国以来的武侠文艺兴盛下的媒体综合渲染，当时所处典型的近代民族转型语境的确使得各拳种流派产生了一系列名家高手，他们的武功事迹在那样的年代里无形中自然又蒙上了一层朦胧的面纱，在现代人们的视野中，这种面纱的朦胧则又油然显出了几丝神秘。朦胧的民国武术面纱，神秘的近代武林高手，无论从哪方面来看，都足以对于现代大众产生强烈的吸引力。在民国时期，武术经历了一种由近代武术向现代武术的转型，这种转型虽然在不同人群的视野中有着不同的看法，期间交织的体育化路径也令人议论纷纷并且至今仍分歧犹存，但是这种经历对于中国武术发展来讲是极具意义的。然而，对于大多数武林中人或者喜爱武术的民间大众而言，民国时期的这种对于中国武术发展富有意义的武术转型，其重要性或许仅存留在纸面或者理论意义，更加吸引他们或者说民间大众更为关注的则是晚清与民国武林的名家频出以及这些武林名家在当时语境里的闪展腾挪与跌宕起伏。民国时期的武术发展虽然历时并不算长，但是这段历史中包容并留给后人的武术信息实在是非常丰富，其中，纷繁交错的民国武林与政治生态不失为其中一个值得耐人寻味的话题。

民国时期的中国武林之所以至今仍对于大众极具吸引力，在我们看来，一方面主要在于当时的中国武术正置身于一个东西交融、土洋混杂、新旧交织、文化嬗变的宏观转型语境，在这样的一种宏观社会环境之中，封建社会许多长期因循的传统尚没有真正减色，东西碰撞所带来的一些新生的事物仍处于萌芽的初期阶段，由于日本侵略所造成的国家生存危机与中国传统的社会生存环境以及武术特有的艰难江湖生涯共同构成了民国时期武林中人的综合社会舞台，西风劲吹、国运衰微，时势多变，波谲云诡，这种情形下的中国武林着实引人关切；另一方面，传统的中国武术界人士在大众的心目中一向是具有超强的生命意志和不息的生命活力，他们对于各种环境的剧变有着坚韧的适应能力，拥有一身好功夫、如中流砥柱般坚强而又刚健的民国武术家在这样一种风云变幻中如何纵横腾挪自然是一个足以引起后世武术爱好者以及相关研究者关注的焦点！

面对着国难当头的外部生存危机以及国内传统生存环境等综合压力，在这样一种命运转折的关口，除了凭借一身武术功夫保家卫国、勇赴国难之外，事实上，绝大多数民国时期的武林中人都走上了一条与当时复杂的政治、军事生态紧密关联的现实之路。在这条以军事和政治两大主题相互交错的轨道之上，"武林与仕途、习武之人与军人之间的关系难分难解"[①]，习武与从军、武林与仕途，也成为多数民国武林中人绕不开的时代命运，同时也是必须面对的生存选择。在这条民国时期的特定社会环境框定的时代路径之上，不少武林人士也凭借自身的能力与灵巧建功立业，成为当时的社会名流，尽管其中的多数人已经习惯于脚踏黑白两道，游走于草民江湖与上流社会之间，他们生活的轨迹也因此难得绝缘于斑驳的灰色。这种情景，的确让后世研究者充满了对于历史的慨叹！

历史上，武术由于民间俗文化的特点，向来被视为社会下层人民的谋生之能，长期不受重视，特别是八旗军队入关后，清朝上层阶级因为唯恐中原人民以传统武术拳械为武器反抗其国家统治，曾多次在民间禁止武术传播，企图通过严酷镇压等手段来消除武林人士及其尚武精神对于国家的威胁。这一点，通过民间广泛流传的"血滴子""火烧南少林"以及"吕四娘刺雍

① 佚名：《从武林中来 到政界中去：民国政治人物与武术的因缘》，http：//cul.sohu.com/s2013/minguowulin/#brief2（2015-01-31）。

正”等武林故事中即可略知大概，相似的记载也可以从近代的一些野史中得到体现，此外，武林中传播的“少林五祖拳”“咏春拳”等创拳之说也是此种状况的反映。这种情况也是导致清朝以来武术地位始终不高的重要原因之一，以至于人们大多习惯于把武术与江湖杂耍联系在一起，武林中人也通常被视为是跑江湖打把子卖艺的下等阶层，难得与上层社会的体面与荣耀联系起来。该状况到了民国时期之所以能够大为改观，归根结底还要与武林人士顺应了当时中西文化全面激荡的宏观场景，主动使武术与政治交融，通过积极汲取政治元素的方式实现社会地位的改变有着密切关系。武术人社会地位的改变自然也将影响到武术的形象改观，由此，武术也以“国术”的身份重新进入了人们的视野，并且成为民国时期救亡图存直观有效的现实载体。

在现今不少人的理解中，民国时期的武林高手似乎都只是习惯于以一身武功行走江湖、惩恶扬善、简单而又豪爽的传统形象，偶尔也有少数与洋人有关路见不平、义愤填膺的爱国壮举，这种理解只能说仅仅是吻合了当时武林人士整体形象的一小部分，这一小部分之后，实际上还有很多相关的内容需要我们进一步去思量。真实的民国武林，的确盛产各种高手，在这一时期，中国武术的各拳种流派基本上都有一批或若干武技超群的宗师级人物出现，他们不仅武艺出众，而且尤重品行，堪称是德艺双馨。这些人中大都有行侠仗义的轶事留传后世，而且不乏积极创办各种武术团体组织、研习传统武技、培养武术人才，让中华民族尚武精神薪火相传之远见卓识者。但是，真正让武术人形象改观并且在当时拥有相当社会地位的，却是其中一部分以武功和心智取得政治身份的武林“精英人物”。这些武林精英人物，首先通过勤学苦练成就了一身好功夫，其次又从军报国、以勇猛拼杀立下赫赫战功，凭借这些战功和武林中人“眼观六路，耳听八方”的精干与走遍江湖、阅尽风波的经验，然后又渐渐步步高升，从担任军职再到各级政府部门高就，最终跻身于当时的上流阶层，拥有了受到时人羡慕与景仰的社会地位。他们的身份与社会地位的改变，又将自然而然地影响到他们自小从事与热爱的传统武术。

在民国武术发展过程中，能够以武功扬名同时又身居政府高位的首先当推张之江与李景林两人。张之江（1882—1966年），字子姜，号保罗，河北盐山县人。武术教育家，国民党陆军上将，曾任西北边防督办以及国民军总司令、国民政府禁烟委员会主席、中央国术馆馆长等，是原西北军系统的著名将领，冯玉祥因倒蒋失败而通电下野后，张之江代其全面接手西北军事宜，是西北军中仅次于冯玉祥的第二号人物，这也是其后来受到南京国民政府格外器重的主要原因之一。张之江将军出生于著名的武术之乡沧州，自幼习武，一生提倡武术，在张家口期间，曾指示武术名家马凤图等筹办新武术研究会，为国民军编定《白刃战术教程》等，退出军界后，又发起成立中央国术馆并亲任馆长，称中国武术为“国术”，提倡国粹武术，致力于“强种救国”。1933年添设中央国术体育传习所，1934年改称中央国术体育专科学校并亲任校长，而且组织刊行了《国术周刊》《国术季刊》《国术特刊》等相应武术刊物，1945年日本投降后，张之江将军又将中央国术体育专科学校设在天津。张之江将军曾于1936年亲自选拔人才组建武术队远赴德国柏林参加第十届奥运会，并且组织人员为武术队在奥运会上的表演摄制了纪录片，对于民国武术发展诚可谓居功至伟。李景林是与张之江并称的民国武林人物，他字芳宸，1885年出生于河北省枣强县一个武术世家，自小就习练燕青门、二郎门等传统武术，之后曾经得到武当丹派剑侠宋唯一单传密授武当剑法，并且又于塞外遇皖北异人传授独特剑术，其剑法出神入化，造诣颇高，在当时武术界有“剑仙”之美誉，弟子传人中有不少都在当时的民国政府身居要职。同张之江一样，李景林曾经担任奉军第一军军长等高级军职。在各路军阀激战不休的民国时期，张之江作为西北军冯玉祥麾下的主要将领，李景林则身为北洋军阀的核心骨干，两人各为其主，在疆场上多次刀兵相见、难解难分，但是，正是这种作为对手的经历才反而加深了彼此之间的深刻了解，他们都深知对方有热爱并发展中国武术之志。1927年，张之江在创办中央国术馆之时，首先想到的便是请当时已经卸甲归田的李景林将军出山相助。几番精诚所至，李景林也终于答应出山。两位武林中人的政府高官身份也使得之后中央国术馆的相关工作能够最大限度地得以顺利进行。后来，以张之江和李景林为首的中央国术馆向国民政府申请改“武术”为“国术”，空前地提升了传统武术当时的地位及形象，极大地拓展了传统武术的综合影响，这份成就事实上也与二人拥有的特殊政府高官身份有着直接关系。

1927 年中央国术馆创立的前夕，张之江曾经被当时的国民政府授予军政部长之职。他一心想以中央国术馆为平台培养武术师资力量，但是在向教育部门申请备案的过程中，曾经受到过各方因素的种种刁难。其中有一种意见认为，战场经验充分表明武术已经是被时代淘汰的无用之物，早已失去现实存在价值，即便一定要发展武术，相关机构也不能归属教育系统之中。面对这种局面，张之江将军利用其多年积淀的军政各界影响力，通过时任国民政府常务委员李烈钧等政府大员的关系解决了这一阻碍。在李烈钧等国民政府元老大力支持下，国民政府特地颁发“第 174 号令”批准中央国术馆在教育部的备案，并规定中央国术馆为由国民政府直接领导的武术发展专门机构，发展经费亦由国民政府直接拨付。[①]在这种背景下，中央国术馆才得以正式成立并顺利开展相应工作。两位同样精通传统武技并身怀振兴中国武术的国民政府要员——张之江与李景林，亦成为近代武术史上以武术荣升军政上层并且为武术发展做出重要贡献的突出例证。

除张之江、李景林之外，同时代的西北军中亦出现了不少精通武术的将领，如著名的佟麟阁、赵登禹、吉鸿昌、董升堂等，皆为以高超武技建立军功并且积极抗日爱国的高级将领。其中，佟麟阁为河北省保定市高阳县人，在其舅父胡光的支持下，自从九岁起就开始习练武术，师从八极拳家林舜唐等人，练成一身高超的八极拳功夫，曾任第 29 军副军长之职，长城抗战中取得喜峰口大捷的著名的大刀队即为佟麟阁部下。1933 年 5 月，佟麟阁又曾出任察哈尔抗日同盟军第一军军长兼代理察哈尔省主席等要职。赵登禹，

① 宋承良：《张之江、李景林和他们的中央国术馆》，《东方早报》，2013 年 1 月 16 日，第 B10 版。

出生于传统武术之乡山东省菏泽，13岁时即开始拜太极拳、八卦掌、少林拳等名师习武，精通各家拳术及刀、枪、棍、棒等多种兵器，尤其擅长空手夺刀、空手夺枪等高难度武术技法。赵登禹16岁时和其兄长一起参加冯玉祥军队，凭借超群武艺而深受冯玉祥赏识，在抗日战争中屡立军功并官至师长之位，1918年时曾单人徒手捕杀山中猛虎，所以在当时军中有“打虎将军”之美誉，冯玉祥曾亲笔在赵登禹照片上题字激励，赞其“躯干修伟，负膂力，精技击”。[①]此外，吉鸿昌、董升堂等高级爱国将领也皆为当时武功精湛之高手，而且皆以精湛的大刀技法闻名。

除了以武术、军功而居高官之职以外，同时代的多数武林中人都有与官场政界来往紧密的传统。凡是有名的民国武术家，通常都有关系密切的官场朋友圈子。一方面，他们以武功而受当时一些官宦赏识或被邀请至庭院担任贴身安保任务；另一方面，因为当时的不少各界名人跟随他们习武而随之建立起相应联系。例如，著名的孙禄堂、宫宝田都曾分别担任过徐世昌、张作霖等人的私人侍卫队长，孙禄堂是近代集形意拳、太极拳、八卦掌于一身的顶级武术家，宫宝田也是得到了八卦掌宗师董海川、尹福两人的重点培养，是一位曾经担任过清朝大内总管和东三省巡阅使兼奉军总教练的武林宗师，其他如自然门一代宗师“南北大侠”杜心武和“江南大侠”——罗汉拳大家刘百川曾经担任过孙中山的护卫，高寿100余岁的长江大侠吕紫剑也曾在蒋介石身边担任类似职务，创立太极五行通臂拳以通臂、太极拳驰名四方的武术家张策则是少帅张学良的武术教师。民国时期的许多艺术家如齐白石、杨小楼、梅兰芳等也都曾经拜师多位武术名家，他们拥有的交际圈子也相应扩大了相关武术家的社会交往范围。

本书在此指出这种现象并无丝毫贬义，只是揭示了当时民间武术家生存状态的一种客观现象。毋庸置疑，能够成为当时的军政要人，当然是非常有

① 周进：《赵登禹曾率军获喜峰口大捷 绰号“打虎将军”》，http：//culture.people.com.cn/n/2014/0930/c1723 1825764757.html（2014-10-05）。

实力的，这种实力不仅包括了武术的技术能力，实质上是一种以武术技术为基础的综合素质的反映。能够在当时的军政要人身边担负安保工作或者作为军队里的武术教官，肯定也不是仅凭借个人的嘴上功夫。从事上述这些极度高危的工作，没有充分的技击素养是不行的，尤其是给各路高级官员担当安全保卫职责的侍卫长一职，当事者无疑必须是集技击实力与江湖影响于一身的武林重量级人物，非此不能承担这种重任。说到底，这些情况本质上也都是武术家们多年刻苦浸淫武功的现实回报，练就一身高超武术技能，以此实现生活质量的改变则水到渠成，而大多数民间人士以武为生，通过武术的方式扩大朋友圈应该说也是自然现象。这种状况和以武功而跻身仕途的上述例证等，其实都是当时武林中人作为正常社会人的生存本能反应，只是当时的特殊社会环境使得武术人的这种自然生存状态彰显出较为明显的一种整体特征而已。从一些资料可知，当时许多红军将领，同样是武功出众的高手。著名的许世友、钱钧等将军皆以武功而扬名战场，陈再道将军也是因武术出众而与许世友并称的红军高级将领，叶剑英元帅本人亦是鲜为人知的击败过日本武士的剑技高手。周恩来总理年轻时在南开中学读书，曾经专门拜当时天津形意拳名家韩慕侠为师习练形意武术，二人也由此结下了深厚的友谊。[①]此外，八极拳名手刘云樵曾担任过蒋介石卫队的武术教官，与刘云樵同为师兄弟的李健吾则做过毛泽东主席的警卫，其他更不必说像著名武术家尚云祥、王子平、朱国福、傅剑秋、刘尧臣、马英图、高振东等也都曾担任过军队的武术教官。由此也不难看出，当时这种现象其实是多么的通行和正常。宏观而言，在民国以来的近代历史发展过程中活跃着不少习练武术者的身影，其中一些武林人士在近代军政各界发挥了积极作用。诚如相关评论所述：虽然从传统意义上来看，中国的旧有政治体系中一贯沿袭并充满着“不利于武士群体生存的诸多因素”[②]，但是，就民国的武林人士生存状态而

① 佚名：《韩慕侠名声直追霍元甲 周恩来曾在门下学拳》，http://www.dahe.cn/wenhua/shgc/t20070803_1063255.htm（2013-01-16）。

② 乐陶：《“武侠文艺大国”的实战水平如何？》，《时代周报》2011年第115期。

言，这一时期的风雨飘摇的社会大环境却一直潜蕴着传统武林中人顽强坚韧的精神意志，体现着武术发展由来已久的广泛适应性与蓬勃生命力！

四、从晚清到民国时期的武术发展

从晚清到民国时期这一历史阶段，时代的风云激变对于整个中国大地产生了深刻影响，武术作为中国传统文化的一个组成部分，生存于这样的历史环境中，自然也不可避免地经受着西风劲吹的震撼与推动。与此同时，感受着这种前所未有的时代变迁，武术自身也必然将表现出相关的应激与回应。正是因为各种关于时代语境的应激性发展回应，该时期武术才表现出了特色鲜明的文化概貌。从整体而言，对于这一部分内容，本书总体上主要从以下几个方面进行了相关考虑：第一，武侠文艺的兴起与尚武精神的企盼。第二，马良与中华新武术。第三，近代民国武术组织双雄：精武体育会与中央国术馆。第四，武术近代体育身份的确定与近代史上著名的“土洋体育之争”。第五，由孙禄堂到王芗斋的武术创新。第六，转型语境中的近代武术与时代主题等。

（一）武侠文艺的兴起与尚武精神的企盼

1. 武侠文艺的兴起

中国是源远流长的传统武术大国，同时也是一个盛产武侠文艺而闻名世界的东方古国。在漫长的中华民族文化演进过程中，以武侠小说为代表的各种武侠文艺也一直与武术如影随形，对于武术的传播发展、形象建构等方面发挥了无可替代的作用。在武侠文艺作品虚拟而又现实、充满想象而又深入人心的特有世界里，中国武术也平添了难以用语言表述的各种有形无形的丰采与魅力。鉴于武侠文艺在武术文化中的历史影响与独特地位，如果说离开了武侠文艺当今的武术文化就将大打折扣的话，相信在大多数人看来这种观点应该并不夸张。在晚清与民国的这段历史时期，武侠文艺的兴盛及其作用，尤其引人关注。晚清与民国时期特殊的中国社会转型语境、这一时期特有的民族生存危机以及其中涌现出的众多武林高手等，共同奠定了武侠文艺繁荣的土壤，在这种土壤中生根发芽的武侠文艺以各种武侠小说为引领，构成了近代百余年武术发展过程中一种独特而又极具内涵的文化现象。

历史上，脍炙人口的武侠原型主要是来自先秦时期的“游侠”群体。汉朝之际，传统的“游侠”群体已经在现实中不复存在，但是，这一特殊的武术人群却在丰富的文艺作品中展现出历久弥新的风采，在远离现实世界的文艺作品中，武林侠客的形象不仅没有褪色，反而得到持续地强化，他们的拳械功夫与时俱进，在充满虚拟的文艺语境中越来越高深莫测。伴随着唐朝时期中国武侠文艺的空前鼎盛，在伟大诗人李白的《侠客行》等著名诗篇中，武功高强、神秘莫测的武侠形象也开始出现在唐代传奇等各式小说作品中，从此开始，武侠小说的风格也在唐代传奇突出艺术虚构的行文特点上进入相似的发展轨道。唐代传奇的一些代表性作品如《聂隐娘》《虬髯客传》《昆仑奴》等对后世作品产生了深刻影响，这一点，晚清与民国时期的武侠文艺作品自然也不例外。晚清时期出现的第一部真正意义上的武侠小说应该是现在大多数人仍然耳熟能详的《三侠五义》。根据台湾学者何洪生等人的相关研究，以《三侠五义》《七侠五义》为引领的晚清时期出现的各种武侠文艺作品中，持续了唐代传奇擅长艺术虚构的写作特点，经过各路作者们想象力深度加工后的大量武术元素如轻功、内力、点穴、暗器、机关等也被大量地融入了当时的武侠文艺作品之中[①]，并且对后来民国时期的武侠文艺作品发展产生了深刻的影响。与晚清乃至以前历代时期相比，民国武侠文艺发展则表现出了远远超出以往水准的鼎盛，其状况犹如晚清时期传统武术发展高峰。在民国时期，出现了一大批以武侠小说成名的作家，其中的一些杰出人物如平江不肖生、还珠楼主、宫白羽、王度庐、赵焕亭、姚民哀、顾明道等，共

① 乐陶：《“武侠文艺大国”的实战水平如何？》，《时代周报》2011 年第 115 期。

同构成了民国武侠小说界的中坚力量，他们的辛勤耕耘，也化作一篇篇深受人们喜爱的武侠作品，装点和烘托出民国武侠文艺的黄金时代。

在民国时期的各位武侠小说名家中，绰号“平江不肖生”的湖南籍作家向恺然无疑是民国前期作品数量众多、成果最为丰硕、社会影响最大的当之无愧的武侠文艺佼佼者。向恺然，本名向逵，1890 年出生于湖南平江，其笔名平江不肖生也系由此而来。向恺然能够成为以武侠小说引领民国时期武侠文艺发展的翘楚，与其自幼酷爱武术并且在武术上下了极大功夫有密切联系。他 6 岁即开始跟随私塾先生习文练武，武术方面则专攻湖南有名的地方特色拳种巫家拳，后来在日本留学时又跟随同为湖南藉旅日学生的长沙老乡王志群习练拳法，并与日本剑道、柔道名家等广泛交流武技，从而在文学、武术两道皆有较为深厚的积淀。他不仅精通拳法，而且博晓历代武林典故，对于中国武术的各家流派历史了如指掌。向恺然曾经先后两次到日本留学，撰写了长篇小说《留东外史》等，其开始武侠小说创作则为 1922 年，当年因受书局所邀而开始创作的个人首部武侠小说名为《江湖奇侠传》，该小说从 1923 年 1 月起由当时的《红杂志》以连载形式刊发，没想到竟然受到了民众的广泛喜爱，从此一发而不可收，接连推出了《近代侠义英雄传》《江湖大侠传》《江湖异人传》等系列武侠小说精品，在当时的文艺界产生了极大的影响。向恺然沿用平江不肖生的笔名总共创作有 12 部武侠小说作品，除了以《江湖奇侠传》《近代侠义英雄传》最为知名之外，还有《烟花女侠》《江湖小侠传》《现代奇人传》等，均为民国时期影响较大的武侠小说作品。难能可贵的是，除武侠小说外，向恺然亦曾于 1911—1913 年期间写作了《拳术》等武术专著，后来随同程潜将军一道起义并在新中国成立后于湖南省文史馆及政协任职，在其于 1957 年准备撰写《中国武术史话》时不幸因病去世。[①]

---

① 佚名：《平江不肖生》，https：//baike.baidu.com/item/%E5%B9%B3%E6%B1%9F%E4%B8%8D%E8%82%96%E7%94%9F/328690?fr=aladdin（2015-08-12）。

在民国时期的武侠小说领域，曾广泛流传有“南向北赵”之说。所谓“南向”者，即上文所述之向恺然，“北赵”则指1877年出生于河北玉田的赵焕亭。赵焕亭原名赵绂章，字焕亭，年青时期曾在多地担任官职并四处游学，收集了许多民间奇侠轶闻，著有《今夕斋丛谈》等描述官场、文坛掌故的作品以及历史小说《明末痛史》等。他本人虽无武术功底，但平时非常注意观察武林中人的习武练拳及相关活动，特别对于江湖卖艺之武术人非常用心揣摩。经过由衷爱好与长期积累，赵焕亭于1923年开始创作自己的第一部武侠小说作品《奇侠精忠传》。《奇侠精忠传》一经问世便出乎意料地饱受好评，取得了与向恺然《江湖奇侠传》相提并论的发行业绩与社会知名度，一举奠定了其在民国时期武侠小说领域与向恺然并称的地位。赵焕亭一生共创作有各类武侠小说作品19种之多，除《奇侠精忠传》最为著名之外，其他如《双剑奇侠传》《蓝田女侠》《说剑谈奇录》《昆仑侠隐记》等也同样在当时产生了较大影响，受到了不同阶层民众的喜爱与好评。

江苏常熟人姚民哀是“南向北赵”之外的另一位武侠小说作家，著有《山东响马传》《江湖豪侠传》等，与之齐名的则是另外一位出现于20世纪30年代的江苏苏州人顾明道，作品有《荒江女侠》等。20世纪40年代崛起的还珠楼主、宫白羽、王度庐则同样影响广泛。其中的还珠楼主是非常值得一提的重要作家。还珠楼主原名李寿民，1902年出生于四川省长寿县（今重庆市长寿区），他不仅博览群书，通晓释道儒诸家学问，而且精研武术，一生武侠小说著作最为多产，有36部武侠小说留世，《蜀山剑侠传》《青城十九侠》《云海争奇记》等皆为当时影响非常广泛的名作，其中，他于1932年在天津推出的连载本小说《蜀山剑侠传》，分正传、外传、别传、前传、后传等不同种类，文字竟然有五百万言之多！除这几位名家以外，同时期的武侠小说代表人物及其作品还有宫白羽的《十二金钱镖》《偷拳》，王度庐的《卧虎藏龙》《鹤惊昆仑》，郑证因的《鹰爪王》《七剑下辽东》，姜容樵的《武侠奇人传》，顾明道《血雨琼葩》《荒江女侠》《侠骨恩仇记》等。在此，还需要特别强调的是姜容樵。姜容樵，字光武，1891年生于河北沧县的一个武术世家，家族中拥有多位武林高手，曾祖父姜廷举为当地的秘宗拳名家，叔父姜德泰为武进士，姑丈陈玉山也享誉沧州武术界，武林人称其为“铁腿”。姜容樵自小跟随各位高人习练拳脚器械乃至暗器功夫等诸般武技，并在叔父的带领下行走江湖，又拜著名的天津武术家张占魁习练形意拳、八卦掌，与民族英雄韩慕侠为同门师兄弟，青年时代即以武功远近闻名，后来曾担任中央国术馆编审处处长和新中国全国民族形式体育表演及竞赛大会武术总裁判长等重要职务，一生编写整理了二十二部武术著作，被誉为武术理论大师。[①]姜容樵的大部分武术著作，例如，《写真秘宗拳》《太极拳术讲义》《形意母拳》《八卦掌新义》《昆吾剑》《少林棍法》等皆为近代以来中国武术理论领域的重要专著，其中，1963 年出版的《八卦掌》一书曾先后多次再版，发行量高达百万册之多，在当代武林特别是八卦掌一门中产生了积极影响。其他如《写真秘宗拳》《写真青萍剑》等书也在国外得到了广泛发行。姜容樵一生桃李满门，当代著名武术家张文广、沙国政等即为其入室弟子。因为有着上述武术综合根基，一方面姜容樵的武侠小说不仅较为贴近民国时期的现实武林生活；另一方面也收录和记载了不少当时的真实武林重要事件，其中的一些人物情节，由于其自身独特的身份和阅历，蕴含并彰显着极为珍贵的武术史料价值。例如，对于当时的形意拳和八卦掌两大门派主要传人之间的“七侠结义”以及中央国术馆和精武体育会等武林事迹、武术史实，姜容樵在 20 世纪 30 年代出版的《武侠奇人传》中即有详细描写。这也是姜容樵武侠小说与同时代其他作家作品相比所具有的一个突出特点。

上述各位武侠小说名家及其相关作品，在民国时期的社会各界产生了广泛的影响。平江不肖生《江湖奇侠传》在取得了巨大社会反响之后曾于 1928 年被上海明星电影公司改编为电影《火烧红莲寺》，前后共拍摄电影 18 集，根据文学巨匠茅盾在其作品里对此的相关描述，当时“影院内外挤满了

① 刘万春编著：《河北武术》，北京：北京体育学院出版社，1990 年，第 226—229 页。

人，电影院充满了喝彩、叫好的声音”[①]，该电影当时演出的受欢迎状态实在非现在人们所能够想象。后世影评家对《火烧红莲寺》则更不吝赞美之词，称其“敲开了侠影戏的大门……”[②]在《火烧红莲寺》的带动示范作用之下，其他一些武侠小说如《红羊豪侠传》《七侠五义》《施公案》《粉妆楼》等也先后被拍摄成为电影，并且对于后来香港武侠电影发展产生了积极的推动。据后人不完全统计，仅仅民国时期的1928—1931年，在上海所有电影作品中武侠题材的内容竟然占有了将近三分之二的份额[③]，武侠文艺在民国时期的社会传播盛况由此可见一斑！

除平江不肖生的《江湖奇侠传》之外，还珠楼主李寿民的《蜀山剑侠传》也对于武侠小说的发展产生了极大的影响，该部作品被近代以来的武侠小说研究者们认为是“20世纪最著名的武侠小说”。[④]另外，宫白羽的《十二金钱镖》在民国时期也几乎是妇孺皆知，以至于曾有“家家谈钱镖”之美誉，以杨式太极拳创始人杨露禅求学陈式太极拳故事为核心的《偷拳》则至今仍在四方流传并且被不少当代武林中人深信不疑。顾明道则创造性地把武侠、言情与爱国有机融合为一体，体现了当时武侠文艺作品的时代性，形成了武侠小说创作的一个“新的模式”。[⑤]至于王度庐的《卧虎藏龙》，即为由台湾李安执导，由周润发、杨紫琼、章子怡联合主演获得第73届奥斯卡最佳外语片奖的华语电影原作，其成功之处，更无须多言。

民国时期各位作者的武侠小说作品，对于现代的武侠小说创作亦产生了深远的影响作用，现代最为著名的武侠小说三大家“梁羽生、金庸、古龙”以及温瑞安等都曾深受民国时期武侠小说名作的影响，甚至于不少现代网络游戏也都从民国时期的武侠小说中获得了不少灵感启迪！金庸就曾经坦白地

---

① 孔庆东：《民国武侠经典序》，http://blog.sina.com.cn/s/blog_476da3610102dvz6.html（2012-04-18）。

② 易剑东，张苓：《中国武术百年历程回顾——面向21世纪的中国武术》，《体育文史》1998年第3期，第21—23、46页。

③ 刘万春编著：《河北武术》，北京：北京体育学院出版社，1990年，第226—229页。

④ 孔庆东：《民国武侠经典序》，http://blog.sina.com.cn/s/blog_476da3610102dvz6.html（2012-04-18）。

⑤ 李洪波：《金庸小说揭秘：很多母题来源于民国武侠小说》，《山西晚报》，2013年12月18日。

说自己的作品受到了民国时期武侠小说的重要影响与启示，其《神雕侠侣》即借鉴了平江不肖生《近代侠义英雄传》的相关情节以及姜容樵《武侠奇人传》中的相关描写，《天龙八部》中的不少内容则来自还珠楼主《云海争奇记》《青城十九侠》的素材及笔法，金庸的《书剑恩仇录》书名与顾明道《侠骨恩仇记》非常相似，著名的《倚天屠龙记》也几乎与还珠楼主的《北海屠龙记》惟妙惟肖。梁羽生的成名作《七剑下天山》《龙虎斗京华》与郑证因的《七剑下辽东》《龙虎斗三湘》有异曲同工之处，古龙的《边城浪子》《七种武器》等同样与民国时期的武侠名作《边城侠侣》《七杀碑》等曲径通幽！在以平江不肖生向恺然、还珠楼主李寿民、赵焕亭、宫白羽、王度庐、郑证因等武侠小说名家的共同推进之下，民国时期的武侠小说不仅在当时的民国小说出版物中占据了更多比重，而且也创造出了许多种与民国之前明显不同的写作风格以及大批虚拟的武林秘籍、绝技等，显著地丰富了武侠小说的题材内涵。由于武侠小说与中国武术长期以来的密切联系，所以，上述民国时期武侠小说的发展与创新从某种程度上而言也积极地充实与丰富了中国武术文化的相应内容。但是，正如相关研究者所指出的那样："由于历史的原因，学界对于盛极一时的民国武侠小说，研究远远不够。"①今天，我们从当代中华民族文化复兴的视角对于民国时期武侠小说的发展进行深度的研究与全面的审视，无论是对于当代武侠小说的发展还是武术文化的探索等，应该说都具有积极的理论意义与显著的现实价值。

2. 尚武精神的企盼

民国时期武侠小说的兴盛，一方面与当时报纸杂志、印刷出版等各种相关行业的兴起有着重要联系，在报纸杂志、印刷出版等系列新兴相关行业的助推之下，以武侠小说为代表的各种武侠文艺的繁荣无形中享受到了时代演进的积极动因，同时也在客观上反映出了时代的进步，但是，另一方面对于

① 李洪波：《金庸小说揭秘：很多母题来源于民国武侠小说》，《山西晚报》，2013 年 12 月 18 日。

更为重要的原因，我们仍要联系当时近代中国转型语境下民众对于以武侠为象征的尚武精神的普遍企盼与倡导而进行深层次的探究。在当时那样一种崇尚西洋兵式体操且严重忽略中国传统武技的社会宏观氛围中，以武侠小说为代表的各种武侠文艺作品的广泛流传又如同一种温度计或风向标，恰如其分地反映出了晚清至民国时期社会各界民众对于尚武自强、救亡图存精神的强烈期待！

自1840年第一次鸦片战争开始，中华民族连同中华文化在近代历史中所共同遭受的冲击和剧变导致了中华大地面临着生死存亡的极度危机。在西方列强瓜分豆剖的巨大压力之下，当时的一些有识之士如严复、康有为、梁启超等于1895年前后纷纷提出了“亡国灭种”的严正警告以及“保国、保种、保教”的相关口号[①]，中华民族何去何从，在当时已经成为一个全社会层面的时代话题。中下层人民和大多数官僚阶层要求变革国家体制、改良现实政治的强烈期盼与东瀛弹丸小国接二连三肆意凌辱的现实相互交织，逐渐演化成一种近代中国社会变迁中的整体失落与躁动情绪，在这种情形之下，“亡国灭种”的想象与改变现实的企盼便构成了晚清至民国时期特有的一种社会普遍心理。[②]与此有着密切联系的另外一种现实情况是，中国漫长的封建社会在此之前早已开始盛极而衰，发展至晚清时期则真正到了穷途末路。事实上，在1840年第一次中英鸦片战争之时，清朝社会已经普遍表现出了一副潦落世态，土地的高度集中使得大部分民众失去了生活的基本保障，经济的整体衰退使得中下层人民难以寻觅养家糊口的机会，吏治的极度腐败又打消了社会各界对于晚清政府的信心，因此，整个国家犹如“将萎之华，惨于槁木”，已经接近“日薄西山，气息奄奄”之境。[③]但是，相对于这种社会危机而言，更为严重的则是当时国人思想与心理大范围甚至于普遍程度的堕

① 韩星：《“华夷之辨”及其近代转型》，《东方论坛》2014年第5期，第1—8页。

② 陆勇：《“亡国灭种”的想象与近代民族国家话语霸权的形成》，《洛阳师范学院学报》2010年第1期，第110—113页。

③ 王栻编：《严复集》第一集，北京：中华书局，1986年，第87页。

落。成千上万的国人日趋沉沦，思想、道德、行为和心理等都出现了整体的危机。[①]面对这种严重到如此程度的由社会到人的全面危局，中华民族的一些中坚骨干由沉思而渐起，纷纷开始探寻应对这种危机的各种方案。因为生活背景、个人阅历以及社会阶层等方面的迥然有别，不同人士对于解决这种时代危机的认识自然也各有不同，但是在所有积极人士的心目中无形都存在着一个共识，这个共识就是时人对于改变世风人心、提振国民精神以及由此而实现化解社会危机、达成强国强种目标的由衷企盼！

置身于晚清至民国时期这段中国历史上社会变迁最为急剧的宏观转型语境，面对着中华民族惨遭列强欺侮侵凌、传统文化深受西洋之风冲击涤荡、世道人心随时势日趋下滑不振的惨痛现实，“知识分子作为社会结构中最具悟性与敏感的阶层，率先觉醒，开始改造中国，挽救民族与文化的双重危机。”[②]作为知识分子阶层的一个组成部分，武侠小说作家群体也正是在这种境遇中接连出声发力，日渐进入大众的视野并进而走向了社会的前台。在振奋民族精神、努力强国强种的时代之音呼唤下，以平江不肖生向恺然、还珠楼主李寿民、赵焕亭、宫白羽、王度庐、郑证因、顾明道等为引领的一大批武侠小说作家群体，不约而同、前赴后继地以武侠小说特有的浪漫与激情向国人传达出奋进与豪迈的热流，让坚强不屈、战而胜之的理念交响在神州大地的每一个角落，持续化作转型危局中国民自强不息的信心与动力！虽然他们中的相当一部分人并不一定真正擅长或习练过各种传统武术拳械，武侠小说中描写的各种武功传奇事实上也与武林的客观状态有着极为悬殊的落差，但是，在中国武术特有的尚武精神与文化魅力的感召之下，武侠小说承载着晚清与民国时期社会大众对于强国强种的期待，自然而然地担负起弘扬尚武精神的文艺载体职责，并且出人意料地引发了持续强劲的社会轰动！

---

① 郭汉民，袁洪亮：《近代国民性改造思想的萌芽——论地主阶级改革派的人心风俗思想》，《洛阳师范学院学报》2001 年第 1 期，第 66—69、76 页。

② 陈蕴茜：《论社会心理对近代中国知识分子群体转型的影响》，《南京大学学报》（哲学・人文・社会科学）1997 年第 3 期，第 84—90 页。

在社会各界对于尚武精神的热切企盼中，民国时期的武侠小说大部分都若隐若现地反映出了一般国民所牵挂的“家国之忧”，个别作品甚至明确地涉及了近代转型语境中众多精英人物的民族忧患意识，这方面的突出例子仍然以平江不肖生向恺然最为典型。在向恺然的名作《近代侠义英雄传》里，最为主要的人物当推近代史上著名的民族英雄大刀王五和霍元甲，这两位主角当然也是在中国近代武林大名鼎鼎的一代宗师。借助于大刀王五和霍元甲的言行举止和正气凛然，向恺然不仅在其武侠小说中传播和宣扬了“路见不平，拔刀相助”等深入中华民族血脉的传统武术侠义精神，而且把传统的武术侠义精神与国家、民族尊严进行了有机的融合。通过小说中大侠霍元甲击败西洋大力士的武林传奇事迹，向恺然也借助霍元甲的话语启发着当时国人的深刻思考——在国破家亡的危急关头，一个武术家把几个西洋大力士打下擂台其实并没有什么了不起的意义，因为一个武术家的高超武技远远不能够代表整个国家、民族的整体强盛，国难当头之际，最重要的是用尚武精神唤醒各界民众，让众志成城的全民集体自强成为力挽狂澜、拯救中华民族的真正决定因素！

由此可以看出，当时不少国民的尚武意识是非常清醒的，在他们的心目中，武术不仅是一种尚武精神的有效载体，而且担负着唤醒国民整体自强意识、振奋民族整体自强精神、焕发中华民族整体活力的现实使命！向恺然透过武侠小说表现出的这种思想事实上也是与其个人的经历、观点相吻合。他自幼习武且忧国忧民，崇尚爱国人士陈天华等的英雄事迹并先后两度留学东瀛，在日本学习考察以及与柔道、剑道等日本武术家交流的过程中，深深地认识到国家与民族自强的重要意义。《近代侠义英雄传》等系列作品一经问世便受到了社会各界的热爱与好评，不仅说明了向恺然的这种思想在当时的国民中得到了积极的认可，而且也反映出当时国民对于武侠小说的喜爱也并非仅仅是一种局限于阿 Q 精神的自我幻想与精神麻醉，在相当一部分国人的心中，的确深怀着那种振奋精神、尚武强种的渴望！还珠楼主李寿民的武侠小说内容，也主要以“九一八”事变后国土沦丧、山河破碎的时代现实为背景。与向恺然一样，还珠楼主李寿民也同样是一个极富爱国思想的热血男儿。华北地区沦为敌占区之后，日本人曾经多次慕名请李寿民出山为官，都被他坚决拒绝。日本人恼羞成怒之后，将李寿民下狱严刑拷打将近三个月之久，但其始终坚贞不屈。因此，李寿民出狱后就愈加痛恨侵华之日夷倭寇，在他的《蜀山剑侠传》系列武侠小说作品中也自始至终贯穿着正邪之争的情节，并且以正义之士最后胜出的结局宣扬着邪不压正的中华传统古训。其他如宫白羽的武侠小说《十二金钱镖》等在宣扬武侠精神的同时，也从另外一个视角对于当时社会道德沦丧、世风日下的现实进行了直接批判，以之警醒国人弘扬侠义精神、尚武以自强。另外一位武侠作家王度庐则在其《剑气珠光》《卧虎藏龙》等系列武侠小说中探索了关于“侠”的意义问题，通过玉娇龙、罗小虎的侠义传奇，隐喻着关于武侠的精神追求与时代主题等关系探讨。①

通常意义上，拥有侠义精神的人在内心往往都是孤独的，面对山河破碎、风雨飘摇的现实，一个具有侠义精神的国民只有在投身于救亡图存的时代主题之中，才能实现自身追求同时不负山河社稷。可以想象，这种“侠之大者”的隐喻，对于当时民国士人的影响是多么深刻！王度庐才华横溢而又命运曲折，抗日战争开始后初时是为生存糊口才开始写作武侠小说。在著作武侠小说的过程中，国破家亡、民生多艰的客观现实，无形中也使他越来越全面而又深刻地思考个人自由与国家存亡的相互联系，这种思考又进一步通过其武侠小说中的人物与故事情节表达出来。人总是生活一定的现实语境之中，无论每个人的心中有什么样的兴趣爱好乃至自由追求，一旦没有了国家和民族的存在，个人的兴趣爱好和自由理想事实上便失去了现实的意义。所以，在国家和民族面临生死存亡的危急时刻，唯有以侠义武勇精神投身救亡图存的时代宏流，才是内心向往自由的所有华夏国民的唯一正确选择！在现实生活中，对于普通民众而言，拥有一身高超的功夫可能只是一种理想或奢

---

① 孔庆东：《民国武侠经典序》，http://blog.sina.com.cn/s/blog_476da3610102dvz6.html（2012-04-18）。

望，但是侠义之道与尚武精神却是流淌在中华民族血脉中生生不息的传统特质！

以平江不肖生、还珠楼主、赵焕亭、宫白羽、王度庐、郑证因等一大批武侠小说作家为主体的武侠文艺写作者首先对于当时的转型语境有着世道沧桑的亲身感受，这批武侠艺术的创作者内心本来就流动着崇德重义、尚武图强的武侠精神思想特质，当他们从作家的职业视角来审视当时的社会氛围与民心世情之时，作家特有的职业灵感又使他们敏锐地把握到了社会各界对于尚武自强精神的迫切期待与现实需求，于是，通过他们的生花妙笔与综合构思，主要以武勇侠义精神为内核的武侠小说便迅速而及时地进入了社会大众的视野之中。于是，在这种宏观背景之下，晚清至民国时期武侠小说的空前兴盛及其彰显的国民对于尚武精神的热烈企盼与积极宣扬，不仅成为当时特殊社会语境中的一道动人景观，而且构成了近代中国武术文化发展的一种重要的特色内容和一份珍贵的历史遗产！

（二）马良与中华新武术

1.“军国民主义”思潮的兴起

一方面，晚清至民国时期高度繁荣的武侠文艺作品凸显出当时国民对于尚武精神的企盼与呼唤；另一方面，如果从武术自身发展的视角来看，我们也不难从中感受到浸淫于中华民族千年发展历程中的那种历久弥坚的传统武术文化特质。虽然说从 1840 年第一次鸦片战争之际，国人的天朝大国自尊心已经开始在西洋之风的肆虐下渐渐消解，鸦片的合法化输入也迅速导致了国民体质的整体大幅下降，明清两代数百年间对于民众习武的限制极大地影响到传统武术的传播与发展，义和团运动的失败又使得中国传统武术在与西洋现代武器的对决中全面地处于下风，但是，上述所有的消极因素都不能有效地消磨掉武术在社会大众心目中根深蒂固的传统形象，武术文化特有的刚健气概与自强精神也在民间武林人士研拳习武活动中依然发挥着传统的功能，并且持续影响着社会各界传统武术挚爱者的思想与观念。在这种背景之下，主要以民间为活动舞台的传统武术一边在按部就班地持续传播，一边也在等待着东山再起的历史机遇。

与此同时，凛冽强劲的西风，在神州大地恣意肆虐的过程中，也犹如一双摧枯拉朽的巨手有意无意间快速而有力地推进着华夏民族的近代转型旅程。1894 年爆发的甲午战争进一步加剧了中国半封建半殖民地社会的沦陷步伐和综合矛盾，内忧外患的民族危局催生了社会各界救亡图存的汹涌大潮，以 1902 年蔡锷在《新民丛报》发表的《军国民篇》和 1903 年第 3 期《浙江潮》刊登的蒋百里《真军人》为先声，以同时期分别由留日学生发起并成立于上海的军国民教育会为标志[①]，以 1901 年前后马良推行的“中华新武术”实验和孙中山“尚武精神”的题词为高潮，20 世纪初期，一场以国民身体改造为手段、以尚武图强为主题的“军国民主义”思潮在国内迅速兴起，而中国武术也因为自身传统的技击特质而成为“尚武精神”的天然载体并且在军国民教育中走上了前台。

“军国民主义”思想直接源于近代日本军事西洋化成功所引起的巨大震撼，所以，军国民教育的核心内容主要以德国、瑞典的兵式体操和军事训练为蓝本，最初也以在军队流行为主，在其日益加大的社会影响之下，晚清政府于 1902 年制订的《钦定学堂章程》规定在各级学堂中正式教授兵式体操；1906 年通过的《学部奏请示教育宗旨折》也进一步强调：“凡中小学堂各种教科书，必寓军国主义”；1912 年《教育部普通教育暂行办法通令》仍再次规定：“高等小学以上体操科，应注重兵式体操”[②]；1915 年颁布的《颁定教育要旨》则更为明确地提出了“爱国、尚武”的军国民教育宗旨，将“尚武”精神视为教育之要义与强国之准备。[③]以上述重要举措为促进，

① 王林，虞定海：《军国民主义对武术发展的影响》，《山西师大体育学院学报》2009 年第 1 期，第 51—53 页。

② 吴洪成，张艳芳：《军国民主义对武术发展的影响》，《保定学院学报》2009 年第 5 期，第 25—31 页。

③ 陈学恂：《中国近代教育史教学参考资料》中册，北京：人民教育出版社，1987 年，第 236 页。

在尚武强国的军国民教育推动下，兵式体操训练积淀的中西武技对比经验逐渐促使一部分深谙武术之道的军事将领开始重新审视传统武术的综合功能，植根于国民心底的武术强身技击属性也再度进入大众视野，并出人意料地演绎了一幕别具内涵的近代转型短剧。

2. 马良与“中华新武术”

在“军国民主义”思想兴起之时，武术在整体上仍然处于一种不受重视的状态，但是，各方视野开阔人士重振武术的观点也一直在当时的社会各阶层中存在，例如上文所举的汪荣祖与梁启超等，早在1901年前后即为力主振兴武术的中坚分子，他们对于武术的提倡主要基于武术文化内涵的尚武精神特质及其对于国民精神养成方面的突出作用，梁启超为此专门撰写了《中国之武士道》等多篇论著反复强调武术的重要作用，其中特别指出了武术的“心力”“胆力”“体力”等“三力”在以尚武精神为核心的国民教育方面所具有的无可替代的优势。①然而，各界对于尚武精神的倡导并没有充分带动武术的发展，甲午战争留下的阴影和八国联军的空前浩劫，使得大部分国民的心态仍处于一种对传统武术自信与现实世界自卑之间的摇摆状态，在学习西方的呼声压力之下，在全国范围内，对于以兵式体操为代表的西方体育形式的推广也全面盖过了提倡传统武术的社会舆论。②正是在这样一种客观境况下，近代中国武术史上著名的武术家马良出场了。这位在近代武术史上一向争议颇多的军阀以其长期武术习练经历和多年军事兵操实践为基础，开始发起了近代史上著名的中华新武术改良活动。

马良，字子贞，回族人，1878年出生于河北清苑的一个武术世家，1947年去世。马良自小随父亲习练家传武艺，之后又拜河北保定摔跤界代表人物、清末保定摔跤名宿平敬一学习摔跤术和少林拳等，对于传统武术有

① 汪荣祖:《晚清变法思想论丛》，台北：联经出版公司，1984年，第33页。

② 国家体委体育文史工作委员会，全国体总文史资料编审委员会编:《体育史料》第17辑，北京：人民体育出版社，1992年，第17—18页。

着深刻的历练和经验。他青年时期从军并毕业于北洋武备学堂，曾分别担任北洋常备军辎重营管带、第六镇正参谋官、第五师第九旅旅长、山东济南镇守使、济南卫戍司令官、北京国民政府顾问等职，1936年被授予国民革命军陆军中将军衔。因为自幼便刻苦习练中国武术的传统技法，马良本人即为当时的武林高手，不仅拥有对于传统武术的透彻深入理解而且还深怀非同一般的感情。多年的军事生涯，使得马良也经历了大量的西方兵操训练并且熟知西方兵操与中国武术各自的相应优点与不足。马良亲身经历了晚清至民国时期武术的衰落以及兵操的普及，心有不甘之余便以一己之力开始了复兴中国武术的尝试。早在1901年于山西武备学堂担任教习之时，马良便开始在军中传授中国武术，1902年任山东军职时仍继续进行武术的教练工作，一心想要改变当时武术相比于兵操而言的显著劣势。1911年，马良借率领陆军第九协驻扎于山东潍县的机会，邀集了当时的一些知名武术家，开展了借鉴西洋兵操练习方法编写中国武术教材的改良试验，并开始以“中华新武术”作为这种新编教材的命名。1914年，马良升职为陆军47旅旅长后，又第二次广泛邀请各派武术名家参与，根据他们的相关意见，集众多人力、物力对于所编写的“中华新武术”教材进行修订完善工作。马良于1916年调任山东济南镇守使之职，自此开始真正拥有了发展“中华新武术”所需要的较高层次的社会地位和较为充裕的综合实力，紧接着便于第二年2月创建山东武术传习所，在全国范围内大举招聘武林高手正式教授传播其编订的“中华新武术”教材内容。从1901年在军队开展以西洋兵操练法教授中国传统武术的创新尝试到1911年正式启动《中华新武术》教材编写再到1918年为止，马良和其组织的一批武术家进行的“中华新武术”改良活动共创编“率角、拳脚、棍术、剑术”四科新式武术教学内容，其各科则又细分为上下两编，分别与今天的初级、高级等类别相对应。[1]在《中华新武术》教材编写过程

---

① 国家体委体育文史工作委员会，全国体总文史资料编审委员会编：《体育史料》第17辑，北京：人民体育出版社，1992年，第17—18页。

中，马良充分利用了自身的军界高位以及综合社会资源开展了广泛的游说推介工作。在其多方努力、积极宣传之下，也得到了当时的相关政府部门的认可与支持。1917年，《中华新武术》参照西洋兵操练习方法创编的“率角、拳脚、棍术、剑术”四科新式武术教学内容正式被陆军站咨行训练总督和警察总监规定为当时全国军警系统的必学教材，同一年夏天，“中华新武术”又在当时的全国中学校长会议上成为全国各种学校的正式练习内容；1918年，教育部通令“中华新武术”为全国各大、中学堂规定教育内容，以马良为署名的“中华新武术”系列教材由上海商务印书馆正式出版；1919年又经国会辩论通过成为全国学校正式体操。[①]在马良及其组织的一批民间武术家的努力下，“中华新武术”与西洋兵操相提并论的发展势头在近代中国的转型语境中书写了独特的一笔。[②]

回顾中国武术发展的历史长河，以马良等为代表的旧军队将领发起的“中华新武术”运动就像一道彗星短暂而迅疾地划过天宇，虽然转瞬即逝，但是依然光华四射，价值无限。从太平天国到义和团运动，深为封建王朝和帝国主义列强所恐惧和忌惮的武术技击功能本来已经从总体上告别了军事疆场，西洋先进武器衬托出的武术技击时代局限也早已为时人共识，然而，以救亡图存为主题的近代社会转型背景，又使得传统武技以“中华新武术”的特殊形式不可思议地首先在军队兴起，接着又进入学校并一度成为尚武图强的近代民族旗手。以提倡“中华武士道”闻名的近代儒家风云人物梁启超在济南观看中华新武术演示后深受触动，遂亲笔为《中华新武术》作序并称赞其“尚武之精神出矣”！[③]显然，“中华新武术”的成功动因并不在于其围绕传统武术技击功能的执着追求与精心展示，关键在于其高度吻合了神州大地强国强种的时代主题并且集中地体现了中华民族不屈不挠的尚武精神，正如温力教授所述，尚武精神虽然有多种不同的内容和模具设计的表现形式，但

① 马良：《中华北方武术体育五十余年纪略》，《体育与卫生》1924年第3期，第20—23页。

② 谭华：《20世纪前期的“国术改良运动”》，《北京体育大学学报》，2002年第1期，第16—18页。

③ 马良：《梁任公先生序棍术科》，上海：商务印书馆，1918年。

是其更多的则是一种“临大难而不惧”的勇气象征和“虽蹈死而不顾”的精神体现！[1]武术技击的历史辉煌虽然早已时光不再并日趋消解，其承载的中华民族自强爱国的意志与神韵却历经沧桑而风采依然！在苦难深重的中国近代社会转型时期，中国武术一脉相承的尚武精神极大地鼓舞和振奋了国人的斗志，从而在大多数人的心目中成为中华文化爱国与自强的传统象征！在由原国家体委武术研究院编纂、人民体育出版社出版并作为当代高等院校武术与民族传统体育专业教材的《中国武术史》一书中，对于由马良自民国初年发起创编和推广的“中华新武术”进行了较为权威的积极评价，该书第331页的相关内容，比较客观而又适中地指出了“中华新武术”对于中国武术发展的历史价值与重要意义，限于篇幅，本书在此暂不赘述。[2]

诚如《中国武术史》关于“中华新武术”的评论，马良发起的“中华新武术”项目对于民国时期的武术发展起到了无可辩驳的积极作用，但是，令人深为遗憾的是，由于“中华新武术”的发起与创编正处于五四运动前后中国社会新旧思潮激烈交锋的特殊历史时期，作为一项融合中西体育理念的新编武术类型，“中华新武术”想要被当时社会的大部分公众所接受的确并非易事，另外，“中华新武术”这个富有创新意义的近代武术改良之举不幸又被当时的封建复辟思潮作为反对新文化运动的工具而深受激进民主主义者的质疑与攻击，再加上其兵式体操色彩过于突出而又无后续内容及时补充跟进等原因，在各种综合因素的共同作用之下，“中华新武术”最终没有能够在中国近代转型旅程上走得更远，逐渐消失在民国转型时期激烈而又持久的新旧嬗变之中。

不可否认的是，“中华新武术”的历史命运也与其发起人马良的个人经历有着直接的关联。作为一名出身河北武术世家的近代武林名人，马良幼承家学，武功根基扎实，后来又在保定随中国摔跤界泰斗平敬一学习摔跤和少

① 温力：《尚武精神及其对武术发展的影响》，《武汉体育学院学报》2009年第8期，第5—10页。

② 国家体委武术研究院编纂：《中国武术史》，北京：人民体育出版社，1997年，第331页。

林武术等，一生戎马倥偬，习练武术不辍，有着对于传统武术深入骨髓的热爱。面对当时西洋兵操大行其道而传统武术日益边缘的不堪现实，马良以一己之力振臂高呼社会提倡武术并且身体力行，率先在自己任教的军队里进行传统武术训练、传授，后来又充分利用自己的军职之便全力发起、推动“中华新武术”的创编与推广工程，其心系中国武术的所作所为有目共睹，以“中华新武术”为标志的武术成就注定要彪炳史册。马良不仅于1917年在济南创建了山东武术传习所等武术人才培养机构，1921年也曾发起了专门为赈灾而建立的武术团体，还于1923年和1928年分别担任了中华体育协会筹备委员会主席、南京中央国术国考机构评判委员长等职位。此外，他还于1932年组织成立了民众体育会并担任1933年在南京举行的全国运动会国术评判等，诚可谓对于民国时期的武术发展尽心尽力！事实上，马良不仅对于传统武术的发展做出了积极贡献，而且也在中国的摔跤史上留下了重要的一笔。由于以往“摔跤”“武术”不分，武术与摔跤技术往往你中有我、互相融通。民国时期，河北保定的摔跤在全国居于大众公认的领先地位，以马良的师父平敬一为代表，先后涌现了以“花蝴蝶”常东升和闫善益、马文奎三大高手领衔，以张凤岩、马蔚然、姚长在等为中坚力量的众多跤坛知名人士，这种中国跤发展盛况也与马良的贡献有着极为重要的联系。2009年9月13日的《保定日报》以“民国时期保定快跤”为题，对于保定在中国摔跤运动上的历史地位与杰出成就进行了详细回顾，作者吴蔚在其中特别指出：“在宣传上将保定快跤推向全国的人是（武术教育家）马良。”[①]

但是，透过骄人的武术业绩，我们同样必须正视的是马良在人生后期所走过的一段令后人不容回避的历史。五四运动期间，马良就曾用武力强阻学生爱国运动等，在我们现在看来，由此导致的国内舆论的愤慨也应该是其发起的“中华新武术”在“五四”时期受到激烈攻击的重要原因之一。1937年之后，马良又曾担任伪山东省省长等职，这一严重污点不仅使其个人晚节

① 吴蔚：《民国时期保定快跤》，《保定日报》，2009年9月13日，第4版。

不保，同时也必然影响到了他毕生为之努力的武术事业，由此，“中华新武术”的命运与结局也就不难想象。“成也马良，败也马良”——马良与“中华新武术”的命运联结不仅反映了近代转型时期中国武术发展的命途多舛，同时也折射了以民国为核心的近代转型语境中广大传统武林人士的现实生态及其复杂轨迹。

从近代中国转型的特殊历史语境出发，透过“中华新武术”对于传统武术进行的技术简化和形式改良，我们同样不能忽视另外一个重要信息——或许，“中华新武术”的本义只是想借鉴西洋兵操简洁、规范的团体操练方式，用以寻求传统武术在近代军旅训练中的合适表现方式；“中华新武术”创编者的初衷更多地也仅仅局限于作为武林高手所深怀的对于传统武术的充分了解、满腔热爱及其围绕武术时代边缘境遇而产生的现实考量和务实努力；“中华新武术”的发起者们只不过是从西洋兵操适于军队集体训练的角度出发，通过借鉴和对比，以简化、整合和统一的原则摸索出了传统武术适于大众演练的近代表现形式，但是他们也可能不会想到，正是这种以西方现代兵式体操为镜的改良方式，不仅合理地继承了传统武术由单招到组合、从技术到功法、以招法练实战的拳学内核，同时也打破了中国武术因袭的由一脉单传至秘而不宣的千年积弊以及从口传心授至一气呵成的传统藩篱，从而使传统的武术技术通过一种相对简练、直观、标准、规范的形式迅速进入到社会各界民众尚武图强的爱国宏流之中，在沸腾的时代风云中开始冷静而清醒地思考自己的漫漫前路。[①]

宏观而言，以兵式体操为代表的西洋军事训练形式实际上是西方现代体育运动的一个有机组成部分，“堪为近代以来西方体育文化东渐之先锋与代名词”[②]，参照西洋兵操形式的发展改良为传统武术赢得了一个出人意料的时代舞台，这是否又意味着已经挥别军事领域的传统武术注定要走上另外一

① 申国卿：《中华复兴视角下的近代武术发展》，《武汉体育学院学报》2014 年第 9 期，第 70—74、89 页。
② 彭跃清：《精武体育会对我国武术发展的影响》，《体育文化导刊》2011 年第 6 期，第 109—112 页。

条与时代同行的全新发展路径？“中华新武术”的兵操形式其实已经是一种既不同于传统武技又区分于现代竞技武术的独特武术发展表现，从此种意义上来讲，我们又将不难认知“中华新武术”对于中国武术近代体育化之旅的启蒙象征——通过这场主要由一批旧军队武术家发起的传统武术改良运动，中国武术的近代发展似乎正在开启一扇全然有别于以往的历史之门，在遥遥无期的尝试和等待中，来自大洋彼岸的异域之风将为其带来一股由种豆得瓜而引起的五味杂陈的心情，而且这种心情还将在之后的武术发展过程中长期如影随形。

（三）近代武术组织双雄：精武体育会与中央国术馆

除了马良发起的“中华新武术”之外，同时期致力武术发展且贡献尤其突出的武术“改良”代表还有上海的精武体育会、北平的体育研究社以及南京中央国术馆等，其中，由霍元甲创建的精武体育会与由张之江发起成立的中央国术馆则以其出色的武术贡献与广泛的武术影响而被公认为民国时期武术组织的引领者。

1. 精武体育会与“铸造强毅之国民”

1909 年，河北静海（今天津市西青区）迷踪拳传人——近代史上赫赫有名的武术家霍元甲在上海创办“中国精武体操学校”，这一事件也成为近代中国武术发展中的一个里程碑标志。霍元甲字俊卿，祖籍河北省沧县东光安乐屯，1868 年 1 月 18 日出生于河北静海（今天津市西青区）小南河村一个精通迷踪拳的武术世家，其父亲霍恩弟也是近代武林较具知名度的传统武术高手。霍元甲小时身体瘦弱，于是苦练家传迷踪拳法并最终学有所成，曾多次在天津和上海威震西洋大力士而在全国极具影响，后来应邀至上海发展。1910 年 6 月 1 日，霍元甲在农劲荪等社会各界同仁积极协助之下，正式在上海创办了“中国精武体育会”，抛开传统武林长期流传的门派之见与保守观念，将中国大江南北的各家武技聚为一体，积极弘扬中国传统武术。

由名称可以看出，“中国精武体育会”初期成立之际明显带有当时非常流行的西洋兵操的影响与痕迹，后来，为了更大限度地拓展生源对象、扩大武术传播范围，“中国精武体操会”又更名为“精武体操会”。1916年前后，“精武体操会”已经取得了较大规模的发展，为了应对学员日趋增多的状况，该会又最终定名为“精武体育会”。在1915年以前的发展阶段，其活动也主要专注于推广中国传统武术，自身也定位于传统的民间武术组织。从1915年起，精武体育会开始积极增设学科内容，改良教育形式，引入了兵操、游艺、英文等新的内容，从而又转化为一种突出娱乐和教育特点的民间武术组织，教授内容也表现为一种以武术为主、兼顾其他体育、文化项目的综合体系，突出地表现为“以提倡武术，研究体育，铸造强毅之国民为主旨”。①

从最初专注武术教育到后来开设近代西方体育等综合课程，精武体育会采取了兼容东西的教育理念并积极借鉴了兵式体操的西洋教学方式，因此，已经与国内传统的私塾教学模式大相径庭，在这种教育模式的影响之下，其武术教育也开始逐渐感染上了西方竞技体育的相关特色。从精武体育会开设的教育内容来看，其教育目标紧密围绕武术为中心开展而又并不局限于武术的内容，明确地着眼于培养以武术为特色的具有尚武强毅精神、兼备德智体全面修养、符合时代进步的综合素质人才，其对于英文、篮球、足球等课程的设计，无疑更表明了当时精武体育会对于能够通晓中外多种语言、适应国际文化交流的武术跨文化传播人才的重视与倡导，而上述这些内容也都鲜明地反映出了一个重要特点——与民国时期的同领域其他民间武术组织相比，霍元甲创办的精武体育会已经有着更为开明的教育理念并深怀更为高远的发展追求，其发展视野在当时已经开始触及未来东西方文化交融趋势下传统武术文化人才培养问题。②在先进理念的指导之下，加上各方人士的密切关注与鼎力相助，精武体育会成立后便发展非常迅速，至20世纪20年代末期之

① 佚名：《真实版〈一代宗师〉告诉你真实的民国武林》，https：//tieba.baidu.com/p/2-646327189（2013-01-18）。

② 陈名杰主编：《精武百年·精武一百周年纪念》，上海：三联书店，2010年，第3、45页。

际，该会的国内外分会已有42个之多，会员人数也已经突破了40万之众，遍及东南亚等世界范围内的许多国家和地区。[①]

精武体育会“铸造强毅之国民”的发展主旨其实还含有另外更深一层的意义，那就是对于人类大同世界的向往与追求。出版于1926年的《佛山精武月刊》第5期中，刊登有罗啸敖的《精武影画说明书》一文，其中对于精武和精武主义有这样的表述：“精武即以国中固有之国操、国乐、游艺组成科学，一一为之长养而调节之，使人类中无强弱、无众寡、无知（通‘智’）愚、无勇怯之判别，以消灭人世间强凌弱、众暴寡、知诈愚、勇苦怯之罪恶，而各得享和平民族之幸福，此精武主义之所以为大也。”[②]由此可见，以武术为主体，通过中西合璧的方式“铸造强毅之国民”进而实现构建大同世界的理想，才是精武体育会的终极目标。正因为如此，精武体育会设计的教育内容才会并不局限于武术和国乐、游艺等中国传统文化经典，精武体育会参照西方兵操等现代教育范式以及对于英文和其他西方现代体育运动项目的设置，一方面是紧跟当时社会发展前沿的需要；另一方面也表现出了富有远见的战略视野。精武体育会成立距离现在已经有百年左右的历史，今天，我们在谈论文化全球化发展趋势以及武术跨文化传播等一系列问题时，绝大部分人可能无法想象一个世纪之前的精武体育会竟然早已开始对此思考并且付诸相关武术发展实践！

2. 中央国术馆与民国武林的“黄金时代”

中央国术馆的前身是1927年成立于南京的国术研究馆，同年6月易名为中央国术馆，馆长为河北盐山人——著名的军旅武术家张之江，副馆长则为同样出生于河北枣强的军旅武术家李景林。张之江出生于武术世家，一生都深怀对于传统武术的真诚热爱，早在其担任西北军高级将领之时就主张博采众长，摒弃门派观念，决心使当时的中华武学实现大众化传播。1927

① 国家体委武术研究院编纂：《中国武术史》，北京：人民体育出版社，1997年，第332—335页。
② 牛爱军：《近代社会转型中的国术》，北京：人民体育出版社，1997年，第35—36页。

年，他辞去军政要职，开始全力倡导武术的发展并随之启动国术研究馆的筹办工作。当时，张之江的老对手同时也是志同道合的一代宗师李景林离开军界后也在积极呼吁“全民国术化”的理念，基于在武术独特的强国强族功能方面的共同认识，张之江和李景林在几经周折后终于携手共同致力武术的发展。接下来，近代武术史上著名的中央国术馆于 1928 年 3 月 24 日在南京正式成立。张之江一直认为：“国术是中华民族所固有的国粹，应将其由民间推向上层。”[①]在这一种理念的指导下，经过以张之江和李景林为首的中央国术馆上下一致努力，在当时一些国民政府要员的帮助之下，武术也正式被改称“国术”，社会形象得到了显著提升。在西方竞技体育理念的影响和借鉴之下，以“泛学博通”的教学原则为指导，中央国术馆在推动武术大众普及方面进行了一系列卓有成效的工作，对于武术师资的培养、武术教育的全国推广、武术的体育化和竞技比赛的规范化等发挥了重要的作用。

中央国术馆与其他民间武术组织的最大区别之一便是其得到了当时的国民政府的充分支持。在本书的前文部分已经提到，由于张之江和李景林等特殊的军政高官背景，中央国术馆成立后不仅享有政府的资金支持，同时也在全国范围内建立了一个涵盖全国 25 个省、市，300 多个县的高度组织化、制度化的国术馆体系。因此，它也有可能发起和组织一系列其他一般民间武术组织所难以进行的相关武术活动，其中，在全面参考西方奥林匹克运动竞赛模式的基础上，中央国术馆先后于 1929 年、1933 年举办的两届武术“国考”活动，在当时的民国社会产生了极大的影响，以上述两届武术“国考”活动为主要标志，中央国术馆创建前后对于当时传统武术发展产生的综合影响至今仍深为人们津津乐道，以至于有不少人把民国时期的相关武术发展称之为乱世中的“黄金时代”。[②]

---

① 宋承良：《张之江、李景林和他们的中央国术馆》，《东方早报》，2013 年 1 月 16 日，第 B10 版。

② 佚名：《真实版〈一代宗师〉告诉你真实的民国武林》，https：//tieba.baidu.com/p/2646327189（2013-01-18）。

张之江计划筹建中央国术馆之前，就已经开始与当时的武林名家进行了广泛联系。由于出身河北武术世家且从小习武的原因，张之江与当时武术界的许多名家都有相当不错的私交，再加上其担任西北军政高层领导的特殊身份，周围更是聚集了一帮西北军中的武林高手。张之江深知原东北军将领李景林在武术界的影响，于是又特地诚邀李景林加盟并一起主持中央国术馆大局。李景林是民国武术界叱咤风云的领袖级人物，与当时的武林各派高人如八卦名师贾凤鸣、太极大家杨澄甫以及武学泰斗孙禄堂等皆为挚友，特别是与孙禄堂交情甚笃，双方弟子互相递贴拜师，一时传为武林佳话。李景林出山担任中央国术馆副馆长之职，一下子为中央国术馆增添了一股强劲的动力。在张之江与李景林的引领之下，中央国术馆面向全国招贤纳士，汇集了当时各拳种流派的绝大多数顶尖武术人才，其教练皆为各拳种流派的青年佼佼者，例如，朱国桢、朱国禄、杨法武、刘洪庆、何福生、马正武等。当时的形意拳家孙禄堂，杨式太极拳家杨澄甫，吴式太极拳家龚润田，陈式太极拳家陈子荣，八卦掌和擒拿名家吴俊山、孙玉昆，劈挂拳和八极拳家马英图，燕青拳家李玉山、查拳名家张本源等一批大师，皆汇萃于一堂，轰动一时。中央国术馆的组织机构除教务处、编审处、总务处之外，开设有少林、武当二门，门下又分别设科，其中，少林门门长一职由武林人称“千斤神力王”的查拳王子平担任，两位科长分别为马英图和马裕甫，主要教授少林拳、八极拳、查拳等世俗所称之“外家功夫”类别等；武当门门长则由同样知名的形意拳名家高振东担任，科长为柳印虎，主要教授太极拳、八卦掌、形意拳等世俗所称之以内练为主要特征的“内家武术”。上述名家齐聚于中央国术馆，堪称群星灿烂、共耀武林，在武术发展史上实属空前壮举，至今仍让人无限回味。如此众多武林高手在一起朝夕习练“国术”，难免有武技切磋探讨之举，其火花飞扬、激情四射的相关场景则又着实为武林难得一见之盛举。中央国术馆为了教学方便，按照当时传统的武术功夫分类习俗，以少林和武当分别作为两大武学门类之代称，虽然不免有加重旧时武林传统门派观念之嫌，但是在现在看来，这种出于以竞争求发展的本意其实也有自身一定的可取之处。在现代武术人的眼光中，当年王子平与高振东两位名家的徒手格斗以及马裕甫、柳印虎之间的竹剑相搏也皆已成为近代民国武林的经典记忆。依笔者个人之见，中央国术馆以竞争求发展的初衷应该是其借鉴西方奥林匹克竞技运动理念的一种客观实证，这一点，联系中央国术馆所处的同时期以西为镜的宏观转型语境就会不难理解。当然，从传统武术和谐文化的视角来看，中央国术馆的少林、武当两门设置以及上述中央国术馆名家相搏的案例则另当别论。但是，在以西方奥林匹克竞技运动理念的指导之下，中央国术馆分别于 1928 年、1933 年组织的两次国术竞技大赛，则实实在在地在当时的中国武术界掀起了空前的波澜。

1928 年 10 月 15—20 日，第一届全国国术考试正式于南京举行，参加者总共包括来自河北、山东、河南、北平等全国 17 省、市以及中央国术馆系统的 333 名选手。1933 年 10 月 20—30 日，中央国术馆组织的第二次国术考试同样在南京举行，参加者总共包括来自山东、河北、河南、绥远等 21 个省、市以及中央国术馆等的 438 人。[①]这两次国术大赛聚集了当时中国武术主流拳种门派的绝大部分精英人物，其中，大赛的发起人包括了张群、虞洽卿、杜月笙、张啸林一众政界显要与江湖大亨等社会各界名流，评判主任、评判委员团队包括了孙禄堂、李景林、张兆东、孙存周、高振东、田兆麟、褚桂亭、李星阶、李书文、刘百川、肖聘（品）三、陈微明、吴鉴泉、佟忠义、叶大密、傅剑秋、程有功、窦来庚等近代著名武术家，比赛优胜选手则有朱国福、马裕甫、曹晏海、马承智、张熙堂、章殿卿、韩其昌、郭长生、杨松山等皆名垂史册，另外，当时各地方国术馆的馆长、教练一般都参加了这次比赛，有效地检验了平时国术馆的教学训练效果并积累了宝贵的经验。[②]一些当时武林的成名人物，在参加了预赛后，由于各种原因没有能够

① 国家体委武术研究院编纂：《中国武术史》，北京：人民体育出版社，1997 年，第 343—344 页。

② 童旭东：《由民国时期两次国术擂台大赛看到的（二）》，http：//blog.sina.com.cn/s/blog_709f49fa0102efon.html（2013-09-19）。

继续参加正赛，可见当时的竞赛激烈程度！两次国术大赛之外，还有1929年11月在浙江杭州举办的国术游艺大会等，其中，由中央国术馆骨干成员李景林、孙禄堂等发起、组织、参与的杭州国术游艺大会，基本上“囊括了当时全国各派最具代表性和影响力的拳师”，因而在全国的影响力也丝毫不亚于中央国术馆组织的两次国术国考！①

上述比赛中，民国武林的成名人物几乎都以各种方式登台亮相，其中的相当一部分名家也曾不顾年龄劣势等亲自上阵真刀真枪地徒手相搏，这种场景不仅构成了民国时期所特有的一种武术盛况，而且对于当代武术发展也极具启示作用，武术说到底还是一种基于技术内核的特殊文化形式，当代的武术发展就极为欠缺当年中央国术馆组织的两次“国考”时那些武术名家不畏失败、敢打敢拼、知难而上、以身作则的豪情与气概。另外，在上述各种武术搏击竞赛中，战术与体能的重要性充分得以体现，一些名气大且富有实力的武林人士即因战术与体能方面的原因遗憾地过早止步于激烈的赛程；与第一届国术考试相比，第二届国术国考根据第一届国考及杭州游艺大会的举办经验和现实情况及时增加了比赛的评分细则，并且为安全起见还采用了统一的护具，大会参考西方奥林匹克竞技比赛而采用的各项制度、规则等特点进一步得到了突出，这种显著的变化同样体现出了引人深思的价值与内涵，武术比赛也由此与西方奥林匹克竞技运动联系得更加紧密。以中央国术馆组织的参照西方竞技体育理念和规则的两次国术竞技大赛为主要象征，中国传统武术与西方奥林匹克运动这两种不同体育文化类型之间的冲突与交融，也日益越来越明显地出现在人们的面前，西方奥林匹克运动逐渐成为近代以来中国武术发展一个无可回避的对手，同时也是如影随形的益友。

---

① 童旭东：《由民国时期两次国术擂台大赛看到的（一）》，http://blog.sina.com.cn/s/blog_709f49fa0102ef2c.html（2013-08-28）。

（四）武术近代体育身份的确定与近代史上著名的“土洋体育之争”

1. 中国武术近代体育身份的确定

历史前行的脚步永不停息，在西洋先进科技迅速涌入中华大地并持续产生巨大的影响的同时，以奥林匹克为象征的西方体育也在民众充满新奇的议论与心情复杂的抵触声中开始渗透传统武术的表层并逐渐融入武术文化的肌理，中国武术近代体育化之路合着时代的节拍被动而又自觉地展开了新的轨迹。

在中国武术的近代体育化之路上，以马良“中华新武术”、霍元甲精武体育会、许禹生北平体育研究社以及张之江中央国术馆等为主体的各民国武术组织，都先后进行了富有自身特点的积极探索与相应贡献。总起来看，与马良“中华新武术”模仿兵操整合、创新武术套路的方式不同，在保持中国武术传统技术路线的基础上，霍元甲精武体育会主要采用了打破门派界限、改进教学方式的相关路线，以西方现代体育组织的模式进行传统武术发展与推广，不仅高度契合了尚武图强的时代主题，兼收并蓄的传统武术教材、书刊编写工作以及同时开设西方体育以及相关文化课程的教学理念与形式改良等，也都体现出了一种“以技击为根本，兼重体育、德育、智育”的武术现代体育教育发展思路。[①]成立于1912年的许禹生北平体育研究社则更多地从理论研究和学校教育等相关视角来促进传统武术的发展改革。1915年4月，许禹生北平体育研究社提交的《拟请提倡中国旧有武术列为学校必修课》议案在全国教育联合会第一次会议上获得通过[②]，以此为标志，具有数千年历史渊源的中国传统武术，正式成为学校体育课程的教育内容。挟此东风，许禹生等又在1917年创立“北平体育研究社附设体育讲习所”并经教

① 国家体委武术研究院编纂：《中国武术史》，北京：人民体育出版社，1997年，第310—352页。
② 伊见思：《体育研究社略史》，《体育丛刊》1924年第1期。

育部批准于 1920 年春正式更名为“北京体育学校”。[①]上述种种业绩表明，在民国时期的武术发展中，许禹生显然是个非常活跃并且极具贡献的武林人士。在此比较值得一提的是，1924 年 4 月，许禹生北平体育研究社与倡导“中华新武术”的马良等在上海联合发起了旧中国第一次大型武术体育竞赛——“全国武术运动大会”，这次大会在近代中国武术发展史上产生了“极为重要的影响”，它“不仅是中国体育史和武术史上的第一次武术单项运动会”，“表明武术界内部已经在‘体育’的基础上大体统一了对武术的认识”[②]，而且还意味着，经过马良、霍元甲、许禹生等各界人士的多方努力，始自民间的自下而上的传统武术近代改良终于告一段落，从此以后，中国武术真正开始以一种现代体育的身份出现在奥林匹克运动主导下的全球体育浪潮之中，而接下来以中央国术馆为代表的国民政府时期的种种武术改进尝试，则象征着具有官方背景的对于传统武术体育化和规范化的进一步普及、推广、研究和管理。由张之江等于 1927 年发起成立并得到政府支持的中央国术馆从官方视角把传统武术提高到“国术”的高度，对于加速中国武术的体育科学化进程起到了至为关键的作用，中央国术馆分别于 1928 年、1933 年在南京举办的两届武术“国考”活动，在近代武术史上具有不可磨灭的历史贡献，其象征的武术运动面向国际奥林匹克赛事接轨的积极努力，对于当代竞技武术申奥战略尤其具有指导意义。从传统武术近代转型的宏观语境出发，中央国术馆参考奥林匹克运动制定的各种拳械单练与对抗的“国考”竞赛规则、盛大规模及其在同时代的空前影响，似乎又在某种程度上鲜明地反映出一种执着而直观的发展诉求——具有了体育身份的中国武术运动，已经开始把充满期待的目光投向象征更高发展水准与更大演出舞台的国际体育赛场，而张之江等中国武术界元老对于传统武术“国术”地位的深情强调同时也无声地提醒着人们，深厚民族传统积淀形成的历史惯性与文化张

① 国家体委武术研究院编纂：《中国武术史》，北京：人民体育出版社，1997 年，第 310—352 页。
② 谭华：《近代中国社会的变革与武术的进步》，《华南师范大学学报》（社会科学版），2003 年第 1 期，第 116—127 页。

力预示着武术运动的体育化之旅注定将要与无尽的论争和思考相伴而行！

2. 近代史上著名的"土洋体育之争"

与以往的传统民间传承方式相比，体育身份的确立无疑使得中国武术拥有了一种全新的发展气象与演进姿态，但随之而来也不可避免地引发了有关中西体育理念、文化内核、社会角色以及时代定位等方面的全面碰撞与综合对比，正是在这种背景之下，20 世纪二三十年代前后，一场绵延了 20 年之久的近代史上有名的"土洋体育之争"便走上了时代的前台。

近代体育史上的"土洋之争"起因与"中华新武术"的普及、推广有着极大关系，前后划分为两个阶段，论争双方从总体上又可以归纳为保守主义、激进主义与中间路线等三个阵营。1918 年 11 月 15 日，新文化运动的引领者鲁迅在《新青年》撰文对于马良的武术改革进行了尖锐的批评，接着，陈独秀针对"中华新武术"再度发难，两位新文化运动旗手矛头直指传统武术假托神仙创拳的玄虚糟粕和滞后现代战争的残酷事实，把"中华新武术"与装神弄鬼的义和团运动相等同并满腔义愤地展开了口诛笔伐。1919 年 2 月 5 日，精武体育会骨干人士陈铁生则在《新青年》发文反驳这种全盘否定中国武术的激进思想并对武术的合理内涵进行辩解，鲁迅同样以文跟进，其《拳术与拳匪》一文枪口再度指向"新武术"和传统武术的"鬼道主义"，并对教育部倡导"新武术"的做法提出批评。对此，陈铁生和孙中山分别在 1919 年 10 月出版的《精武本纪》一书中表达了以武术为载体尚武图强的坚定立场，而孙中山亲笔作序并慨然题词"尚武精神"的壮举，也定格为近代武术史上一道里程碑式的发展印记。实际上，当时与鲁迅持同样观点反对学校武术推广的民国社会名流不在少数，他们熟识西方科技优点并深谙传统武术积弊，因而对中国武术缺少西方科学元素的历史传统深表怀疑甚至颇为反感，虽然教育部明令全国开展武术教育，但教育界内部关于武术体育身份的认知也并不统一，陶行知先生就曾明确地反对在其任职的南京高师学校开展武术教育，其将武术由必修改为选修课的建议也在教务会上获得通过。[①]有着良好教育背景的国人尚且如此，西方体育人士的武术观念则更加可想而知，一些来华的西洋体育家不仅乐于讥讽武术技击的实用性，而且还极度质疑传统武术的科学性以及体育乃至教育功能[②]，由此，一波关于武术的人体科学与锻炼价值的讨论随之展开。经过一批武林人士的努力，在缜密的论证和执着的辩争之后，以麦克乐为首的西洋体育家不得不承认武术不仅能够强健身体，而且也能够涵养德行，是一种可培养尚武精神的“运动好方法”[③]，由论争而成书的吴志清《科学化的国术》等也成为中国武术近代体育科学化探索之路上的理论先导。

伴随着众多先驱的上下求索，开始昂首阔步在体育科学化轨道上的中国武术日益向着一种由摆脱模仿到自主发展的历史可能性接近，1931 年“九一八”日军侵占东北的国仇家恨和 1932 年刘长春在柏林奥运会的折戟沉沙更犹如两场暴风骤雨急剧地加速了中国武术自我扬弃的时代进程，在这种背景下，以传统武术为核心的近代“土洋体育之争”迎来了第二阶段的发展高潮。

1928 年 5 月，张之江在第一次全国教育会议上提出了“文化即国学，武化即国术”的论点，倡议全社会积极推广以传统武术为代表的本土体育[④]，该提议得到了教育界的充分认可，以国术为内容的体育教材在全国迅速得到了普及。之后，留美学者袁敦礼在深研奥运会对中国体育影响之后郑重指出“外国提倡的东西不一定是好的”[⑤]，北平《世界日报》也发文呼吁对于体育进行相应改革[⑥]，以此为鼓舞，1932 年 7 月 7 日，天津《大公报》

① 成都体育学院体育史研究所：《中国近代体育史资料》，成都：四川教育出版社，1988 年，第 389 页。

② 李印东：《武术释义——武术的本质及功能价值体系阐释》，北京：北京体育大学出版社，2006 年，第 68—70 页。

③ 蔡保忠，马健：《近代“土洋体育”之争对武术发展的影响》，《沈阳体育学院学报》2007 年第 2 期，第 120—123 页。

④ 南京特别市教育局：《请提倡我国固有武术案》，南京：中华民国大学院，1928 年，第 26 页。

⑤ 袁敦礼：《奥林匹克的价值及其对中国体育的影响》，《体育周报》1932 年第 5 期，第 15—19 页。

⑥ 世界日报社：《体育呼唤革新》，《世界日报》，1932 年 7 月 17 日。

发表《今后之国民体育问题》的社评，敦促当局“请自中国文化之丰富遗产中，觅取中国独有的体育之道”①，该文一出，舆论大哗，支持者与反对者各抒己见，针对土、洋体育的价值优劣以及中国武术的发展方向问题进行了一场空前激烈的论争。

“土体育”的领军人物——中央国术馆馆长张之江首先对《大公报》表示支持，他在 1932 年 8 月 11 日致函明确指出：“发展体育，起敝振衰，非提倡土体育之国术不为功。”②但反对之声亦旋即接踵而至，仅仅时隔两天，8 月 13 日《体育周报》即刊发《体育何分洋土》的评论进行反驳，作者在分析了“洋体育”的种种优点之后明确指出“提倡土体育”的观点是基于对“洋体育”认识偏颇而造成的谬误之论，“洋体育”在培养团结合作精神等方面具有的突出价值恰恰正是“土体育”的相应缺点。③此文高屋建瓴、辞质义宏，代表了当时留学欧美熟悉奥林匹克体育的一批海归教授的普遍观点，其对于当局倡“土”斥“洋”的体育政治立场指责应该说也较有远见，但接下来“土体育”的反应同样极具创新并寓意深远。8 月 17 日，在南京全国体育会议开幕的第二天，《大公报》即再度刊登《与全国体育会议商榷》的社评，提出了“模仿西洋体育不足以应付国家民族前途的需要；体育方针应普遍化、平均化、实用化，不能只求养成若干优秀选手炫耀于国外；今后体育应以国术为宗，以外来体育为辅”以及“注意地方的特殊性”等观点。④这篇文章实在堪称是语重心长、含义隽永，虽发表时间距今已 80 余年之久，但现在看来，所述论点对于包括武术在内的中国体育当代发展而言，其实仍然具有突出的实践意义和指导作用。但是，对于曾经留学欧美专门研究“洋体育”的体育教授们而言，上述观点则并非无懈可击而且也远不能让其苟同。吴蕴瑞随即于 8 月 20 日在《体育周报》进行反驳，他不仅分析了

① 大公报社：《今后之国民体育问题》，《大公报》，1932 年 8 月 7 日。

② 张之江：《国术与体育》，南京：中央国术馆，1932 年。

③ 体育周报社：《体育何分洋土》，《体育周报》，1932 年 8 月 13 日。

④ 大公报社：《与全国体育会议商榷》，《大公报》，1932 年 8 月 17 日。

“土体育”养生保健功能缺乏现代科学验证的客观缺陷，指出其军事训练价值远不能与“洋体育”相抗衡的现实差距，而且还富有理性地提出只有是否适应个体发展和社会需要才是对于“土”“洋”体育的判定原则和取舍标准。[①]对此，一些体育学者也纷纷表示支持，并且以《体育周报》为阵地强烈抨击《大公报》不遗余力倡导“土体育”的立场，而《大公报》则从中西国情所决定的相应体育差异视角继续辩争。双方论战正酣之际，一股象征中间路线的有生力量也骤然迸发出了清晰的声音，以《论土体育“国术”——质大公记者并蕴瑞君》等为代表，毕博、万方邦等一些学者在肯定双方合理观点的基础上指出，探讨“土”“洋”体育首先须注意其所处的时间、空间条件，只有在进行相应科学研究之后，才能改变传统武术固有的消极因素从而突破国术科学推广所面临的现实障碍。中间路线的观点基本上可视为对这场论争的成果总结，而全国体育会议综合各方意见制定的《国民体育实施方案》则更堪称是对“土洋之争”的正式定性。《国民体育实施方案》一方面声明体育无国界，希望国民对于健身方法择善而从；另一方面，又体现了对中西体育兼收并蓄、积极推进传统武术科学发展的精神，考虑到主持方案制定的教育部体育委员会成员大多为倾向西洋体育的海归人士，因此，这实际上象征着“西式体育对中国传统体育的容纳”[②]，而传统武术科学化发展的必要性和迫切性同样也开始在包括武林人士在内的社会各界深入人心。

在此，需要强调的一点是，民国时期发起并引领“土洋体育之争”的各方人士中，每一种观点的相应代表人物，都堪称是近代转型过程中华夏体坛的杰出人物。就全力提倡国术的“土体育”一方而言，其引领者中央国术馆长张之江在民国时期传统武术界的地位如日中天，由他发起创建的中央国术馆对于中国武术的传播与发展做出了突出的贡献；就积极提倡西方奥林匹克运动的“洋体育”一方来看，这些高度认可“洋体育”的拥有海外留学经历

① 吴蕴瑞：《我看今后的国民体育问题》，《体育周报》，1932 年 8 月 20 日。
② 谭华：《70 年前的一场中国体育发展道路之争》，《北京体育大学学报》2002 年第 1 期，第 16—18 页。

的专家学者们大都是中国现代体育运动富有建树的奠基者和开拓者。例如，其中的吴蕴瑞教授即为新中国成立后上海体育学院的第一任院长，其雕像至今仍在上海体育学院的校园里熠熠生辉。而上海体育学院在新中国体育发展的贡献有目共睹，特别是在武术领域的成绩非常突出，也是目前国内最具综合实力的民族传统体育学博士学位授权单位。在上述各位领军人物的带动之下，以众多精英为骨干的三方力量围绕“土洋体育”的各抒己见和激烈论争在当时的社会各界产生了积极的影响，同时也为民国时期一些富有创见的高瞻远瞩的杰出者带来了重要的思想启迪。①

事实上，有着悠久历史的中国武术和同样源远流长的西洋体育分别是人类文化主干支系的不同代表，在文化全球化的发展趋势下，犹如同处于一片天空下的云水之间，整体来看，云水相依，水天一色，偕同装点出浑然天成的自然造化之景；具体而论则又是云水相隔，海天苍茫，各自拥有着相应的历史形态和时空轨迹；近代以来社会文化转型的特殊语境决定了传统武术只能在取长补短的努力中走出一条自强不息的蜿蜒前行之路，而起源于西方、目前正盛行于世界的现代奥林匹克运动也是中国武术发展过程中必将长期面对的一个不争现实！无论我们是否在意或者是否认可，自近代以来的百余年中国武术发展过程中，以奥林匹克运动为代表的西方现代体育始终伴随着武术转型的相应步伐，在两种异质体育文化的长期碰撞交流中，武术从奥林匹克运动中吸取了不少积极成分，特别是奥林匹克运动的竞赛制度、竞赛规则等，对于近代以来的武术发展起到了重要的借鉴和指导作用，参考西方教育模式的现代化体育人才培养成效突出，这一点，有目共睹。

（五）由孙禄堂到王芗斋的武术创新

近代武术的发展过程中，充满着以西方体育为镜的借鉴、学习案例，其

① 中国卿：《中华复兴视角下的近代武术发展》，《武汉体育学院学报》2014 年第 9 期，第 70—74、89 页。

中，在早期的军国民运动中启动的著名的马良“中华新武术”，便是其中之一。参照西方兵式体操方法的马良“中华新武术”是较早期的近代武术改良代表性事件，其中，兵式体操便是西方现代体育运动的内容之一。以分解动作、口令、集体操练、简化、循序渐进等为特色的借鉴西方兵操而成的“中华新武术”，虽然有着便于社会大众学习和集体练习武术动作等优点，但是，自从其问世起，便一直处于激烈的舆论“漩涡”之中，直至今天，学界也仍然存在着关于“中华新武术”的各种不同观点，即便是与马良同时期的民国武术界人士，也有不少人认为经过遵循兵操练习模式的“中华新武术”的分解、简化之后，传统武术原有的技术特征已经大为改观，所以并不认可这种武术发良活动。说起来，改良其实也是创新的一种形式，近代以来的武术发展步伐也始终在武术家的不断创新中演进，在晚清与民国的武术转型轨迹中，除了有马良的“中华新武术”改良事件以外，同样存在着以孙式太极拳创始人孙禄堂、大成拳创始人王芗斋以及马氏通备武艺体系的始创者马凤图等一些著名民间武术家的创造性武术发展活动，在他们持续的精研武学、推陈出新的武术实践活动中，中国武术的理论体系及其拳种类别也不断地持续着充实与延展的格局。

1. 孙禄堂“三拳合一”的武学升华

孙禄堂，字福全，晚年号“涵斋”，1860 年出生于武术之乡河北省完县（今河北省顺平县），早年习练形意拳，师从当地名拳师李奎元，艺成后又拜师武林巨匠郭云深，之后又跟随程廷华研习八卦掌，并得到太极拳名家郝为真所传的武式太极功夫，最终于 1918 年将形意拳、八卦掌、太极拳三大传统名拳之核心技法理论提炼、融合为一体而创立孙式太极拳。1928 年 3 月，由张之江和李景林担纲的南京中央国术馆成立，孙禄堂受聘为该馆武当门门长，后又主动去职，于同年 7 月又被聘为江苏省国术馆副馆长兼教务长。孙禄堂深通“黄老之道”与易学、丹经等，并博学百家，广涉诸艺，故能集中国传统哲学思想与诸家武技为一体，提出了“拳与道合”的武学思想，并以此为指导，完成形意、八卦、太极三拳合一的理论和修为体系的构建。1915—1932年，孙禄堂共撰写有《形意拳学》《八卦拳学》《太极拳学》《拳意述真》等重要武术专著，在民国时期的武坛反响非常热烈。孙禄堂虽名满天下，然而一生俭朴，淡泊名利，立身涉世“诚于中而形于外”[①]，以身作则，践行了自己提出的“拳与道合”理论，门下弟子、传人众多，堪称名副其实的近代中国武林泰斗。基于一生的武学体认，孙禄堂创造性地指出形意拳、八卦掌、太极拳是一个有机的拳学整体，三者之间是互补、互融的关系，形意、八卦、太极三派拳术之道实质乃起源于同一道理，这三种拳法只不过是这种“同一道理”的不同表现形式而已。[②]鉴于世人对此多有不知而各执一技，孙禄堂通过对形意、八卦、太极长期的研修，感到非常有必要创立一种新的拳法，以便能使习拳者少走弯路，较快地领悟拳术之真谛——练出体内一派纯正的中和之气，也即圆满的内劲，直至拳道相合的境地。[③]

1919年，继始创“三拳合一”的孙式太极拳之后，孙禄堂又出版了被称作是太极拳史上第一本公开出版的著作《太极拳学》一书[④]，并且在该书中指出太极拳、形意拳、八卦拳在本质上皆是“研求一气伸缩之道”。[⑤]言简意赅地阐释了“三拳合一”的核心武学理念及其“拳与道合”的武学创新实质，这种拳学创新思想在近代武术发展中是独一无二的，其武学贡献意义非同一般。[⑥]孙禄堂的武功成就以及其所创的“三拳合一”的孙式太极拳的意义及其在中国武术中所处的地位，在当代著名孙门学者童旭东《孙禄堂先生的人生轨迹》中有众多史料可见一斑。民国时期的天津《大公报》曾对其高度称誉，当代武术家历史学家马明达也曾郑重指出：“孙禄堂先生是传统武

① 佚名：《孙式太极拳重要代表人物》，《中华武术》2002年第11期，第43页。
② 孙剑云：《孙式太极拳的产生》，《中华武术》1999年第1期，第19页。
③ 孙剑云：《灵活巧变的孙式太极拳》，《中华武术》2001年第3期，第40页。
④ 童旭东：《孙禄堂先生的人生轨迹》，《武林》2000年12期，第20页。
⑤ 孙剑云：《孙式太极拳的产生》，《中华武术》1999年第1期，第19页。
⑥ 佚名：《孙式太极拳重要代表人物》，《中华武术》2002年第11期，第43页。

术文化的集大成者，武术领域的珠穆朗玛峰。”①

在中国武术史上，孙禄堂是提出“三拳合一”理论的第一人。尤为难得的是他不仅首次提出了“三拳合一”的理论体系，而且还构建了以孙氏太极拳为载体的“三拳合一”实践体系。从孙氏太极拳的拳理、技法以及演练风格等来看，已经与陈式太极拳、杨式太极拳、武式太极拳等其他太极拳流派有明显区别。孙禄堂指出拳学一道的本质不过是中和一气的伸缩之道，这一论断在传统武术发展史上也极具创新意义，它不仅从技术层面点出了中国武术数百家拳种流派历经几千年发展所拥有的共性实质，而且也使中国武术的拳学追求与以“中和”为表征的中华传统道德思想有机联系起来，在武德层面上亦体现出了重要的创新特征，从而也标志着文化层面的武术内涵创新，以其为象征，民国时期的武术文化发展在武德理论方面也达到了一个前所未有的水准。这种水准，不是单单引用释道儒等传统文化其他类型的经典语言来旁证博取，而是以拳学本质的技术层面自然而然地通达武德的文化层面，相关理论的内涵有着以孙氏太极拳为实证的武术技术载体，因此，综合而言，极具武术发展的革命性意义。

2. 王芗斋“以桩为拳”创立大成拳学

与“三拳合一”的孙禄堂武学创新一样，河北省深县（今河北省深州市）人王芗斋摒弃武术套路形式、突出传统桩法内练特征而创立的大成拳，同样是民国时期一个突出的武术创新事件。在近代武术史上，王芗斋“以桩为拳”的大成拳学也与孙禄堂“三拳合一”的孙氏太极拳共同成为传统武术创新发展的重要成果体现。王芗斋，本名王政和，号芗斋，1860 年出生于传统武术之乡河北省深县（今河北省深州市）。王芗斋老家与当时我国形意拳学巨擘郭云深所居的马庄相邻，是形意拳非常流行的地区，因此，王芗斋自幼苦练形意拳，特别是在三体式桩法上下了大功夫。后来，他在学成形意

① 童旭东：《孙禄堂先生的人生轨迹》，《武林》2000 年 12 期，第 20 页。

拳后开始游学全国，遍访武术高手切磋交流，在充分吸收众家之长的基础上，创立了一种新的武学——大成拳。王芗斋的拳学理论代表作有《意拳正轨》与《拳道中枢》等，特别是 1944 年创作于北平的《拳道中枢》一文，武林又称《大成拳论》，被广泛理解为大成拳诞生的正式标志。①

自古以来，以桩功为内练的武学技法一直是各拳种门派的不传之秘。王芗斋深知桩功的特殊效果，自己又在桩功上切实下了大功夫并多有体会与认识，于是便以之作为主要的功法基础和技术核心，创立了大成拳这种“以桩为拳”的新型拳种，从而让桩功的大规模公开传播随着大成拳问世而变为一种现实。作为一种以站桩训练为突出特点的拳法，大成拳讲究“站桩求物”和“以桩为拳”的独特技法以及“拳拳服膺”的武道追求等，与同时代中国武术其他拳种的功法特点和拳学理念相比，也显示出了格外鲜明的创新特色，堪称是中国武术中的一个典型的新生拳种。②大成拳以注重人的本能和自然之力修炼为拳学起点，通过以站桩功法练习为核心以及其他六个步骤的辅助功法锻炼所构成的独特的拳学体系对于习练者进行自内而外的拳学塑造和身心陶冶，其所表现出的强悍的实战效果、简练的训练方式，显著的健身作用，自诞生以来就一直成为近现代中国武林中的一道特殊的风景，以自身独到的“亮点”，吸引着众多武林人士的关注。大成拳创立以后，曾经多次接受国外武林人士的挑战与切磋，以其突出的实战功夫和独到的健身功效经受了各种考验，不少武林人士都是在感知、领略到大成拳突出的实战功能后才开始习练这一拳法，进而又深深体会到大成拳出众的养生健身功能，于是，在不同人士的口口相传中，“以桩为拳”的新兴拳种大成拳也日益广泛地进入社会各界人士的视野，稳健地实现着自身的传播步伐。大成拳别具一格的拳学创新特点及其在近代以来持续蓬勃发展的朝气，都充分体现出一种新兴中国武术拳种特有的面貌和风采。大成拳的理论代表作如《意拳正轨》

---

① 和振威：《大成拳学》，北京：北京体育大学出版社，2003 年，第 1 页。

② 王选杰：《大成拳实作绝技》，北京：奥林匹克出版社，1990 年，第 1—75 页。

与《拳道中枢》等，也蕴含着丰富的拳学创新理念与独特的拳道精神内涵，很值得武术工作者进一步深入研究与探索。

3. 马凤图“融通兼备”的通备武艺体系

除孙禄堂、王芗斋的武学创新之外，在民国武术的发展史上，还有其他不少的武术创新范例，其中，马凤图创立的以“融通兼备”为突出特征的通备武艺体系便是一个具有丰富研究价值的武学创新现象。马凤图（1888—1973年），字健翊，回族，河北省沧县杨石桥（今属孟村回族自治县）人，出身于武术世家，文武兼通，艺精功深，其弟马英图曾经在南京国术馆担任教习之职，马家劈挂、八极拳艺在当时亦名震武林。马凤图是通备拳艺的继承者和开拓者，对当时流传于我国北方的劈挂拳、翻子拳、螳螂拳等多家拳种都进行了精心的探究，他在为官之后，遍访各派名师，取长补短，创造了一种以“通备劲”为核心的大型武术流派。①马凤图晚年客居西北，经过他数十年的传习推广，以“通备劲”为特征的劈挂、八极、翻子、戳脚等拳套拳法，以及奇枪、风磨棍、劈挂刀、梯袍剑、鞭杆等器械套路，也广泛流行于西北诸省。②

（六）转型语境中的近代武术与时代主题

1. 转型语境中的国家需要是近代武术发展的首要动力

如上所述，在晚清与民国时期的社会转型语境中，不仅存在着以马良“中华新武术”等为代表的模仿西方兵式体操的近代武术改良事件，而且还有霍元甲“精武体育会”、张之江“中央国术馆”等为象征的借鉴西方奥林匹克运动的近代武术体育化演进轨迹，同时也闪现着以孙禄堂、王芗斋、马凤图等为引领的传统武术技术体系推陈出新的系列创举。虽然，无论是时人

① 马颖达，马贤达，马令达等：《一代文通武备的大武术家——纪念马凤图先生诞辰110周年》，《武林》1998年第10期，第6—9页。

② 中国卿：《燕赵武术文化研究》，《体育科学》2010年第4期，第81—96页。

还是后人，对于马良“中华新武术”模仿西方体育等武术发育之举都有各种不同的看法，但是，一切都不能改变一个长期存在的客观事实——同样是与武术发展密切相关的改革与创新活动，在绝大部分国人的视野中，“中华新武术”“精武体育会”“中央国术馆”等以西为镜的近代武术改革尝试明显要比孙禄堂、王芗斋、马凤图等民间武术家的传统武术体系创新更为引人关注。从武术本身的专业视角而论，一代宗师孙禄堂将形意、八卦、太极三大内家拳法精要有机融合创立的“三拳合一”孙氏太极拳，无疑是中国传统武术特别是内家拳法的技术总结和理论提炼；武林名家王芗斋在形意拳基础上汲取百家武技之长而成的“以桩为拳”的大成拳，相对于传统武术套路、招法训练模式的极具创新意义；著名武术家马凤图集劈挂、翻子、戳脚等北方优秀拳种为一体而创的通备武学体系，无论从拳学理念到技术实践都全面彰显着融通兼备的创新特色。[①]

然而，我们不能忽略的一个重要现象却是，在近代以来的相关研究文献中，无论是武术专业领域的研究成果还是体育、文化领域的现有资料，在涉及近代武术发展以及社会转型的相关研究主题时，绝大多数研究者的焦点通常都有意无意地更为倾向于“中华新武术”“精武体育会”“中央国术馆”等以西为镜的近代武术改革活动方面，有关孙禄堂、王芗斋、马凤图等开展的传统武术创新成果在受关注程度方面则明显无法与前者相提并论。对于这种情况，本书认为，一方面，可能和大部分研究者的学术领域与武术专业相距较远有关，即使他们从事与武术极为相关的体育领域，相当一部分学者则又不可避免地存在着缺少传统武术技术历练、专业素养、思想涵化等现实问题，因此，在相关学者研究近代武术发展问题的过程中，主要视域往往会集中于以西方奥林匹克运动为模板的近代武术体育化转型方面，故对于武术本身的技术演化、理论创新等现象缺少关注则不难理解了。但是，另一方面，这种状况更有可能又与马良、霍元甲、张之江等模仿西方体育的武术改革尝

① 申国卿：《燕赵武术文化研究》，《体育科学》2010 年第 4 期，第 81—96 页。

试所处的近代中国转型宏观语境有着更为直接的关联。客观来看，在国家生死存亡的十字路口面前，在西学东渐的整体社会氛围之中，相对于民间武术家关于武术自身的发展探索来看，以西方奥林匹克为借鉴的武术近代体育化改良自然与国家的转型语境、民族的生存选择等时代主题更为贴近与契合，在那样一种时代主题下，国家层面的发展需要无疑是压倒一切的发展动力。事实上，任何一个时代都必然会有与其特定的社会语境相联系的时代主题，这一主题又必将影响并决定置身于时代其中的相关文化活动的发展方向与历史使命！

置身于近代中国社会转型的宏观背景之下，1840 年以来的传统武术发展自然不能脱离中华传统文化对自身扬弃、蜕变并走向新生的整体演进轨道，在历尽挣扎与模仿中勾画出中西文化碰撞与交融的历史踪迹。但是，作为民族传统文化一项风格独特的组成部分，近代中国武术的发展轨道上必然要拥有并体现出具有自身特色的场景与印痕，它们一方面见证并象征着近代中华文化在西方先进科技冲击下的艰辛转型旅程；另一方面也描述并展现着西洋体育影响下传统武术自身抗争、内省和进取的复杂经历，而一旦“从文化演进和历史进步的更高层次思考问题”①，我们又将情不自禁地感触到中国武术一以贯之的爱国主义精神与自强不息的勃勃生机，而且还会清晰地体悟出其中蕴含的武术历史演进过程中一脉相承的发展经验与时代启迪。

尚武自强是武林中人的悠久传统，在长期的历史发展过程中，武林中人的这种尚武自强传统常常又与中华民族传统的爱国主义思想相互交织，从而呈现出一种质朴而感人的尚武爱国精神，而近代武术发展体现的这种中国武术文化传统无论从时空特质、参与人群还是表现形式而言，都是无与伦比的。在晚清以降的近代中国发展历史上，欧洲各强国对于中国的巧取豪夺使得中华民族面临的被分割肢解的极端形势是以前任何历史阶段所不曾有过，而东瀛强敌日本时刻欲置中国于死地的险恶动机与侵掠行为尤其使得神州大

① 冯天瑜，何晓明，周积明：《中华文化史》，上海：上海人民出版社，2005 年，第 724 页。

地阴云密布，在这种宏观背景之下，中华武林一贯流传的尚武自强的武术传统便无形中自然而然地成为近代社会转型语境下救亡图存的一种国家需要，在当时的情景中，整个国家和民族都迫切呼唤着尚武自强的武术传统能够焕发出救亡图存的时代活力，提振大众士气、激活民众信心，带动各界人士群起抗争从而汇成爱国主义的时代宏流。随着时间的推移，这种国家和民族层面的时代需要首先体现在晚清至民国时期发生的“军国民主义”运动之中。主要由蔡锷等旅日归国人士于 1902 年前后发起的“军国民主义”运动，在当时的社会氛围中产生了广泛的影响，武术也由于传统的尚武自强特质而成为“军国民主义”运动的有机组成部分和重要现实载体，尚武爱国大旗之下不仅站满了武林人士，而且还包括政治、军事、文化、教育等社会各界民众，中华民族同仇敌忾的性质、意志与决心显然实非历史上国内民族之间的冲突与碰撞所能够比拟。以“军国民主义”运动等为代表，拥有天然尚武特质的传统武术不仅自然而然地融入了以强国强种为主旨的近代爱国主义运动之中，与国家民族的需要紧密契合，而且在客观上也出人意料地取得了自身的相应发展——先是突破了由于义和团运动而招致的清廷长期武禁，继而实现了武术退出军阵舞台后相对宽松的民间传播空间，接着又以“中华新武术”的姿态造就了一段与西洋兵操平分秋色的近代发展壮举，之后又以“精武体育会”和“中央国术馆”等为标志，正式跻身于中国近代转型的主流舞台，在近代中国转型的巨流中迸发出时代的强音，展现出影响和推动时代进步的积极力量。回顾近代历史轨迹，我们其实并不难发现各种有利武术发展的综合因素以及促进武术演进的相应动力，从时代发展的宏观视角和中华民族发展转型的战略进程来看，不管是武林人士殚精竭虑的理论演绎和技术创新，还是武侠文艺的倾心演绎与善意渲染，甚至是社会大众持续不断的热情关注与慷慨解囊等，各种相关因素的确都对于武术传播发挥了重要作用，但是，没有哪一种因素能够和救亡图存语境下尚武自强的国家需要拉动武术发展的历史张力相提并论。因为尚武特质而满足国家层面的自强需要并且反过来又推动自身发展的近代武术演进历程，清楚地表明了一个道理——转型语境中的国家需要是近代武术发展的首要动力！

一旦从国家需要的视角来审视近代以来的中国武术发展，无异会有助于我们理解为什么在当时的转型语境中会有政府层面对武术发展的积极支持。在民国时期的武术发展中，从“中华新武术”到“精武体育会”再到“中央国术馆”，这一系列里程碑式的武术发展标志事件中，政府与国家层面的相关支持都发挥了非常关键的作用。本书的前文曾经提到过，马良的“中华新武术”之所以能够在当时呈现出与西洋兵操相提并论的发展势头，一方面是由于以马良为首的部分民间武术家的艰辛努力；另一方面则更应归因于1917—1919年当时各级政府部门的积极推动。1917年，《中华新武术》创编的“摔跤、拳脚”等四科新式武术教学内容正式被陆军训练总督和警察总监规定为当时全国军警系统的必学教材，接着“中华新武术”又被政府规定为全国各种学校的正式练习内容；1918年，教育部通令“中华新武术”为全国各大、中学堂规定教育内容，以马良为署名的“中华新武术”系列教材由上海商务印书馆正式出版；1919年又经国会认定成为全国学校正式体操。[①]显然，上述一系列政府层面的规定和支持是“中华新武术”能够在全国推广的关键因素，陆军训练总督、警察总监和教育部、国会等相关政府力量之所以对其不遗余力地积极推动，无疑也是出于当时社会语境下国家层面的客观需要。众所周知，霍元甲“精武体育会”在上海成立，其重要的支撑力量不仅是以农劲荪、陈公哲、陈其美等为团队的上海各界爱国人士，而且还有孙中山与中国同盟会等在一定程度的重要保障。[②]孙中山与中国同同盟会之所以愿意积极支持精武体育会，一方面是因为精武体育会的“铸造强毅国民”的宗旨以及爱国、修身、正义等精武精神高度契合了当时社会背景下的民族需要；另一方面也隐含着孙中山与中国同盟会期望通过精武体育会培养革命人才的期待，这当然都是国家层面的时代需要。同样的道理，张之江“中央

① 马良：《中华北方武术体育五十余年纪略》，《体育与卫生》1924年第3期，第3页。

② 佚名：《精武精神》，http://www.chinwoo.org.cn/page/section/39（2015-08-21）。

国术馆”的成立得到了以蒋介石为首的当时民国政府的支持，最主要的原因也在于其较好地契合了当时政府应对时代问题的客观需要。以此类推，在近代中华转型语境中，霍元甲、韩慕侠等武林名家因为多次在擂台上战胜外国大力士的战例而被赞誉为民族英雄，29 军大刀队长城抗战大捷后，《大刀进行曲》迅速激荡在中华大地等，也皆是由于上述范例在当时的社会语境中有力地张扬了民族士气，极大地释放出国家层面上尤其需要的爱国主义激情！还以精武体育会为例，孙中山先生曾亲笔手书“尚武精神”，惠赠精武体育会以表彰其贡献，陈毅元帅也曾为之题词勉励。作为一个民间体育组织，在精武体育会的发展过程中，得到了孙中山等国家领导人的充分认可，在客观上也反映出相应的社会语境下国家对于尚武自强、刚健有为等爱国主义精神是多么需要！武术的价值因此得以彰显，反过来则又转化为促使武术融入时代、服务国家的巨大动力！

2. 以技击功能服务国家军事需要是近代武术发展的一个突出亮点

自晚清以降的近代武术发展过程中，武术的传统技击功能一直发挥着重要的作用。无论是义和团运动中面对八国联军新式枪炮的巨大威力，还是抗日战争中对搏日本军队训练有素的武士道精神，无论是面临着西方“大力士”不可一世的嚣张气焰，还是置身于“土洋体育之争”激烈的双方论战，武术的传统技击功能都始终如一地保持着固有的本色。现代武器的盛行虽然限制了传统武术在战场的作用，从西方体育视角展开的讨论虽然从一定程度上“模糊”了武术的传统技击身份，各种学校教育开展的相关武术教学内容虽然明显地消解了部分传统武术技击功能，但是，上述种种情况都没有改变传统武术技击在近代社会转型语境中的显著作用，国内新旧大小军阀的混战不息与外部侵略势力的频繁挑衅等都在客观上为传统武术技击功能的发挥提供了现实舞台，以抗击日本侵略者为主题的军事需要尤其促进了武术传统技击的大规模普遍应用，以技击功能服务国家军事需要由此也构成了近代武术发展的一个突出亮点。以 1931 年著名的“九一八”事件为标志，抗日救国的主题交响在中华大地的每一个角落，各社会阶层全面动员起来，以自己的能力与特长投身于抗击日寇、与民族共存亡的时代主题之中，在这种宏观背景之下，“我国术界以武术救国”[①]的种种方式和表现，亦正式载入近代武术发展史册并成为近代爱国主义精神的典范。

战争的残酷激烈，战事的不利进展，敌我武器装备的巨大悬殊，民族救亡图存的空前需要——当时的各种综合负面因素都迫使人们开始全面思考武术技击功能的现实价值，一部分武术先驱则积极开展了传统武术技击功能的深入挖掘与改进实验，以使古老的武术技击在现代战场的生死搏杀中真正体现实用的价值。以“抗日救国”的主题思想为引领，民国时期武术界的“以武术救国”的活动大概可以划分为三种类型：第一种类型是全国各地的国术馆及民间武术团体积极组织民众练习武术技击，其中，北京、天津、南京、浙江等地表现得尤为突出，这些地区的各级国术馆以及各种社会团体先后建立起了大刀队、长枪队等民间武术组织，通过集体的习武活动传播爱国精神并以之张扬国威。第二种类型是全国各地的不少武林人士积极撰写、编著武术书籍，以简洁实用为主旨，向大众传播武术技击技术，通过这种方式在社会各阶层弘扬尚武精神，培养国民武术格斗技能，激发大众抗日救国的志气。第三种类型则最为引人注目——当时的不少武术家纷纷进行各种技击改进实验，精心尝试把传统武术技击直接应用于军事训练之中，积极地以传统武术技击服务战场的冲锋格斗，从而为传统武术技击在战场的扬威奠定了基础。

上述第三种类型的代表人物很多，像张之江、马凤图、朱国福、尚云祥、李尧臣、吴斌楼等，都是当时的知名武术家。其中，张之江不仅一生提倡武术，创办了民国时期重要的武术组织中央国术馆，而且早在其担任西北军高级将领之时，就已经在军队中开展了传统武术技击在战场上的应用训

① 易剑东，张苓：《中国武术百年历程回顾——面向21世纪的中国武术》，《体育文史》1998年第3期，第21—23、46页。

练，他在率军驻守张家口期间，曾指示马凤图等筹办新武术研究会，专门为国民军编定《白刃战术教程》并负责军队传统武术技击训练。退出军界后，张之江发起成立中央国术馆并亲任馆长，称中国武术为“国术”，致力于“强种救国”，组织刊行了《国术周刊》《国术特刊》等，登载、印发了大量武术技击专业资料，为当时的“武术救国”做出了非常突出的贡献。“九一八”事变前夕，张之江率领由朱国福、杨法武等组成的中央国术馆队员在东京考察时与日本武术家进行了柔道、劈刺等多项对抗比赛，为中国武术赢得了荣誉。与张之江共同进行传统技击战场应用训练的河北武术家马凤图思想开放，胸怀广阔，不仅创立了马氏通背武艺，同时又极具爱国志向，青年时期就怀有“武术强国”之志。“九一八”事变暴发后，中央国术馆的教员们也纷纷开始以武术器械格斗为重点的针对性训练，为抗战培养了不少骨干。1910 年，他与同盟会人士、形意拳家叶云表、张恩绶、李存义等一起创办了著名的武术组织——中华武士会，以提倡中华武术，对抗日本的“武士道”为宗旨，明确提出并切实践行以技击对抗日本侵略的发展主旨。马凤图不仅在军中任职之时，组织了一批武术家进行传统武术的军事白刃战术研究，还与其弟马英图等共同创编了被西北军广泛用于训练和实战并在抗日疆场打出了声威的“破风八刀”之术。马凤图长子马广达亦为当时的武林高手，擅长刀法应用，在大刀队长城抗战中壮烈殉国。形意拳名家朱国福是当时中央国术馆第一届国术国考的“武状元”，他不仅以高超拳法多次战胜国外武术家，而且深知日本人亡我中华之心以及日本全民尚武之风的威胁，因此在与日本武林人士较技获胜后便率先提出了以形意拳、摔跤、短兵、劈刺等传统武术技术为核心内容严格训练中国军队等观点。“九一八”事变之后，朱国福先后担任湖南凤凰 34 师军训所少将副所长以及湖南省国术馆教务长兼总教官之职，在这个平台上，他利用各种综合资源，以自身的技击理念为指导，以日本军队为目标，运用传统武术在军队中开展了针对性极强的实战训练，为抗战胜利做出了积极贡献。①形意拳一代宗师尚云祥和三皇炮捶拳宗师李尧臣两位武术大家除了各自以武功闻名外，也都与抗日战争中著名的“大刀队”有密切联系。“九一八”事变的当年，为应对日本军队的压力，尚云祥和李尧臣也先后至西北军传授武技。其中，尚云祥是应宋哲元军长之邀至西北军第 29 路军传授武技，他精心挑选实用招式教练的形意五行刀法在二十九路军“血战喜峰口”一役中发挥了关键作用。应佟麟阁将军邀请至西北军的李尧臣，则提炼传统刀法精髓而创编成实战性突出的无极刀法，同样在长城抗战中大展身手。除在军队传授大刀技法之外，“九一八”事变之后，李尧臣还曾先后两次与日本武师打擂并战而胜之，有力地打击了日本武士的嚣张气焰。据李尧臣关门弟子柳琴叙述，在“七七”事变之前，“李尧臣一直保留着他与 29 军将士们夜练大刀时用过的一盏马灯”②，当时武林人士的质朴爱国之情，感人至深。除上述各位名家的案例之外，同时期精研传统武术并针对抗日战争战场应用而提炼改进武技的武术家还有很多，例如，绰号“花鞭”的北方戳脚名师吴斌楼也曾经对其弟子、传人进行过“夺手枪，步枪和洋刀的训练”，他针对日本刀双手使用并且比普通中国单刀长的特点，通过对空手夺刀以及空手夺小带技法等进行改革，“创造出空手夺洋刀的技术”并且总结相关经验编写出了《进手进技法》歌诀，[34] 民国时期武林中人抗日救国用心之专及用情之深，由此可见一斑。

以张之江、马凤图、朱国福、尚云祥、李尧臣、吴斌楼等为代表的民国武林人士依托传统武术创新武技应用方式服务抗战国家需要的各种范例，都共同植根于当时武林人士无比坚信的一个简单却又真实的观念——即便是在枪林弹雨的战场环境之中，历经数千年考验的传统武术技击功能依然具有现实意义，一些技术只要稍加改造，便同样可以发挥其实用价值。正是在这种

① 张许平：《关于擂台比武的意淫》，http：//bbs.tianya.cn/post-no05-209213-1.shtml（2011-09-16）。

② 柳琴：《武林泰斗——我的武术老师李尧臣》，http：//blog.sina.com.cn/s/blog_501-da8ee01007xbl.html（2007-12-21）。

对于传统武术深信不疑的执着坚守之中，他们从自身习练的武术入手，针对日军特点进行了八仙过海式的技击应用探索，并且为后人留下了近代史上不可磨灭的尚武爱国踪迹。抗日烽火的熊熊燃烧，在民国时期的中华大地上无形渲染了一种传统武术技击军事化和实用化的普遍观点，不仅当时绝大多数军队都想方设法通过武术技击训练提高部队对日作战能力，而且各级学校也相应开展了以对抗、格斗为特征的武术内容教育，这种情形在武术家唐豪、金一明等的著述中也皆有相关的体现。[①]同时期中国共产党领导的抗日战争运动中，武术的作用也有力地得到了彰显。根据李万来《抗日战争时期党领导的体育运动》一文记述，在当时极为恶劣的主客观环境下，中国共产党领导下的八路军和新四军以及民兵和地方部队中，都广泛地开展了各种体育运动，其中，以武术拳法和器械为中心的各种军事训练尤其如火如荼，各解放区军民经常练习的武术运动以徒手拳术和大刀为主，除了通过武术练习提高解放区军民的身体素质以外，就是为了在抗战中振奋人民精神，培养战斗气质，最终为在战场上战胜敌人。红军将领中有不少擅长刀法的行家，“少林高手”许世友和“独臂将军”贺柄炎等挥舞大刀激战日寇的英姿也都成了红军抗战史上的永恒记忆！[②]

3. 近代武术家战胜国外武士的诸多范例增添了武术的文化魅力

从宏观层面来看，以技击功能服务国家军事需要构成了近代武术发展的一个突出亮点；从微观层面而言，晚清至民国时期频繁上演的中国武林人士战胜欧洲大力士、日本武士等诸多范例则无形中彰显并丰富了传统武术文化的综合魅力。因为近代转型的特殊社会语境，晚清至民国这一时期的武林人士较之以往任何时代都有更多机会面对外来武技练习者的切磋与交流，但是，近代中华民族的特殊境遇也决定了各种正常武术意义上的技术切磋、交

① 郭玉成，许杰：《精武体育会与中央国术馆的武术传播研究》，《体育文化导刊》2005 年第 2 期，第 76—79 页。

② 李万来：《抗日战争时期党领导的体育运动》，《成都体育学院学报》1986 年第 1 期，第 13—17 页。

流很难以常规程序演进，水深火热的社会现实、亡国灭种的时代危局注定了当时中外武术交流大多数都不能摆脱激烈碰撞的传统模式，其中，武术家个人的行为又难免有意无意地与其所在民族的战略利益相联系，从而使得这一时期的中外武术碰撞无形中都承载或被附着上了国家利益与民族尊严的持久主题。尤其在民国时期，抗战烽火下的东瀛嚣张气势与华夏国仇家恨经常在武术领域发生激烈碰撞，全国各地普遍上演中日武术家的拳脚相拼于擂台的场景。军事战场的暂时失利不能代表中国武术的同样弱势，大和民族的优越感与武士道精神的极度自信在与中华武林的一次次火花四射的刀剑相击中，不得不日渐显露出对于中华尚武气质的尊重与景仰，中国传统武术朴实无华的技击功能通过近代爱国武术家们大义凛然的现实演绎释放出了极具说服力的爱国主义能量，也为后世留下了传诵不息的经典战例与武林传奇。

在民国武林的爱国英雄中，霍元甲无疑是人们心目中最为熟悉和景仰的一位传奇人物。他战胜俄国大力士的壮举以及连胜日本武术的战例在此已不需赘述。同时代与霍元甲齐名的韩慕侠亦是霍元甲同乡，擅长形意拳和八卦掌武技，曾经代表中华武士会在北京战胜来华摆擂的俄国大力士康泰尔等，大长了国人志气。电影《武林志》便是以此事件为故事情节，其中的男主角“东方旭”即以韩慕侠为原型。韩慕侠在民国时期的名声相当大，当时的南开中学、北洋女师等许多学生都曾跟随其习练武术。周恩来总理年轻时在天津南开读书，也曾经跟随韩慕侠刻苦习练形意拳等武术，并为韩慕侠武馆题词“韩九师堂”，青年周恩来远赴日本留学以后还不忘与韩慕侠联系，两人师徒情深，也成为近代武林一段佳话。[①]著名满族武术家佟忠义出身武林世家，擅长少林拳六合门武技和太极八卦步法，摔跤尤其驰名大江南北，在武林中与王子平齐名，被同称为“沧州二杰”。佟忠义在上海开武术馆授徒时曾经战胜多位国外武林高手，例如西洋剑师沙利文等，他与日本武士在精武

① 佚名：《从武林中来　到政界中去：民国政治人物与武术的因缘》，http：//cul.sohu.com/s2013/minguowulin/#brief2（2015-01-31）。

体育会演武厅公开比试的壮举在当时尤其大快人心。回族武术家王子平也曾先后战胜日本柔道家宫本，西方大力士马志尼、阿拉曼、柯芝麦、沙文等，据记载，他在接受德国士兵挑战时曾力举有千斤之重的大石磨盘，当时武林人称“千斤神力王”，颇受赞誉。1921 年，王子平在上海打擂吓走美国武术家与英、德等大力士团队，以高超武功和民族气节引起时人赞叹，画家齐白石深受感动，亲笔书写“南山搏猛虎，深潭驱长蛟”条幅敬赠王子平。[①]这一时期，同样还有不少巾帼英雄以武术为国争光的例子。据民国时期的《觉京日报》记载，1934 年有白俄罗斯大力士麦加罗夫在北平设擂，河间武术家杨福山与其女儿杨剑霞闻听后专程进京打擂，年仅二十岁的巾帼英雄杨剑霞以超群的形意拳技折服众人，并且使“麦氏登报服输，并赔偿五百元大洋方算了事”[②]，这一事件在当时引起了极大轰动。当然，在民国时期以武术战胜国外武士特别是击败日本武士的经典事例中，同样有著名的八极拳师霍殿阁等人。八极拳的实战威力尽人皆知，河北八极拳师霍殿阁及其弟子在东北曾经多次和日本武士较量，由于当时东北伪满洲国的特殊背景，和霍殿阁比试的不少日本武士都是关东军特意从日本国内挑选的一流武道家，因此，这种武术家之间的较量无形中也具有了某种程度上的中日武术竞技色彩，最终，一系列比武结果不仅实实在在地印证了中国传统武术一脉相承的技击能力，而且也使得不可一世的日本武士多次蒙羞！

上述战例，在晚清至民国时期，其实是相当普遍的一种情况，除了以上提及的各位武术家之外，像孙禄堂、李存义等诸多武术家也都有各自以武术为国扬威的业绩。除此之外，西北军赵登禹将军等为代表的军事将领在抗日战场上与日本军官单打独斗等感人场景，限于篇幅等原因，本书尽皆一笔带过。国难当头之际，面对西洋武道和东瀛武士等的挑衅与凌辱，霍元甲、韩慕侠、佟忠义、王子平等众多武术家挺身而出，以个人的英武之举打出了武

① 佚名：《民国武术奇人沧州二杰 王子平与佟忠义》，http://www.china.com.cn/aboutchina/zhuanti/wsdg/2008-07/22/content_16046875.htm（2008-07-22）。

② 佚名：《燕赵多豪侠》，http://www.chinanews.com/zhuanzhu/2001-10-09/628.html（2014-01-21）。

术的声威，客观上也使得国家和民族一次次扬眉吐气。上述近代武术家不畏强暴的壮举是发自内心的，他们可能不善于用语言表达自己的爱国感情，但是自发的个体行为无形中也契合了国家与民族层面的自强爱国需要，从而自然而然地融入了近代中国转型语境中压倒一切的爱国主义主题。在近代内忧外患的大环境下，这种朴实而坚决彰显爱国精神的武术壮举必然会深受时人好评，因此不难理解民国时期的一些武术家为何在当时会得到不少报纸等新闻媒体的广泛报道，他们的爱国事迹也伴随着各自的高超武技至今仍然使人津津乐道。由此也可以看出，在近代社会的转型语境之中，武术不仅高度契合了民族和国家的时代需要，而且在实践中还表现为不同的形式应对各种不同的场景，无论是以民间武术团体的形式组织地方民众习武自强，还是通过编著武术书籍广泛传播武术技法；无论是深研传统武术积极创编适于战场搏杀的实用武技，还是挺身而出以一己之力击败外国武士于擂台之上等，近代武林中人不同方面的相应表现汇聚起来俱皆体现为一种共同的尚武爱国特质，它不仅完全吻合了近代社会转型语境中国家和民族的时代需要，而且也为武术自身赢得了令人钦敬的社会形象和历史地位，从而自发地融入近代救亡图存的时代宏流，构成了一段充满爱国主义情怀的发展轨迹。

第三节　转型语境的双重张力：1949—1978 年的中华人民共和国宏观时势与武术发展形态

1949 年 10 月 1 日，随着一代伟人毛泽东在天安门城楼宣告中华人民共和国的成立，中华民族开始进入了一个开天辟地的新时代。作为中华民族传统文化有机组成部分的中国武术，也毫不例外地开始了一种新的发展状态。众所周知，在中华人民共和国的成长经历中，1978 年是一个非常具有划时代意义的历史纪年，以这一年 12 月 18 日至 12 月 22 日期间在北京举行的中国共产党第十一届三中全会为标志，中国开始了告别“文化大革命”并从此进入以改革开放为重要特征的社会主义现代化建设历史阶段。在这样一种历史语境之下，1949—1978 年的中华人民共和国武术发展在整体上同样经历了“文化大革命”之前以及“文化大革命”之中的两个宏观阶段。因此，基于这一历史特点，本部分的研究内容也以“文化大革命”为界，分“文化大革命”之前（1949—1965 年）以及“文化大革命”（1966—1976 年）两个阶段来梳理和描述该时期的武术概况，主要尝试从正反两面辩证阐释影响武术发展的时代背景因素，并且在此基础上探讨当代竞技武术诞生的特定时代印记以及相关历史动因。需要说明的一点是，对于 1976—1978 年的这一相应时间阶段，从历史惯性的视角考虑，本书也主要相应参考“文化大革命”阶段的内容进行相关处理。

一、中华人民共和国成立初期的社会语境与武术发展状况

欲要认识 1949—1965 年的武术发展，必须要了解中华人民共和国成立初期的客观社会大环境。就宏观时代背景而言，这一阶段的武术发展主要面临着两种极其突出的时代状况：巩固政权与学习苏联经验。众所周知，1949 年 10 月 1 日，中华人民共和国宣布正式成立之际，国内的个别地区实际上并未彻底完成统一，当时的国民党政权仍然在操纵和进行着各种针对新中国的破坏活动，在大陆各个地区，敌对残余势力仍然在或明或暗地进行反革命活动，这种整体状态一直在中华人民共和国成立之后的相当长一段时间内持续存在。由于武术一贯的“俗文化”传统特点，历史上，各种武术活动的团体或个人难免鱼龙混杂、泥沙俱下，再加上传统武术技击功能的特殊因素等，在这种形势下，武术的发展导向必然不能不受到相应影响。另外，中华人民共和国成立之始，一穷二白、百废待举，学习苏联老大哥的发展经验及相关做法便成为当时的一种现实选择。以苏联和东欧社会主义国家阵营的体育体制及综合举措为借鉴，武术开始承载着增强人民体质的主要使命，逐渐向着一种体育形式的改造与规范发展。1952 年 6 月 10 日，毛泽东主席提出

了著名的“发展体育运动，增强人民体质”的伟大号召[①]。1952 年 11 月 15 日，由贺龙元帅担任主任的中央人民政府体育运动委员会正式成立，下设民族形式体育研究会，专门负责武术以及其他民族传统体育项目发展的组织管理工作，在毛主席上述论断以及民族形式体育研究会的指导与引领下，中国武术持续以一种民族传统体育的身份，在中华人民共和国社会主义体育事业的大家庭里呈现出了迥然区别于晚清至民国时期的发展形式及相应状态。

（一）由“国术”到“武术”

作为中华人民共和国的一项民族传统体育项目，武术的身份与民国时期相比有了明显的变化。在民国时期，由于救亡图存的民族转型语境和强国强种的社会整体需求，在以张之江等为首的武术爱国人士提议下，武术被称为“国术”，这一称号一直沿用到 1954 年改称“武术”为止。比较值得令人思考的是，改“国术”为“武术”的举措乃是由原中央国术馆学员吴江平提出的。吴江平认为作为一种技艺，在中国可以与武术相提并论的有很多，如中医、国画等都可以称之为“国术”，所以“国术”作为武术的名称并不合适，另外，“国术”是旧中国时代武术的旧有名称，在新中国无法继续使用，所以向上级部门提请改“国术”为“武术”并且得到了全国体育总会的认可以及当时的大文豪郭沫若等的支持。[②]作为昔日著名的中央国术馆学员，吴江平不仅曾出任了民国时期首届民运会的竞赛部长等武术专业领域关键职位，而且还担任过大名鼎鼎的抗日英雄 29 军的武术教官，中华人民共和国成立后同样为体育事业发展做出了重要贡献并且被中国武术协会评选为当代“武林百杰”之一。依常理而论，吴江平先生应该对其奋斗毕生的中国武术有着深厚的感情，其相关言行举止通常也应该具有一定的深思熟虑，但是从本书的当下视角来看，其提请改“国术”为“武术”之举实在有非常值

① 国家体委武术研究院编纂：《中国武术史》，北京：人民体育出版社，1997 年，第 362 页。
② 中央体委民族形式体育研究会：《为什么不把武术称为国术》，《新体育》1954 年第 7 期。

得大家商榷之处。如果说把武术视为一种技艺，仅仅是看到了武技层面的文化价值而没有看到技术之外的丰富文化层面倒也可以理解，毕竟由于时代限制，常人并不容易能够从当代“文化三层次”理论去全面深刻地理解武术文化，但是认为武术因为与中医、国画相等同而不能称为“国术”的观点则多多少少蕴含有武术不足以称为“国术”之意，这在一定程度上无形中把武术的地位降低了不少。至于认为“国术”的武术名称与中华人民共和国成立之后所处的时代环境不相称的观点，则应该说反映了以吴江平先生为代表的同时代的不少人对于祖国翻天覆地巨变的欣喜之情，他们希望以一种新的姿态迎接新生活，这是可以理解的。但是，不可否认的是，由“国术”到“武术”，这一字之改，含义与境界大不相同，客观上造成的有形或无形的影响不仅可能远远超出了当事人的初愿与想象，而且也一直持续到现在，让无数对于武术充满期待的人们至今仍难以释怀。

（二）中华人民共和国武术发展的节制与创新

在民国晚期特别是1945年前后，由于抗日战争的时势影响，武术发展已经处于一种比较艰难的状态。新中国成立后，武术成为民族传统体育的一项重要组成部分，在中央人民政府体育运动委员会的统一组织领导之下，也开始逐渐恢复了常态下的发展，并且持续取得了较大的成绩。但是，从整体上看，武术的性质以及新中国成立初期的社会语境决定了这一时期的武术整体是在一种“有选择和有节制”方针和举措下的发展①，在武术专业工作者的努力探索之中，武术发展也取得了一些创新成果并且实现了整体的进步。

中华人民共和国成立初期，国家在较长的一段时期内仍然面临着来自国民党残余军队、特务分子、土匪等反动势力的安全威胁，同时，各种封建社会遗毒流弊与地主阶级等相关势力构成的压力也尤其突出，因此，维护社会安全稳定的任务非常艰巨。在这种宏观社会背景之下，历史上武术在长期民

① 李风雷，易剑东：《新中国武术运动的发展》，《体育文史》1998年第6期，第47—48页。

间传播过程中的传统复杂性就不能不引起有关政府职能部门的认真考虑，再加上中华人民共和国成立初期复杂社会情况下武术的相关个别负面案例等综合因素的影响，所以，中国政府出于相关国家整体利益的考虑，把武术定位于民族传统体育的框架之内，重点发展其服务人民体质健康的相关功能，以国家体育运动委员会为主体的相关职能部门也相应地确立了“有选择和有节制”发展武术的基本方针、原则，在对于武术进行整理研究和适当收缩的基础上开始了治理、整顿、发展并行不悖的系统性工作。例如，针对当时的一些反动会道门利用武术宣传封建迷信等现象，1955 年举行的全国体育工作会议在工作报告中便提出了对于武术工作“暂时收缩，加以整顿”的方针[①]，当时，不仅农村中曾经一度停止发展武术，1965 年以后，在国内不少地方还开展了剔除武术封建糟粕、批判武术歪风邪气的相关活动。在这种势态之下，一些武术学术争论也被添加上了政治因素甚至人为地渲染出阶级斗争格调，正常的武术活动也自然受到了极大的影响与干扰。

在这样一种时代氛围中，中华人民共和国成立初期的武术依然取得了许多成就。1953 年 11 月 8—12 日，在天津举行的全国民族形式体育表演及竞赛大会盛况空前，其中，作为民族传统体育核心项目的武术毫无意外地构成了这届大会的主要内容，共有 145 名武术运动员参加了这届大会，他们在这次大会上表演了包括少林拳、八极拳、查拳、太极拳、八卦掌、刀、枪、剑、棍、对练、短兵等拳术、器械共 332 个项目，展示了武术的博大体系与同时期的最高水平并引起了当时社会各界的极大关注，河北著名女武术家李文贞参加了本次大会的特约表演并荣获特别奖。这次大会结束后，武术家王子平、佟忠义、李文贞、王金声、邵善康等被选入赴京表演团，在中南海为毛泽东、周恩来、刘少奇、贺龙、陈毅等国家领导人表演，受到了很高的评价。原国家体委也从这次天津大会中选拔了一批优秀运动员，于 1954 年在

① 易剑东，谢军：《中国武术百年历程回顾——面向 21 世纪的中国武术》，《体育文史》1998 年第 5 期，第 23—25 页。

中央体育学院（今北京体育大学的前身）组建成第一支国家武术队。1957年，武术被列为国家竞赛项目，第一部《武术竞赛规则》也紧随其后问世。1958年9月，中国武术协会成立，由河北武术家王子平等人担任了副主席之职。1960年6月，中国国家武术队赴捷克进行了专场武术表演，影响热烈。同年底，王子平及其女儿王菊蓉等随周恩来总理率领的国家代表团访问缅甸，技惊四座。此外，武术被不少体育学院和师范学院体育系列入正式教学课程，在学校教育方面收获了不少成绩。社会武术同样进展明显，重庆、天津、宁波等许多地方都成立了数目较多的武术协会与武术传授站等。

这一时期武术发展的一个突出现象是出现了以各种武术套路创编为象征的武术创新活动，以张文广等为代表的武术家在其中发挥了引领作用。1950年爆发的抗美援朝战争在全国各地激起了各种热烈的声援活动，为了适应这种爱国活动需要，张文广率先以该年度极为盛行的《志愿军战歌》为音乐背景，将歌词与武术拳法招式有机结合创编出一个新的武术套路，该新编武术套路在当时天津市声援抗美援朝武术、摔跤赛会一经表演便反响热烈，于是，随之引发并促进了全国各地创编武术套路的现象。[①]除《志愿军战歌》之外，张文广还创编有“青年拳”等武术发展中的经典武术套路。据张文广叙述，他是因为深感青少年在当时社会环境下武术传承中的重要作用而萌生创编“青年拳”的动机，由此可见新中国成立初期的社会环境对于武术家的影响。中华人民共和国成立初期受到张文广创编拳法套路影响和鼓舞者不在少数，其中一个突出例子是1960年6月中华人民共和国第一支国家武术队应邀至捷克斯洛伐克访问时的武术演出内容，以邵善康等为代表的16名男、女武术队员集体编排演练的大型团体武术剑法以及单练和对练套路等，从内容、风格到编排、演练都体现出了非常新颖的特色，美观的武术动作和精彩的武术演出令现场的外国观众由衷赞叹。在当时的环境下，创编武术套路的风潮对于武术竞技比赛的影响也较为明显，例如，据文献记述，天津体

---

① 张文广：《我的武术生涯》，北京：北京体育大学出版社，2002年，第2页。

育学院武术队结合自身技术风格，充分汲取南拳北腿套路技术特点而精选不同拳种动作创编而成的竞技武术套路在当时就较具知名度，天津体育学院的孙世广也从武术比赛场地特征出发，大胆突破“传统直趟”演练方式而创编出了相关武术竞赛套路，这种创新有效地增加了武术套路演练的美感与现场比赛效果。[①]为了突出武术套路演练的美感以及现场演练效果，一些武术家还积极主张向舞蹈、戏剧等其他文艺类型学习经验，以之丰富和提升武术套路动作演练水准。竞技武术的发展动因，从中其实已可见一斑。

同时期另外一个重要武术创新则是简化 24 式太极拳创编套路的问世。出于发展体育运动、促进人民体质健康的需要，在新中国初期的社会语境中，人民群众需要一种简洁大方、直观易学的武术健身套路。于是，当时的国家体育运动委员会便邀请了国内太极拳领域各大知名流派的顶尖高手，开始着手进行简化太极拳的创编事项。最初之际，国家体育运动委员会的指导思想是综合各太极拳主要流派的核心动作而创编成一套统编套路，但是，令人始料未及的是，虽然这个综合各家太极拳流派精华的太极拳新编套路是集成了陈发科、田镇峰、吴图南、高瑞周、唐豪等各派名家的技术和智慧而精心创编，但其在社会大众中的教学实验效果却普遍不理想，这个套路也最终因为不便于普及推广而夭折。在总结失败经验的基础上，国家体育运动委员会一改初次创编综合太极拳的思路，决定以简单易学并且在当时流传最广的杨式太极拳为主体，再度进行简化太极拳创编工作。因此，在当时国家体育运动委员会负责武术工作的毛伯浩等同志的组织下，以李天骥、唐豪等为主力创编而成的简化 24 式太极拳于 1955 年正式问世。虽然刚开始时受到了相应责难与非议，但是，简化 24 式太极拳随后出人意料的迅速普及状况却成为当时武术创编套路乃至当代武术发展的一个奇迹。[②]以简化 24 式太极拳的诞生为标志，易学易练的简化太极拳在全国范围内的广为传播不仅有效地实

① 崔景波：《融合南、北拳编新套路》，《体育报》，1959 年 3 月 26 日。
② 王涛：《24 式太极拳 简朴出繁华》，《中华武术》2006 年第 11 期。

现了以武术促进人民群众体质健康提升的体育运动发展初衷，同时也自然而然地成就了太极拳运动在当时武术传播中的领先地位，这也成为中华人民共和国成立初期武术发展的一个重要特征。据相关资料显示，当时的《新体育》杂志曾接连刊登了许多关于太极拳教学、研究方面的系列文章，这在新中国成立初期的体育发展中是相当不多见的一种现象。[①]至今为止，在所有的武术拳种乃至各大太极拳流派中，尚没有一种套路形式能够像简化 24 式太极拳这样取得如此突出的大众传播效果。

二、“文化大革命”期间的武术基本生存状态

随着时间的推移，中华人民共和国的发展也开始进入了一段历史上堪称空前的特殊阶段——“文化大革命”时期。1966—1976 年这十年时间里，中国大地全面被卷入了一场巨大浩劫之中，处于这种时代场景，体育界自然也难以避免。在“文化大革命”的波涛漫卷之下，作为民族传统体育项目的武术也同样深受其害，经历了重大的发展挫折。所幸的是，自 1971 年之后，在周恩来总理等努力下，加上“乒乓外交”事件等客观影响，武术也随着体育界的发展开始走上艰难恢复的轨道。因此，从宏观上来看，十年左右的“文化大革命”时期，武术的发展也以 1971 年为界，大体上可以划分为 1971 年之前的空前浩劫和 1971 年之后的艰难前行两个历史阶段。

中华人民共和国成立初期的武术发展成绩，由于“文化大革命”的到来而受到全面的否定和颠覆。以 1968 年 5 月 12 日林彪、江青、康生等发布臭名昭著的“五一二命令”为标志，不仅国家体育运动委员会遭到了政治层面的恶毒攻击，全国体育系统也被全面实行军事管制。大批武术工作者受到严酷的政治迫害，不少技艺精湛的武林知名拳师因为旧社会的谋生经历等都在

① 易剑东，谢军：《中国武术百年历程回顾——面向 21 世纪的中国武术》，《体育文史》1998 年第 5 期，第 23—25 页。

极度无奈中蒙冤含悲而逝，众多武术传统拳种也接连被诬陷为封建迷信或反对现实，所有的武术训练、教学、科研等活动一时间都成了不可逾越的禁区。比较令人啼笑皆非的是，一些传统文化特色突出的拳种如少林拳、咏春拳等被认为是在为和尚、尼姑歌功颂德，罗汉拳、三皇炮捶拳等被认为是在以武术为名义宣扬封建迷信思想，一些仿生特征明显的个性拳种如“醉拳”同样竟然被理解为借醉汉行径表达不满现实的思想，甚至于以健康为追求的太极拳练习者也被与资产阶级生活方式挂钩起来，所有武术习练者也都无一例外地被别有用心视作是在进行打架的准备工作……在这种极端的政治气候中，武术失去了现实的社会基础和传播环境，全国范围内的武术发展都处于一种全面停滞的状态。在随之而来的更为浓烈的“文化大革命”飓风中，“破四旧”等运动也使得保存、流散于民间大众之中的武术拳经、拳谱、文献、典籍等史料、文物在野蛮的手段和行径中经历了堪称空前绝后的浩劫，进一步倾覆了当时武术存在的文化土壤和武术传播的文化空间，从而导致了“文化大革命”前期六年左右的时间里（1966—1971 年），武术整体上陷入了一种全面瘫痪乃至于“奄奄一息的境地”。[①]

1971 年，周恩来总理亲自点名征调 38 军的王猛少将主持国家体育运动委员会工作[②]，国家体育运动委员会也由被归入解放军总参谋部军训部的状态恢复到之前的国务院直属身份，中国体育才开始重新启动了发展之道，武术也由此逐渐重新恢复元气，加上当年的著名的“乒乓外交”事件等无形的推动，武术也开始拥有持续发展的外部环境条件。在以王猛少将为首的国家体育运动委员会领导团队提高体育运动技术水平的要求与引领之下，武术的发展日渐表现出由来已久的坚韧生命力，上至省市下到乡村，全国各地的武术竞赛活动都逐渐得到了积极的恢复与开展。1972 年 11 月 1 日至 15 日期间

① 易剑东，谢军：《中国武术百年历程回顾——面向 21 世纪的中国武术》，《体育文史》1998 年第 5 期，第 27—29 页。

② 佚名：《猛志常在——王猛将军传（三）》，http://blog.sina.com.cn/s/blog_4a7664dd0102v5og.html（2014-10-20）。

举行的济南全国武术表演大会与1974年8月23日至30日在西安举办的全国武术比赛，皆是武术重新恢复开展后的相应成果体现，上述两场全国武术比赛分别由24个单位的326名运动员参加表演和24省、市、自治区的近500名运动员、教练员参加比赛。由“24个单位的326名运动员”到“24省、市、自治区的近500名运动员、教练员”，由“参加表演”到“参加比赛”，参赛单位和运动员的数量变化直观地反映出了短短不到两年时间里全国武术发展所呈现的喜人现实。1976年8月以哈尔滨为主场的全国武术汇报表演大会则不仅是“文化大革命”期间举行的最后一次全国武术大会，同时也象征着中国武术即将告别十年惨痛的经历，以新的姿态面对新的生活。[①]

武术在“文化大革命”后期不仅进入了自身发展的第二阶段（1971—1976年），取得了较为迅速的综合恢复，而且还尤其突出地呈现出了代表国家出访交流的发展特点。当然，这一特点的呈现，既是当时国家对外交流工作的现实需要，也是武术工作者们积极把握机会、全力服务国家外交需要的客观成果，武术运动员们精湛的拳械技能也为同时代的武术发展传播塑造了生动而勃发的形象。在“文化大革命”之前的中华人民共和国武术发展中，武术的涉外交流本来就非常有限，“文化大革命”前期的6年左右时间，武术尤其处于生存的危局之中，对外交往基本无从谈起，直到“文化大革命”后期，当相关政府职能部门通过“乒乓外交”事件充分认识到体育的外交力量之后，武术才因为自身独特的公共外交功能而获得相关政府职能部门的认可与青睐，从1971年开始拥有代表国家外出交流的机会并由此发挥出自身的一贯强劲的实力，成为“文化大革命”后期体育发展的一道突出亮点。

从1974年6月5日代表中国访问墨西哥起，中国武术代表团一路顺风地开始了在国际上扬名的辉煌历程，无论是美国檀香山、旧金山、纽约、华盛顿，还是日本东京、菲律宾马尼拉、英国伦敦、桑比克洛伦索马贵斯，甚

① 易剑东，谢军：《中国武术百年历程回顾——面向21世纪的中国武术》，《体育文史》1998年第5期，第27—29页。

至是土耳其、埃及、阿尔及利亚、摩洛哥、突尼斯、毛里塔尼亚等，在遍及亚、欧、非、南北美洲的广袤无垠的世界范围内，武术代表团所到之处皆无一例外地掀起了中国武术的传统雄风，有效地促进了中国与世界的交流，同时也有力地传播了中国武术的魅力与影响。在美国访问期间，时年11岁的武术运动员李连杰受到了时任美国总统尼克松的高度欣赏，也成为“文化大革命”期间中国武坛的一幕珍稀历史场景。1974年7月17日至22日，中国武术代表团从美国访问归来途经香港表演时，李连杰的超群武功和精彩表演引起了香港电影界的深切关注，其中的一些电影机构如著名的香港长城公司等便积极邀请李连杰加盟担任武打电影演员，因为当时的客观环境等综合影响，这种盛情也自然地被婉拒。[①]比较鲜为人知的是，中国武术代表团出国访问的同一天，中国也迎来了日本太极拳代表团的到访，在日本太极拳代表团的带动之下，日本少林寺拳法代表团也接连多次前来访问、表演、交流，日本也是“文化大革命”时期唯一派遣武术团体来访的国家。[②]通过在“文化大革命”后期进行的各种对外交流活动，武术的外交功能得到了有效地展示，同时也有力地凸显了武术的传统文化魅力与蓬勃生命活力，不少人也因此对于武术发展前景充满信心与期待。在中国武术代表团访问世界各国以及日本武术代表团多次来访的过程中，所到之处都引起了当地民众的极大轰动和各大媒体的热烈报到以及社会各界的密切关注，这些都为中国武术的国际传播奠定了坚实的基础，成为以后中国武术昂首阔步在全球进行跨文化传播的良好铺垫。

三、转型语境的双重张力

通过中华人民共和国武术发展初期体现出的节制与创新等相关发展状况

① 老来：《李连杰画传》，北京：金城出版社，2002年，第7页。

② 杨祥全：《艰难前行——新中国武术史之三》，《中州体育·少林与太极》2012年第5期，第1—5、26页。

的认识，再加上十年“文化大革命”期间武术前后两个阶段的状态对比，我们不禁深刻地感受到一种与武术发展状态密切相关的由于时代转型语境而产生的双重张力。

中华人民共和国成立初期，为了这一宏大革命目标而长期奋斗、抗争的人们自然是难以抑制心中激动不已的喜悦之情，他们知道这一天到来的过程是多么艰辛和悲壮，所以社会大众一方面因为新生活而欢欣鼓舞并且倍感珍惜；另一方面，他们也需要清醒地面对着国家一片空白、百废待兴的客观现实。在这种情况下，当时的人们一边以苏联为首的社会主义阵营国家学习和借鉴现有经验，一边也想方设法地通过自己的探索与尝试来解决现实问题。与之相应的还有国家在相当长一段时期内都无法回避的阶级斗争、封建积弊以及社会安全等诸多问题——在一定程度上而言，这种问题的确是非常关键的，毕竟，对于年轻的中华人民共和国来说，安全、稳定地持续发展才是最为重要的需要。所以，作为一种流传了数千年并且主要以下层民众为主体受众的“俗文化”传统载体，武术在中华人民共和国成立之时只能被以一种民族传统体育的形式定位于体育的整体范畴，这种分类与界定，也预示着中华人民共和国成立后在可以想象的相当长的一段时期内，武术将要与抖空竹、踢毽子、扭秧歌、跳大绳等其他民族传统体育项目一样，在国家和政府的支持下，沿着为人民体质健康服务的轨道按部就班地前行，这种以国家和政府为主体的支持、倡导与组织、协调等作用也是新中国社会语境下推动武术及其他民族传统体育项目发展的一种宏观动力，它不仅明显区别于旧时大多数民族传统体育项目自生自灭的传统生态，也是中华人民共和国社会主义初级阶段全新历史语境下社会转型张力作用的一种现实体现。客观上，以往的武术发展特别是近代以降晚清至民国时期的历史语境下武术的普及情况、社会地位以及受重视程度等都要明显甚至远远区别于其他民族传统体育类型，尤其在民国时期甚至于把武术提升至“国术”的高度而视其为民族自强精神的重要象征，但是，不容置疑的是，在中华人民共和国成立初期的现实社会环境中，武术在有所节制的前提下仍然取得了积极的发展成果。和平的环境、稳定的需要、为人民体质健康服务的主题共同决定了武术已经不能够像以往一样沿着主流的技击功能自由发展，全新的历史语境赋予了武术国家层面的前进助力同时也注定了历史悠久的传统武术必须面对时代转型的阵痛。在1949年之后的武术发展过程中，焕然一新的社会气象必然要求武术能够逐步摆脱自身与时代不相吻合的一些泥沙俱下的传统。因此，总体来看，中华人民共和国成立初期的武术发展势态是良性的也是合乎当时的社会转型语境的。毕竟，武术只是社会生活的一个组成部分而不是社会生活的全部，我们不可能单纯从武术的视角来谈完全意义上的武术发展。一旦离开了具体的时代语境，离开了社会整体的框架，相应的武术发展探讨也就将失去现实的根基和具体的意义。

时代转型所赋予的文化发展动力从来都不仅仅是单向的。中华人民共和国成立初期的转型语境一方面决定了武术以民族传统体育的姿态在一种“节制”的状态下随着时代动力日渐向前演进；另一方面也从其他角度出人意料地孕育了武术的现实发展路径。“文化大革命”前期的政治氛围导致了武术发展几近停顿，但是其“为工农兵服务”的政治方针和“为革命锻炼身体”的政治口号无形中却也同样蕴含着发展武术的相应可能及有利时机。[①]发展武术本身就是为了给社会大众提供相关服务，社会大众的构成形式当然也包括了当时以工农兵为绝对主体的革命阶层，在“为工农兵服务”的过程中，中华人民共和国成立至“文化大革命”期间的武术发展一直都十分注重与广大群众生活的密切结合，从而在相当程度上推动了武术在社会各界的普及与传播。在“文化大革命”后期之际，许多工厂都在工人中广泛组织开展了各种形式的武术锻炼活动。以一些武术之乡为引领，朴实而热烈的农村群众习武活动与生产劳动有机结合也成为当时各人民公社较为普遍的现象，其中，把各乡村民兵组织的军事训练与武术技术结合起来的现象尤其充满生机和活力，在这种高度“接地气”

① 易剑东，谢军：《中国武术百年历程回顾——面向21世纪的中国武术》，《体育文史》1998年第5期，第27—29页。

的习武活动氛围中，传统武术流播千年的“俗文化特征”竟然出人意料却又自然而然地体现出其与社会大众天然的亲和能力，在工厂、田间的广阔天地里与亿万革命群众热火朝天地打成了一片。这种不断高涨的群众习武情景之下，以“大寨村”为代表的一些革命样板单位纷纷开始组建自己的少年武术队，其中，政府专门调派当时北京体育学院的武术工作者夏柏华至大寨村担任该村武术队的教练工作，众望所归之下，关于大寨村武术队的专题武术表演纪录片在全国播出后也不负众望地引起了轰动，于是各地的武术班、武术队便如雨后春笋般紧随其后涌现出来，一些大城市的武术专业工作者特别是专业武术队的教练们也由此开始接二连三地应邀奔赴各地任教，在客观上有效地促进了武术的传播与发展，同时也使得通常只适宜于少数人群习练的竞技武术与群众武术得到了密切的联结。据记载，当时的许多武术界骨干都曾经积极地融入了这一全国性的热流，其中如康戈武等武术界人士便曾经到天津小靳庄等地进行过武术教练工作。“文化大革命”后期社会武术的这种火热发展情形，在现在人看来，的确是很难以置信的。

另外一个值得关注的现象是，在中华人民共和国成立初期与“文化大革命”期间盛行的革命样板戏等影响与启发之下，以北京体育学院武术工作者们为主体，当时还日渐流行起一种模仿革命样板戏的舞蹈动作以及结合毛主席诗词等创编武术套路的现象，这方面的代表作有以北京体育学院为主创、以毛主席诗词为蓝本的武舞《蝶恋花》等。另外，在分赴农村、工厂等接受再教育的过程中，张文广创编的“大小铁锤”套路、门惠丰把工人劳动动作与太极拳的结合、夏柏华等由武术器械对练而改编成的扁担对铁锨套路等，种种经典武术创编套路，皆为这一时期特定时代语境下的产物。需要强调的是，这些深入生产劳动实践、结合真实生活体验而创编成的武术套路不仅在当时深受大众欢迎，而且也“对以后武术套路的变革提供了思路。”[①]由此我

① 杨祥全：《艰难前行——新中国武术史之三》，《中州体育·少林与太极》2012 年第 5 期，第 1—5、26 页。

们同样可以看出，竞技武术借鉴体操、舞蹈的创新方式其实在20世纪80年代之前便已经具有了时代的土壤与现实的个案，但是，不可否认的是，这种方式对于当时的民间武术家们的影响则是相当复杂的。上述例证之外，“文化大革命”后期由于“乒乓外交”而产生的中国武术代表团至世界各国表演交流的现象也极为引人深思。本来，“文化大革命”时期封闭的国内外大环境已经决定了长期处于“节制”发展状态下的中国武术很难奢望出国交流等活动，然而，绝大多数人都不会想到，一个本来与武术不太相干的乒乓球活动能够引出相关决策者对于武术由来已久的综合文化功能的“发现”与重视，武术不仅由此而在世界各地大放异彩，而且也向社会各界展示了极为可观的未来前景。或许不少人都会认为这仅仅是“文化大革命”时期体育发展的一个“小插曲”，但是，在我们看来，即便这是一个具有偶然意义的“小插曲”，其中也依然蕴含着某种武术历史发展的必然性。

一般认为，在武术的发展过程中，必然深受不同时期历史语境的相应张力作用，这种张力通常又首先表现为不同时期政治因素对于武术的相应影响与作用，而且，在大多数情况下，政治因素对于武术的发展影响是非常关键甚至是致命的。这种认识无疑是正确的，正如中华人民共和国成立初期政治因素决定了武术以民族传统体育形式在相应“节制”状态下的发展以及“文化大革命”前期不正常的政治环境导致了武术发展处于几近瘫痪的边缘。然而，透过上述政治因素所映现的新中国转型语境作用于武术之上的现实张力，我们似乎仍然能够感悟到某种长期潜蕴的武术发展深层动因。这种蛰伏已久的深层动因通常是无形的，但是又的确不易察觉地存在于武术发展的各个相应历史时期，尤其需要研究者透过系列看似杂乱无章的线索去进行极具想象力的归纳与提炼。在“文化大革命”后期武术火热发展的状态中，与“为工农兵服务”的政治方针和“为革命锻炼身体”的政治口号密切相关的大众武术得到普及与推广，“样板型”新编武术套路的出现对于后世具有一定的指导意义。同时以“大寨村”为代表的武术活动组织形式的风靡全国，“乒乓外交”意外推动的武术与世界各个国家和地区的交流盛况等——上述系列武术现象不仅从整体上反映出时代转型语境历史张力的双重特征，在这种双重特征作用之下武术获得了意想不到的发展动力，从而焕发出让世人眼前一亮的蓬勃姿态，最为重要的是，这种转型语境历史张力的双重特征其实在更深层次鲜明地凸显了武术发展过程中一直承载的某种生生不息的天然特质，我们难以用语言来确切地描述或阐释这种武术特质，只能隐约地感悟到这是一种与文化内涵、精神内核联系极为密切的客观存在，它超越了形而下的技术器物层面的相关理解，更加接近于形而上的哲学层面的“道”的境界——或许它本身就是中国传统文化所指的“道”的一种组成部分或现实载体。虽然，诚如道家始祖老子所言的“道可道，非常道”，我们不易用语言来对这种生生不息的武术特质进行明确表述，但是这丝毫也不影响它历经浩劫却总能度尽劫波，多次面临绝境而又终归薪火相传的一贯风采。

抑或，我们可以引用当代最为流行的武术文化“三层次说”来对其进行相关的理解或说明。1997 年版全国体育院校教材委员会审定的《武术理论基础》就沿用了该说，将武术文化划分为“物器技术”“制度习俗”“心理价值”三个层次，其中前者主要包括武术拳械技术层面的相关内容，次者泛指武术组织方式、礼仪规范、武德内容等，后者主要包括武术文化形态所反映和体现的民族性格、民族心理、民族情感等内涵，即为被世人称为“武道”的武术深层内核。[①]这里所指的“武道”的含义，显然已经非常接近甚至近似等同于上述武术天然特质的内核，但是，事实上，在我们的理解中，武术所蕴含的“道”的含义并不局限于其反映和体现的中华民族性格、中华民族心理以及中华民族情感等特定的中华族群范围，武术所蕴含的“道”的实质应该是直指全人类心灵深层的一种普遍意义上的本元或存在。正是因为拥有着这种具有人类普遍意义的特质，中国武术可能与生俱来就承载着一种涵养民智、启迪民心、明心见性、以武证道的客观使命，由此，以至于武术无论经历如何的磨难而总能艰难地前进，虽然时时面临走投无路之境，最终却还是峰回路

① 申国卿：《燕赵武术文化研究》，北京：人民体育出版社，2009 年，第 6 页。

转、浴火重生。在这种武术特质的决定之下，诸多历史上山重水复的关键时刻，例如“文化大革命”之际，转型语境的双重张力作用便无形中以各种偶然的小事件或者小插曲表现出来，助力武术呈现曲径通幽的意外转机。

当然，对于这种转型语境的双重张力作用，也会有不少人认为是武术自身文化特质或者广泛适应性的客观体现，而关于这种文化特质或广泛适应性所产生作用的综合条件的探讨却又非只言片语所能表达清楚，我们提出上述观点也只是反映出本书对于中国武术生命力的惊叹及其所处时代语境中柳暗花明转折的一种思考。“仁者见仁，智者见智”，与此相关的进一步深入思考与探究，还尤其需要日后继续进行。历史的起落转折，总能留给后人无尽的思考，不同研究者从相应视角出发对于武术发展时代动力、宏观特征等进行的相应探讨，乃是我们顾后瞻前的重要体现，也是武术文化继往开来的客观要求。

第四节　市场语境的消解与重构：1978—2008 年的改革开放背景与武术生态特征

“文化大革命”之后，随着全面的拨乱反正，中华民族进入了发展的新轨道，武术也开始置身于一种新的历史语境之中。以 1978 年 12 月在北京举行的中国共产党第十一届三中全会为里程碑，以改革开放为重要特征的社会主义现代化建设历史新阶段为中国武术的发展注入了新的动力。

一、中国共产党十一届三中全会创造的武术发展新态

以“文化大革命”为主题的十年浩劫，在中华大地留下了满目疮痍的政治印痕，随着“文化大革命”的结束，全国自上而下的拨乱反正也引发了社会各界深刻的反思。体育界在“文化大革命”中受到的不公正待遇重新得到了纠正，在对于武术的认识问题上，武术仅仅是一项民族传统体育的以往观

点也随之相应改变，在新的时代语境之下，武术之前被较多地视为一种政治工具而存在的看法也已经一去不复返，在中国共产党十一届三中全会“解放思想、实事求是”方针的指引下，武术工作也被提升至其原本应该拥有的地位。国家体育运动委员会主任李梦华在 1982 年举行的一场体育系统高级干部会议上曾经专门指出武术“是中华民族灿烂文化的一部分”，要求全国各省市体育系统充分重视武术的发展工作。[①]以李梦华主任的讲话为标志，武术承载的中华传统文化内涵与民族特色文化功能开始受到国家职能部门的充分重视，全国范围内的武术工作也开始以新的姿态全面展开。拨乱反正使得体育系统焕发出空前的活力，国家体育运动委员会对于武术工作的重视与效率也迅速得以显现。党的十一届三中全会刚刚结束之际，国家体育运动委员会便于 1979 年 1 月发出了《关于发掘、整理武术遗产的通知》，并且同时在全国范围内组织进行了相关的武术调研活动，由此也拉开了 20 世纪 80 年代轰轰烈烈的武术挖掘整理序幕，这一延续了 3 年左右的武术挖掘整理活动对于当代中国武术的发展而言极具历史意义。以 1982 年举行的第一次全国武术工作会议、1987 年颁布的《国家体委关于加强武术工作的决定》、1990 年国际武术联合会成立、1992 年第二次全国武术工作会议、1996 年第三次全国武术工作会议等一系列重大事件为象征，武术工作在全国范围内全面蓬勃发展，武术以一种中华民族特色传统文化的身份“逐步开始向现代化过渡”[②]，并且在学校武术教育、武术科学研究、武术竞赛体系的规范化以及武术发展的社会化、产业化、国际化等方面取得了综合的成就。其中，中国体育科学学会武术分会于 1987 年 6 月在北京成立，1992 年 12 月在四川江北举行的第二次全国武术工作会议提出了武术工作“三步走”的战略目标，1996 年 10 月召开的第三次全国武术工作会议上则提出了“把中国建设成世界武术中心”的目标，同年，民族传统体育学正式被列为体育学二级学科之

① 易剑东，韩淑艳，邹淑明：《中国武术百年历程回顾——面向 21 世纪的中国武术》，《体育文史》1999 年第 1 期，第 28—30 页。

② 李风雷，易剑东：《新中国武术运动的发展》，《体育文史》1998 年第 6 期，第 47—48 页。

一，上海体育学院随之拥有了该学科博士学位授予资格……在党的十一届三中全会创造的全新时代语境及其释放出的强大活力作用之下，20 世纪 80 年代以来武术发展所取得的综合成就不胜枚举。

二、改革开放催生的武术市场经济宏观场景

党的十一届三中全会以后，改革开放的春风吹遍了中华大地，社会主义市场经济建设稳步推进。在解放思想、充分发挥主观能动性的改革开放大潮的激荡之下，武术也开始逐渐融入社会主义市场经济建设的大潮，不仅武术经济和武术产业化成为日益明显的热点，而且竞技武术比赛以及武术社会化的发展也渐趋体现市场经济的影响，从而在 20 世纪 80 年代以来的武术发展中共同烘托出一种武术市场经济的宏观场景。

梳理 1978—2008 年期间的武术发展，可以看出武术市场经济较为明显的时代痕迹与相应特点。应该说，改革开放初期武术经济的发展步伐并不是非常主动和迅疾。在 20 世纪 80 年代初期电影《少林寺》上映并引起全球轰动之后，全国范围内空前的武术热流也自然带动了武术经济发展并且逐步与市场接轨。在《少林寺》及其后的《少林小子》《南北少林》《武当》《武林志》等武术电影的影响之下，一批武术专业期刊也先后开始问世。当时创刊的一些武术刊物如《武魂》《武当》等率先感知到武术市场经济的信息并且主动做出了反应，其中同为 1983 年创刊的《武魂》《武当》杂志也几乎同时设立了以自身名称命名的武术培训、商业机构，前者称为武魂武术培训中心，后者则命名为武当武术开发基金会。[①]相较而言，改革开放初期国内武术界最早创办的专业刊物《武林》和作为由中国武术协会主办官方刊物的《中华武术》的市场反应则似乎没有上述两家创刊时间稍后的刊物敏锐，这可能与当时所处改革开放初期公众对市场经济认识尚且需要一个过程有某种

① 李风雷，易剑东：《新中国武术运动的发展》,《体育文史》1998 年第 6 期，第 47—48 页。

关系。但是，接下来武术经济的发展则表现出了非常迅速的态势，心意六合拳名家马胜利在上海创立的泰戈武术发展有限公司成了当时武术家个人开办武术商业公司的一个突出范例，以少林寺所在地登封为旗帜，以河南、山东、湖南三个省份为中心，全国各地的武术馆校在短短的时间里迅速突破了一万余所，其中河南登封因为是少林寺的大本营而最受习武者青睐，学员遍及全国各地，四面八方不辞辛苦前来求学少林武术的青年也使得少林武术的声名更加传遍了世界。在河南登封、河北沧州、湖北武当山、湖南新化、山东菏泽等传统武术发展兴盛地域的带动与促进之下，20 世纪 80 年代末期，原国家体育运动委员会便开始顺应时势积极筹备、组织全国范围内的“武术之乡”评选活动，进一步从国家和政府层面认可并强化了上述各武术之乡的武术教育经济发展及其武术产业品牌构建。为了充分发挥武术的相关经济功能，早在 1989 年之时，原国家体育运动委员会已经决定把武术作为一个单项协会实体化，允许并鼓励其以经济实体的形式进行武术经济的经营、开发与市场运作。之后，原国家体育运动委员会又接连以各种形式强调和引导以商业化、产业化为目标的武术市场经济发展导向，这种积极的政策指引也在全国催生出包括服装、器材、图书、音像等相关武术产品和联谊会、博览会、交流大赛等武术商业活动在内的武术经济体系。在以武术馆校教育培训领域为代表的上述各种武术经济发展影响之下，全国各地的社会武术活动也得到了有力的发展，这种情况也促使相关政府职能部门开始面对社会武术活动的热烈现实并且推出相应的管理引导举措。于是，国家体育运动委员会武术运动管理中心培训部也因此在 1996 年应运而生。其正式成立后对于社会武术活动规范化管理的一系列相应措施如组织编写推广全国武术馆校统一教材以及制订相关武术馆校管理政策、条例等，不仅有效地推动了武术社会化的发展，而且也真实地反映出了当时以武术馆校教育培训为代表的武术经济在全国范围内的积极发展势头。[①]上述各种状况，连同 2000 年前后由国家武

① 易剑东，韩淑艳，邹淑明：《中国武术百年历程回顾——面向 21 世纪的中国武术》，《体育文史》1999 年第 1 期，第 28—30 页。

术运动管理中心和社会文化资本联合打造的“中国武术散打王争霸赛”等基本上构成并反映了1978—2008年的武术市场经济发展的宏观场景。

三、市场经济场景引发的武术消解与重构

在当代社会主义市场经济建设的大环境下，市场经济的发展已经成为置身于其中的社会各个领域都无法回避的突出主题。从20世纪80年代开始，在市场经济大潮的熏陶和感染之下，武术同样逐渐步入了市场经济的发展轨道，武术的各个领域如武术科研、武术竞赛、社会武术等也都程度不一地在市场经济的氛围中被打磨上相应的印记。以商业化和产业化为主要特征的市场经济发展对于上述武术各个领域产生了积极的推动作用，加速了武术的综合发展，但是也不容回避地带来了不少相应的问题，随之而来的后果则是武术发展中较为显著并日益持续的消解与重构现象。

首先，以商品交换与价值追求为重要手段的武术经济发展，对于习惯了传统重义轻利观念的老拳师们造成了强烈的思想冲击，即便是青年一代的武林中人，能够思想活跃、较快地适应市场经济潮流的武术家并不多，他们在初期的相当一段时间内对于市场经济也是颇费思量，虽然大家最终都慢慢地接受并适应了武术经济的现实氛围与相应格调。这种情形客观上对于传统武术伦理道德所造成的冲击也潜移默化地影响着中国武术传统武德观念的现代理解与实践传播，由此，传统武德中的一些相关理念在日益浓烈的武术商品经济氛围中开始逐渐地褪色甚至消解。其次，市场经济对于武术竞赛活动的影响也非常直观。一场武术比赛，观众的多少不仅决定着门票的收入，而且也是赛事主办方能否拉到商业赞助的一个重要因素，为了吸引观众，同时也为了传播赛事的市场影响力，比赛的精彩程度所决定的技术规则改变以及参赛运动员的商业包装、市场营销问题等便应运而生，这种情况不仅导致运动员的安全因素日益突出，而且也越来越影响到武术现实社会形象等问题，其最终的结果则是人们心目中比较正态、良性的武术传统形象在商业现实里一

天天地逐渐解构。在市场经济大环境下，以培训为主体的武术教育经济也表现出了明显的两面性，一方面各种形式的训练班、武术学校与武术培训机构等大大方便了社会大众学习武术的需要，促进了武术在社会的传播与发展；另一方面，以赢利为目的的各种商业武术教育举措无形中也释放着商品经济特有的负面因素，在各种武术教育活动中出现了不少偏离传统武术修身育人初衷的相关现象，特别是一些武术学校存在的各种社会问题相对较多，不仅其培养的武术人才在相当程度上与当代社会对于文化和品行素质的需求相距甚远，各武术学校之间基于生存的生源竞争乱象，尤其使人犹如再度感受到旧时江湖的艰险复杂之境……凡此种种，随着时代的发展，市场经济大环境下传统武术元素的消解问题正日益凸显。

但是，同样不可否认的是，市场经济的发展也在其他的层面促进着相关武术传统元素的积极重构。由于市场经济的有力影响，各种武术社会资源都得以在商业运作基础上积极有效地汇聚和整合，其结果则是自然而然地焕发出某些方面的武术发展综合活力。这方面最为突出的一个例子便是各种武术商业赛事活动对于武术技术发展的影响。由于商业赛事的利润追求特点，只有比赛场面和现场效果相对精彩的各种武术商业赛事才能够在市场立足，相关武术运动技术内容也只有适应这种商业竞赛活动要求才能在商业赛事舞台上得以展现，这种特点也决定了主要以各种武术对练技术为精彩赛事内容的武术套路大奖赛以及各种中外搏击对抗商业大赛日益盛行。特别是以中外搏击对抗为主要卖点的各种商业性武术活动的举办，一方面，对于国外武技的一些优点、长处的吸收较为迅速地提高了当代中国武术运动员的擂台实战水准；另一方面，商业擂台扬威与为中国武术争光的客观需求也“倒逼”一些早已脱离现代竞技体育多年的传统武术实用技法重新出现在当代中国散打运动员的技术体系之中。因而，通过这种极富市场经济色彩的武术商业大赛活动的推动，武术传统技击特点也随着商业赛事发展的现实需要开始逐步在现行竞技武术体系中得以充实并日益凸显，从而在客观上日渐突破新中国成立初期之后相当长一段时间内对于武术技击功能“节制化”的宏观发展格局，在当代社会主义市场经济建设的语境中一点点地拓展和延续着传统武术技击功能的回归之路。

第五节　大国崛起语境的异化与回归：2008—2012年的武术发展激荡与演进趋势

2008 年在北京举行的第 29 届奥林匹克夏季运动会在当代中国的体育史上产生了非常重要的影响，同样于 2012 年举办的伦敦第 30 届奥林匹克夏季运动会也从另外一个视角对于中国的体育发展进行了相应注解。以北京 2008 年奥运会的举办为标志，多年改革开放积淀所造就的当代中华稳步和平崛起的现实也已经被世界各地越来越多的人所理解与认可。客观而言，中华民族稳步和平崛起的战略特点不仅为中国武术发展创造了全新的时代大环境，而且也使得当代武术文化演进必然要表现出相应的发展特征及体现形式。

一、北京 2008：大国崛起背景下的奥林匹克圣火与武术文化激荡

无论从哪一方面而言，2008 年北京奥运会都是 21 世纪中国乃至世界体坛的一个极其重要的标志性事件。2008 年 8 月在中国首都北京举行的第 29 届奥运会不仅是有史以来最为成功的奥林匹克运动大会之一，而且为人类体育文化留下了一份独一无二的宝贵遗产。一方面，作为当代体育主流的西方奥林匹克运动在该年度达到了一个发展的顶峰；另一方面，伴随着奥运会的现代体育运动旋律，在西方奥林匹克浪潮的澎湃与激发之下，作为中华传统体育核心代表的武术也在以北京为中枢的广袤大地上显现出了引人注目的全新特点。以奥林匹克为代表的西方现代体育运动与以中国武术为象征的东方

体育文化在中国的首都共同达到了各自发展的时代高峰，这种看似巧合却又并非偶然的现象不仅成为北京2008年奥运会上的一道靓丽风景，同时也构成了21世纪中国体育文化发展中的一段独一无二的历史轨迹，并且触发了不少有识之士关于当代中国武术发展的各种思考。如果从当代中华民族复兴的全新语境重新审视这一重大历史事件，2008年武术文化与奥林匹克运动的汹涌激荡则又显现出了更为明晰的象征意义。

（一）奥运火炬接力彰显的大国崛起背景

在北京奥运会之前，关于中华民族当代和平崛起的认识已经在国内外比较广为流行，“大国崛起”的观点在国内不同的阶层反响强烈，这一背景在2008年随着北京奥运会的举行而更加得到了彰显。第29届奥运会在北京举行本身就是中国当代综合国力发展的一个有力体现，奥运会前夕政府与民众面对“汶川大地震”以及全球火炬接力风波所展现出的团结、勇气与效率极大地震动了世界，接下来上演的北京奥运会开幕式中国传统文化元素盛宴则再度激起了全世界的惊叹。以北京奥运会为引线和平台，2008年中国政府所呈现出的综合国力、独特智慧、宽广胸襟与全新的形象等给世界各国留下了深刻的印象，全球主流媒体纷纷撰文称赞中国的非凡成就，即使一贯喜欢以有色眼镜看待中国的西方舆论也心悦诚服地发出了“强国回归”“盛世中华”的感慨。以29届夏季奥运会的举办为象征，在2008年，中华人民共和国以一个稳健崛起的大国形象震撼出场，中华民族和平崛起的时代主题由此正式开始深入人心。

当然，中华民族当代崛起这一主题的凸显也伴随着一系列意料之中或出人意料的国内外“插曲”。2001年7月13日申奥成功之后，善良的中国民众大概不会想到2008年会在国际上受到异同寻常的反对和挑战。当奥运会临近开幕之时，西方国家掀起了一场前所未有的反华浪潮，以CNN、BBC等为代表的西方主流媒体对中国进行了大量歪曲报道甚至是公开侮辱，中国按照奥运会惯例在全球传递奥运圣火的过程，也遭到了前所未有的抗议和阻挠[①]，从古希腊奥林匹克竞技场圣火采集仪式中的噪音到比利时布鲁塞尔欧盟峰会上“记者无国界”的闹局，从巴黎圣火传递过程中媒体、政客的百般刁难到相关国家元首抵制北京奥运会的拙劣表演，西方政治力量的挑衅、各种不法分子的破坏以及国际右翼势力的恶举等共同拼凑出世界奥林匹克运动史上一幕典型的负面场景，同时也构成了 2008 年北京奥运会开幕前夕一首短暂的灰色小调。2008 年 4 月 6 日，中国女孩周岫在英国伦敦街头凛冽的寒风中号召大家支持奥运火炬传递的泪水和行动感人肺腑，同时也显示出了在那样一种相对孤独和弱势的异域氛围中一个中国女孩的坚强和热忱。[②]4 月 7 日下午，在巴黎埃菲尔铁塔进行的奥运圣火环球第 5 站传递活动中，面对“藏独”分子突如其来的冲击，英勇的中国少女金晶毫不畏惧，用残弱的身躯坚强地捍卫着奥运精神……奥运圣火全球传递过程中，无论是大陆民众还是海外华人、留学生，世界各地的炎黄子孙表现出了步调一致的进取精神，共同谱写出了齐心协力护卫圣火的爱国壮举。从伦敦到巴黎、旧金山、布宜诺斯艾利斯等，圣火的光芒在一路前行中愈加灿烂，西方始作俑者围绕圣火的蓄意挑衅和拙劣演出反而成为 2008 年奥运盛会的一种另类赞歌，在中华民族当代崛起的稳健步伐中最终也都成为了历史的衬托乃至笑料，由其反衬和烘托出的当代中华民族坚定不移的整体爱国形象，也随之成为当代体育文化发展史册的一幕永恒定格。

有关 2008 年奥运会前夕西方媒体对中国大肆批判的原因分析中，有一种观点比较占据主流，即西方国家不习惯中国的崛起。这种观点是基于两个判断，一是中国确实崛起了，二是西方因为不愿意看到中国的崛起而千方百计地阻碍。[③]事实证明，2008 年北京奥运会好似一面显微镜，淋漓尽致地显示出了西方政客对待中国态度的真实嘴脸；2008 年北京奥运会又犹如一道亮光，纤毫毕现地照亮了当代中华民族崛起之路上的真实国际环境；2008

---

① 贺军，陈功：《奥运圣火传递受干扰引发的战略反思》，《南方周末》，2008 年 4 月 30 日。
② 李波：《圣火传递与大国境界》，《北方周末报》，2008 年 4 月 17 日，第 14 版。
③ 佚名：《奥运圣火是一面镜子》，http://blog.sina.com.cn/s/blog_49d1ce9c01008y3q.html（2008-04-24）。

年北京奥运会火炬传递过程中的波折，也极具象征性地表明了中国的和平崛起之路绝不会一帆风顺。[①] 北京 2008 年奥运会之际，恰逢改革开放 30 周年，1978 年以来的社会主义建设成就有目共睹。[②] 历经 30 年的改革开放发展，中国无论是在政治、军事还是在经济、文化方面都取得了举世瞩目的飞跃，从应对世界金融危机到援助非洲不发达地区，中国都表现出和平崛起的大国姿态和大国作风。回首历史，以奥运火炬全球传递为标志，在各种客观困难与人为因素所共同造成的严峻危机中取得空前成功的 2008 年北京奥运会，不仅鲜明地彰显了中国和平崛起的宏观背景，同时也用一种生动而独特的体育文化姿态吹响了中华民族和平崛起的时代号角！

（二）北京奥运壮举呈现的中华崛起盛宴

2008 年 8 月 8 日，风格浓郁、内涵精微、传统特色与现代科技融为一体的北京奥运会开幕式盛装亮相，太极拳等源远流长的中国传统文化在自信而自然的展示中，赢得了世界媒体的普遍赞叹。以西班牙国家电视台、英国广播公司等为代表的西方主流平台指出，“开幕式充分显示了中国人的自信，完美地将中国传统文化和现代中国的风采结合在一起。”[③]通过奥林匹克运动会这一最具世界影响的当代体育平台，中华民族文化以自身一脉相承的宏阔与精微给世界人民演出了一幕奥林匹克运动史上的东方文化传奇，影响之大堪称震古烁今。从 2008 年奥运会至现在已经有 9 年左右的时间，回顾北京奥运会的成败得失，如今人们更为看重的事实并非是高据金牌榜首的显赫战绩以及建立在高额经费投入基础上的竞技体育冲奥雄心，奥运开幕式上太极拳等中华传统文化精髓及其与现代科技交融所呈现的时代英姿则是最让

---

① 宁财神：《从韩国奥运火炬传递看大国崛起的艰辛路途》，http://blog.sina.com.cn/s/blog_4c50f9f4010097ey.html（2008-05-02）。

②（英）马利得：《奥运火炬点燃中国民族情绪》，http://www.ftchinese.com/story/001018699/（2008-04-16）。

③ 李舫：《重拾中华民族传统文化的自信》，http://www.hljnews.cn/fou_zt/2008-08/13/content_186482.htm（2008-08-12）。

绝大多数人难以忘却的首选奥运记忆。

在激烈的申奥竞争中，北京能够脱颖而出本身就是当代中国综合实力的一个现实例证，而2008年北京奥运会的成功则无可辩驳地证明了中华民族当代国际地位的显著提升。[①]据报道，8月8日北京奥运会开幕式上与会的80多位国家元首、政府首脑开创了各国领导人参会的奥运纪录，时任国家主席胡锦涛在人民大会堂隆重欢宴出席北京奥运会贵宾的盛况在新中国史无前例；国际奥委会所属204个成员国（地区）参加了本届奥运会，北京奥运会期间双边会晤的规模与密度之大，在世界外交史上同样绝无仅有。[②]正如一些国外媒体所述："奥运会令世界瞩目北京和零距离地接近一个和平崛起中的世界大国"。美国《时代》周刊则直言不讳地指出："当奥运会主火炬点燃时，全世界见证了一个确凿无误的事实：中国回来了——在荣誉的光环下。"[③]

（三）北京奥运会折射的中华国民心态提升

从举办奥运会这一宏观背景出发，2008年北京奥运会恰似一个明净的窗口，直观而清晰地呈现出当代中华民族稳步崛起的宏观时代语境，而北京奥运期间发生的一些显著事件，同样非常贴切地折射出历经三十多年改革开放过程后以理解与宽容为主流的当代中华国民心态。[④]奥运圣火在希腊采集之时，面对骤然发难的极端分子，北京奥组委主席刘淇波澜不惊的稳健姿态使世人印象深刻，而奥运比赛期间媒体和公众对于郎平、刘翔的积极反应则

① 杨桦：《2008年北京奥运会对提升中国国际地位和声望的研究》，《体育科学》2006年第5期，第3—6页。

② 李诗佳：《胡锦涛会见出席北京奥运会开幕式的外国政要》，http://www.china.com.cn/international/txt/2008-08/07/content_16157013.htm（2008-08-09）。

③ 谢栋风等：《外国专家认为北京奥运会将推动中国步入一个新时代》，http://news.163.com/08/0823/12/4K1G3SEM000120GU. html（2008-08-23）。

④ 夏虹，申国卿：《回望北京奥运之年的体育文化遗产》，《武汉体育学院学报》2014年第7期，第41—46页。

更加自然地表征出以宽容、和谐为特征的当代国民普遍心态。[①]能够在奥运会期间对于郎平和刘翔等人表现出如此的宽怀与接纳，对于长期拥有与体育悲情相伴经历的国民大众而言着实非常不易。在北京奥运会之前的相当漫长的历史时期，在多种主客观因素的综合作用下，体育在许多国人的心目中早已被习惯性地赋予了多种象征意义，作为奥运会的主办国家，北京奥运会的金牌在中国人的定位中尤其具有特殊内涵！2008 年北京奥运会上释放出的这种豁达而真诚的中华国民心态或许在相当程度上表明，以 2008 年北京奥运会为象征，承载着为国争光的传统悲情从水深火热的近代转型语境中一路走来的中国体育已经迈出了挥别以往使命的重要步伐，当代的中国体育运动正越来越明显地表现出以理性、从容为特征的和谐发展势头，在中华民族固有的自力更生、筚路蓝缕传统以及与时偕行、海纳百川特质等共同作用之下，国人已经深怀着充实、坚定的自信心与客观、务实的理性，开始表现出一种空前的开放发展姿态，清醒而豪迈地面对着文化全球化背景下的激变与突破！认识到这一点，对于理解和把握中国武术的当代发展无疑是非常重要的。反之，如果不能充分感知到当代国民心态整体提升的客观状态，对于中国武术的发展认识也必将难以充分契合现实。

（四）奥林匹克之风激发的武术文化浪潮

伴随着祥云火炬传递过程中全球华人的众志成城和奥运会开幕式美轮美奂的中国传统文化演出，伴随着北京奥运赛场中华健儿的勇往直前和广大人民对于竞技成绩的理解与宽容，2008 年奥运会合着中华和平崛起的旋律，在中国首都北京创造了现代奥林匹克运动的一个空前高潮。与此同时，在奥林匹克运动之风的激发与推动之下，中国武术同样在 2008 年接连上演重大精彩举措，在奥林匹克运动的节日里恰到好处地演绎了中华传统文化特色窗

① 卢新宁：《奥运时评十五：告别“历史悲情”我们拥抱世界》，http：//2008.people.com.cn/GB/128225/128442/7642702.html（2008-08-11）。

口和东方体育文化杰出代表的风姿。除了在奥运会开幕式上以太极拳为主打的传统武术文化演出之外，于2008年盛装亮相的武术文化活动有该年度3月份开始举行的“武林大会”总决赛、6月份席卷电影市场的大片《功夫熊猫》以及以特殊项目出现在奥运会赛场的“北京2008武术比赛”等，它们共同构成了2008奥运之年中国武术发展堪称波澜壮阔的文化长卷。

1.“武林大会”标志的中国武术强势回归

回首2008年的中国武术发展，由央视发起的以弘扬中国传统武术为理念的“武林大会”赛事显然是一个突出的社会焦点。2008年3月6日，中央电视台隆重播出了“武林大会”一周年特别节目“武林盛典”，“武林大会”年度英雄人物、CCTV“武林大会”服装大赛设计大奖以及“武林大会”传统武术论文征文大赛评选结果等也一一现场揭晓；作为周年献礼，中视体育携手国家体育总局武术研究院武术专业期刊《中华武术》，将该年度的三月作为特刊并以“武林大会”命名，著名国学大家季羡林与武侠小说巨匠金庸等各界名流纷纷为“武林大会”挥毫题词，对其深切厚望之情溢于言表。与此同时，“武林大会”还荣登台湾“东南工程”精选的“最具中国特色”大陆地区节目第一名，并随即开始在高点电视台周末黄金强档热播；紧接着的4月份，经过中视体育与韩国传媒公司联合运作，“武林大会”正式走出国门进入韩国市场；10月，CCTV-10以“武林大会”选手为主题制作的3期国庆特别节目，产生了广泛社会反响，该月播出的“武林大会”梅花桩拳比赛，打破了2008年奥运之后全国体育类节目的最高收视率纪录。①由中视体育制作和享有版权、CCTV-5全程直播的赛事节目“武林大会”，如同一股清新而强劲的热力，让传统武术的爱好者们为之深深地自豪。②

“武林大会”捷报频传的不俗表现对于2008年奥林匹克光环下的中国武

① 佚名：《记录“武林大会”》，http://www.cctvse.net/moban1.asp?pid=44（2012-07-15）。

② 中国卿：《从武林大会到WMA——中国武术发展的当代回归与激荡》，《武汉体育学院学报》2011年第2期，第28—33页。

术发展具有重要象征意义。在2008奥运之年的中国首都北京，在铺天盖地的奥林匹克之风中，中国第一款由央视制作的原创武术赛事节目——“武林大会”恰似一艘迎风疾进、逆流而上的文化航母，高举着传统武术的大旗，坚韧不拔地面对着奥林匹克运动的全球节日狂欢，一往无前地穿行在奥林匹克浪潮的滚滚巨流之间，纵使雄关漫道而痴心不改。这种直面时代的文化坚守与发展创新不仅成为2008奥运之年一曲雄壮激越的中国武术时代诗篇，在北京城漫天飞舞的奥林匹克风潮中迸发出中国武术充满时代感的昂扬旋律，而且也在用一种独特的方式透过宏大的奥林匹克舞台悄然警示着我们有关武术发展的战略考量。

2.《功夫熊猫》映衬的中国武术文化张力

北京奥运会开幕前夕，在火热的奥林匹克之风中，以中国传统武术元素为内核的美国好莱坞大型动画片《功夫熊猫》也迅速登陆中国市场，一开始便收获了极佳的票房业绩，并一举跃身为国内首部票房超亿元的动画片。2008年6月20日，在“国粹武术、国宝熊猫”主题与好莱坞现代电影特技双重卖点助推之下，《功夫熊猫》在国内市场首映日即创造了年度进口片票房最高成绩，同期的北美洲市场也高据票房榜首。[①]在这部集成了中国功夫、国宝熊猫和好莱坞制作特技的中外“融合”大片中，充满了从真实出发并富有艺术想象的武术动作场景，中国传统武术元素一经融入好莱坞经典的幽默风格与宏大的场景布局，随即焕发出让人眼前一亮的综合效果，无数的观众随即也为之吸引。《功夫熊猫》在中国电影市场势如破竹的票房成就无形中也引起了国人的思索与论争。在围绕《功夫熊猫》的各方声音中，对其成功的市场效益赞叹不已者有之，对其象征的美国强势文化入侵的警示者有之，更多的则是对于同时期民族电影作品的失落与感慨。然而，环顾各种影评，我们不难发现，当时许多人都没有能够充分意识到这部作品贯穿始终的

① 杨莲洁：《〈功夫熊猫〉收1.35亿元 上映三周票房创纪录》，《北京晨报》，2008年7月8日，第B22版。

对于中国武术的深刻情愫并对之表现出足够的敬意。

众所周知，“功夫”是一个由于著名武星李小龙而享誉全球的特有名词，表面上看起来平平淡淡的两个字里实质上却包含着不易用语言来形容的深厚内涵，而且早已成为中国传统武术在世界各地独一无二的形象载体与文化象征，深深地折服了无数国外民众。《功夫熊猫》这部电影的导演奥斯波恩非常喜爱中国功夫文化，很早之前就已有拍摄这部电影的想法并为之精心准备了长达 15 年的时间。奥斯波恩凭借独特的视野敏锐地意识到 2008 年的中国必将成为全球的突出焦点，因此才将《功夫熊猫》定在 2008 年奥运会的举办地中国首映。在电影首映仪式上，面对着各界媒体和全球观众，这位导演曾经颇为真诚地表白：“这部动画片是我写给中国的一封情书。”对此，即使惯于挑剔的各路新闻媒体评论者在调侃《功夫熊猫》电影娱乐性之时也不得不同样指出“它用了一种极其聪明的方式娱乐了大众，并且顺便还向中国传统文化深深鞠了一躬。”[①]鉴于奥斯波恩导演的武术夙愿及其作品中的武术元素表达，我们显然不难感受出这里彰显的西方文化对于中国武术的真诚敬意，上文中所指的“中国传统文化”无疑自然也是以武术为特色代表的在西方世界享有盛誉的“中国传统文化”！对于这一点，曾有评论者直言不讳地强调到：“在北京奥运会召开的前夕，《功夫熊猫》正在吸引世界上许许多多的普通人更加关注中国。”[②] 对于《功夫熊猫》引发的国人对于民族电影乃至传统武术反思，著名的美国《纽约时报》则指出：“这部电影在中国引起了深入的讨论甚至某种程度上一种自我反省和自我批判，显示了这个民族了不起的自信和野心。”[③]在 2008 年的奥林匹克汹涌浪潮中，来自大洋彼岸的《功夫熊猫》电影在国内的空前风靡，不仅以一种来自西方文化的独特视角和方式意想不到地让世界人民感触到了中国武术传统元素的时代魅力和永

---

① 家钥：《〈功夫熊猫〉：东方武学的西式致敬》，http：//gym214.blog.163.com/blog/static/3669051220097533851799/?mode=edit（2008-06-23）。

② 张熙武：《〈功夫熊猫〉的启示》，http：//blog.sina.com.cn/s/blog_47383f2d0100aanc.html（2008-07-20）。

③ 佚名：《〈功夫熊猫〉刺痛中国文化神经》，http：//world.people.com.cn/GB/57507/7524594.html（2008-07-17）。

恒意义，同时也出人意料地构成了2008奥运之年中国武术文化发展的一个重要内容和一道独特景观，它有力地衬托并彰显了中国武术文化在西方奥林匹克浪潮中的时代形象和历史张力，从而演绎出一种现代奥林匹克运动与中国武术文化相映成趣却又极具启迪的人类体育文化的交融乐章！

3.“北京2008武术比赛”的独特战略象征

“北京2008武术比赛”则是北京奥运会期间上演的另外一个重要武术事件。从2008年8月21日开始至8月24日结束，在5天时间里，它象征着中国武术发展历程中一段不平凡的突破与跨越。以“北京2008武术比赛”为标志，中国武术以一种特殊的身份亮相在北京奥林匹克体育中心体育馆，借助奥运会这一当代最具影响的体育舞台，在一定程度上接近完成了近代以来武术以奥林匹克为镜的一种发展愿景，同时也释放出关于中国武术发展的某种独特文化象征。从1901年清廷废除武举到1949年新中国成立后竞技武术奋斗不息的申奥征程，百余年间的武术发展轨迹充满了步履维艰的上下求索与屡败屡战的无尽坎坷，直到改革开放30载之际的2008年，韵味悠长的中国武术终于在新中国的首都北京取得了一个在奥运竞技赛场上展示自我风采的机会，严格来讲，或许这只是“一个聊以自慰的机遇”[①]，但是，其对于中国武术所具有的重要价值已经足以值得称道。

按照国际奥委会的惯例，任何奥运会的主办方都不能在其主办奥运会期间举行正式奥运比赛项目之外的其他任何一项赛事，因此，对于“北京2008武术比赛”这一奥运会举办历史上“从来没有过的”典型成果，北京奥运组委会执行委员魏纪中曾经明确指出：“这对武术项目来说已经是一个突破。”[②]由此可见，透过“北京2008武术比赛”这一发展成果，中国武术借助奥运会平台所呈现给世人的战略诉求是如此的感人至深！由此我们不仅

① 中国卿：《2008—2012：中国武术的发展激荡与战略抉择》，《武汉体育学院学报》2013年第11期，第59—64页。

② 肖江：《“瘦身计划”限制武术进奥》，《沈阳日报》，2008年7月12日，第A08版。

由衷领略到了北京 2008 奥运之年的一段永恒的武术记忆，而且也情不自禁地产生出另外一种同样价值不菲的联想与启迪——在当前中华民族稳步崛起和奥运瘦身运动的双重时代背景作用之下，“北京 2008 武术比赛”其实极有可能意味着长期的申奥征程已经到了一个临近转折的十字路口，今非昔比的中华民族综合国力决定了当代武术发展接下来很快就将面对一种远景目标和战略路径的新的选择！

（五）北京 2008 奥运催生的武术发展思考

随着第 29 届奥运大幕的缓缓降落，2008 年北京奥运会及其催生的武术文化高潮都已经成为历史。奥林匹克风云与武术文化浪潮澎湃激荡、交相辉映之间所可能孕育的中国武术相关发展启迪虽然引起了个别学者的注意，但相对具有新意与价值的研究文献目前似乎仍极为少见。现有的相关文献资料中，绝大部分都是围绕北京奥运会所进行的奥林匹克发展研究，至于中国武术在 2008 奥运之年的相关表现及其突出亮点等相应主题受到的关注则明显较少，这种状况不仅反映了当代武术发展相对于西方体育运动的绝对弱势地位，体现出武术研究者对于时代敏感程度的不足，同时也显著地影响到有关北京奥运会历史经验与文化遗产的总结与提炼，这种状况既在一定程度上淡化了中国武术在 2008 奥运之年对于中华体育事业的积极价值与相关贡献，也相应忽略了北京 2008 年奥运会举办前后奥林匹克运动对于中国武术发展的推动作用与综合影响，由此也鲜明地实证了武术理论研究长期以来一直难以紧跟并及时反映时代热点的客观现实。

1.“武林大会”反证的竞技武术发展成果

中华人民共和国成立至今，主要包括散打和套路两大核心元素的竞技武术始终经受着争论乃至非议，向奥运靠拢的竞技武术发展战略尤其在民间影响消极甚至受到了众多排斥，也正是在这样的背景下，作为对于北京 2008 年奥运之风的一种回应，“武林大会”正式出现在公众面前，其“还原真实武林，传承功夫精髓”的大会宗旨一方面体现了奥林匹克浪潮中民族体育的一种不亢不卑的坚守；另一方面也为众多传统武术爱好者注入了一股强力的信心。在这样的情形之下，“武林大会”一路前行并且在2008年奥运会开幕前夕达到了一个高峰。然而，令人意外的是，在比赛的过程中所表现出来的传统武术技击现场效果不仅与人们心目中的传统武术形象相去甚远，而且各位海选出来的民间武林高手与现实中的散打运动员竞技水准也无法相比。这种境况通过权威的中央电视台实况画面着实让各界人士大跌眼镜。另外，一些民间武师在比赛中往往还有意无意地使用出现代散打运动的各种实战技法，以及比赛中暴露出的运动员人身安全问题等，反而也从另外一个视角例证了竞技武术散打运动的合理性与实用性。众所周知，散打运动同样是以西方奥林匹克运动为模板发展起来的一个现代竞技武术项目，而以奥林匹克为镜的特征也始终贯穿在近代以来的百年武术演进轨迹之中。从20世纪初期到现在，漫长的发展之路上，西方奥林匹克运动一直好似挺立在中国武术前方的雄峻高峰，壁立千仞、高耸入云，仿佛只能仰视却难以逾越。但是，始自晚清的近代中国社会转型语境从宏观上注定了我们必须直面西学东渐的现实，以武术为代表的民族传统体育项目也不能不像其他文化类型一样，客观地审视西方同类文化的强势地位。这种情形恰如儒家先贤孟子的名言：“山径之蹊，介然用之而成路。”[①]经过多年不懈地坚持，武术一直在与奥林匹克接轨的山间小道上行走，面向世界奥林匹克运动接轨的竞技武术申奥努力的确积极地改变了中国武术在国际体坛的相关地位并且也有效地促进了武术自身的综合完善。在这里，本书无意回避或者掩饰当代竞技武术发展在传统内涵展现等方面依然具有的各种不足之处，只是通过“武林大会”所反映出的一些主要问题由衷地感知到了现代散打运动的相关合理性，由此进一步回顾新中国成立以来武术沿着体育运动的发展轨道，油然产生了上述认识。置身于近代以来的历史转型语境乃至新中国的相应国情之中，武术的发展确实难

① 王天柱：《除去茅塞》，《绵阳晚报》，2008年8月27日，第B2版。

以脱离相关阶段的现实环境而选择与奥林匹克接轨之外的其他现代化发展路径。对于这一点，在中国首都北京举行的2008年奥运盛会以其无与伦比的规模、影响及其有口皆碑的综合成就显然做出了富有说服力的例证。由中央电视台等发起的旨在还原武术技击本色的“武林大会”，其初衷无疑是积极的，但结果却在一定程度上证实了竞技武术发展选择的某种历史合理性。

2.“2008奥运”启示的武术发展战略转型

事实上，国内一直对武术的发展方向存在不同看法。北京奥运会上的武术精彩亮相让人振奋不已，同时也把2008年奥运会后不再具有主办国优势的武术发展问题再度彰显出来。相关武术工作者对此也有着较为清醒的认识。在北京奥运会开幕式之前，国际武术联合会主席于再清就曾经表示：“既然武术连2012年奥运会的5个候补项目都没有入围，那么至少10年之内，武术无法进入奥运会。”[①]鉴于于再清主席的相关身份，其上述话语应该被理解为武术已经到了一个发展选择的临界点。以2008年北京奥运会为节点，在后2008时代相当长的时期内，尽管中华人民共和国和平崛起的脚步一往无前，但武术将不得不面临着暂时与奥运无缘的现实。因此，从武术的命运视角来看待北京奥运会，2008奥运之年席卷中华大地的奥林匹克之风似乎又有了新的含义——一方面，热情、向上的奥林匹克运动在友好地向中华民族问候致意；另一方面，成熟、强势的现代体育运动无意间似乎也在中国的首都向中华民族的体育发展表现着平静而又意味深长的问询——2008年之后的中国武术，究竟会是一种什么样的发展方向？初看起来，后2008时代的中国武术发展入奥形势的确是非常不容乐观，但是，如果从相反的视角来思考，或许一切又将迥然不同。中国有句名言叫“行到水穷处，坐看云起时。”[②]抛开奥运瘦身大局对于武术的影响不谈，抛开2008年之后失去奥运会主办国的有利因素不谈，乍看起来，各种因素对于竞技武术的申奥目标

① 中国卿：《太极拳发展特点的当代解读》，《山东体育学院学报》2011年第2期，第45页。

② 宗白华：《天光云影》，北京：北京大学出版社，2005年。

影响似乎很难克服，然而，一旦用一种逆向的思维来看待当前的形势，我们将会发现，上述的一切困难和屏障很可能是在用另外一种形式来为中国武术准备打开一条新的发展路径。暂时挥别竞技武术入奥的梦想，反观内视传统武术承载的博大民族文化内涵和深厚大众历史情愫，用心聆听当代中华民族稳步崛起的时代之音，用一种新思路登高望远，就会发现除了现代奥林匹克运动赛场之外，中国武术其实完全有其他的路径可供选择，2008 年北京奥运会之后的旅程上，中国武术也有充足的时间和空间去思考如何去融入当代中华崛起的宏流以及如何更好地面向全世界展现自己独特而凝重的文化内涵！

极为巧合的是，以传统武术尤其是太极拳为核心内容的相关演出在 2008 年北京奥运会的开幕式上取得了极为引人瞩目的综合影响。以太极拳为展现的中国武术特有的“天人合一”武学理念通过刚柔相济的太极拳动作与富有创意的高科技舞台背景融为一体，行云流水而又灵动自然地表达出中华民族一脉相承的和谐文化特质及其对于人类的伟大贡献。这个极具武术文化特色的节目不仅受到了世界人民的积极认可，同时也深为北京奥运会开幕式导演团队特别是张艺谋总导演所喜爱，是他们公认的所有开幕式表演内容中最为精彩的两个节目之一。[①]在公众看来，北京奥运会开幕式导演团队以及张艺谋总导演的观点可谓明确地表证了世界人民对于太极拳奥运演出的高度评价以及心悦诚服的称道，特别是恰如其分地体现出绝大多数国内民众对于太极拳惊艳奥运的由衷赞叹与无比珍爱。随着时代的进步，中国人民也在不断地成长，中华民族当代崛起的现实更加增添了他们对于自身传统文化的珍惜与自信，他们深深地为以太极拳为代表的中华民族传统文化在世界级舞台上的精彩展现而自豪，他们当然同样期待着包括太极拳在内的中国武术能够走出一条真正适合自身承载的传统文化特质、真正契合当今中华崛起时代

① 林本剑，谷正中，苏荇：《太极世界冠军开幕式表演惊艳鸟巢》，http://2008.qq.com/a/20080809/004588.htm（2008-08-09）。

主题、真正能够让世界各国人民充分感知中华民族全新精神内涵的发展之路！

同样令人印象深刻的是，时任国家主席胡锦涛在2008年北京奥运会结束之时郑重发布了体育强国建设战略，这一举措也再度开启了包括武术在内的中国体育领域新的发展局面。与胡锦涛同志提出体育强国建设战略互相呼应并极具启示的是，时任国家体育总局局长刘鹏同样指出了中华和平崛起背景下有中国特色的体育发展道路的时代意义与战略价值。[①] 相对于两任领导而言，中国普通公民的看法不仅异曲同工而且更为直截了当，有一位中国公民在接受记者采访时认为："奥运会在中国举行，是两个身份的确认：一是中国从体育大国到体育强国的确认，二是中国的政治地位从大国到强国的确认。"[②]如果说上述两位领导分别代表了国家领导阶层与体育职能部门关于新形势下中国体育发展的论点，那么，上述中国普通公民的评论则直观而又明确地表明了广大中国人民对于当前国家发展状态及其所处世界地位的整体性认知。从两位首长再到普通民众，中国人民上上下下心目中都满怀着对于当代中华崛起全新宏观语境的自豪，从中也不难体会出他们对于包括中国武术在内的体育文化发展的期待，这种客观状态其实也蕴含并释放着有关中国武术当代发展无比重要的战略启迪——武术的发展必须要能够积极地融入中华民族崛起的时代语境，服务并助力中华民族和平崛起的时代使命要求并决定了后2008时代的武术发展应该走出一条"符合中国国情、具有中国特色的发展道路"，在体育强国战略的推动之下，2008年之后的中国武术没有理由不以新的姿态在服务当代中华崛起进程中呈现出相应的发展轨迹！

---

① 刘鹏：《北京奥运会与中国体育的可持续发展——在北京奥运城市发展论坛上的演讲》，http://www.beijing2008.cn/Hot_Event/Forum/20090808/901.shtml（2009-08-07）。

② 胡芳：《奥运"IPO"彰显中国实力（金融高管看奥运）》，《国际金融报》，2008年8月9日，第6版。

3.“奥运圣火”映照的中国武术文化生态

如上文所述，在北京 2008 年奥运会前夕，以中国武术为元素，结合“国宝”熊猫与美国好莱坞动画特技大片《功夫熊猫》在国内掀起了功夫影视热潮的同时也引起了观众的热议：“以中国‘国宝’为主角的好莱坞动画大片，影片中所有的东西都是中国的，可为什么拍出《功夫熊猫》的不是我们？”[①]这种以中国武术为引线的热烈讨论甚至于最终成为当时召开的政协十一届全国委员会第二次会议一个焦点话题，在政协常委们之间讨论不息。美国的电影公司借用中国的特色传统文化制作出了这样动人的武术电影艺术作品，实在不能不让人们感慨良多。从这种视角来看，好莱坞动画片《功夫熊猫》又似一方明镜，映照出了北京 2008 年之际奥林匹克光环下的一种中国武术文化现实生态，虽然，这种情况与当代武术整体生存状态相比其实只不过是很小的一个方面而已。对于当代武术文化生态这个较大的题目，本书在此暂不赘述。然而，不必说长期以来竞技武术向着奥林匹克运动靠拢的脚步是多么艰难，不必说当前市场经济激荡下大多数民间传统武术拳种的生存是多么无奈，不必说武术文化在各级学校教育中进度是多么地步履蹒跚，也不必说当代的传统武术发展总是徘徊在社会主流圈子之外……当欧美各国的体育产业经济正如日中天之际，传统的武术经济仍处于“武术搭台，经贸唱戏”的低级水准，在奥林匹克运动会开始因为自身臃肿的体系而进行严格的“瘦身”战略之时，中国武术的状态却是依然正在讨论如何进入国际奥林匹克大家庭，面对着象征当代最新体育科技成果的“祥云”火炬在珠穆朗玛峰上的光芒，欣赏着奥运会游泳比赛中所向披靡的新式仿鲨鱼皮泳衣，感受着奥运田径赛场上计时仪器的高度精确……在几乎所有 2008 年北京奥运会上由先进科技创造的辉煌时刻，我们的武术运动都无法让人与上述“科技奥运”的范例产生直观联系——通过 2008 年北京奥运会熠熠生辉的科技之

① 顾瑞珍等：《“洋熊猫”引起政协常委的热议》，http：//news.qq.com/a/20080704/002733.htm（2008-07-04）。

光，我们不能不对于奥林匹克之风映现的当代中国武术客观生存状态产生比较清醒的认识，同各方面都已经非常成熟的奥林匹克运动体系相比，中国武术的漫漫前路上仍有许多功课要完成，始自近代转型语境至今已历百年的中国武术现代化进程依然需要奋马扬鞭，进取不息！

直观地指出武术的不足，当然是出于对其无比的热爱。对于当代中国武术生存状态的种种挑剔，主要也是希望武术发展的科学道路能够早日畅通无阻，上述所列各种相对于现代奥林匹克运动的不足之处其实并不影响 2008 年北京奥运会前后呈现的人类体育文化高潮及其历史意义。众所周知，2008 年在北京举行的第 29 届夏季奥运会绝不仅仅是一场单纯体育意义上的盛大赛事，综合而言，这届奥运会实质上是中华人民共和国 30 年改革开放成果向世界人民的宏观展现。始自 1978 年的改革开放战略用 30 年左右的努力创造出了以北京奥运会为象征的当代中华崛起的全新语境，同时也日渐释放着华夏人民薪火相传的传统和合文化特质以及自信、自强的当代民族精神风貌，这种宏观氛围通过 2008 年奥运会开幕式和北京奥运赛场内外所释放的中华民族传统文化张力以及社会各界民众的开放包容心态等共同凝聚成一种有关中国武术发展的时代启迪。中华民族的稳步崛起使得当代中华文化面临着一个走向世界的空前机遇[①]，和平崛起的中华民族风范也必然启发着人们对于文化全球化趋势下中国武术文化传播的战略方向与相关路径等重新进行审视与注解！

就中国武术的历史命运与现代轨迹来看，2008 年北京奥运同样可以被视为中国武术告别稚嫩青涩的生命成长，经过了这场在首都北京演出的盛大壮观的“成人礼”之后，经历了百年以奥林匹克为模板的借鉴、摸索之后，终于走到了一个接近嬗变与超越的历史转折点，伴随着缓缓熄灭的第 29 届奥林匹克运动会圣火，饱经沧桑的中国武术终于更加深刻地感悟到自身潜蕴

① 王岳川，胡淼森：《大国崛起需要“大文化”守正创新》，西南民族大学学报（人文社科版）2008 年第 11 期，第 68—75 页。

千年的中华和合文化特质的优秀内涵与时代价值，从此以后，也必然要开始准备冷静而全面地思索当代中华崛起全新语境下自身的战略航向！

2008 年北京奥运盛会的举办及成功，确定了中国从体育大国转向体育强国的战略格局，也显示了文化全球化趋势下分别以中国武术和奥林匹克运动为主体的人类东西方体育文化交融的时代意义及现实影响。从人类体育文化的整体视角以及当代世界的宏观格局来看，置身于和平崛起的中华民族伟大复兴进程与依然强势的奥林匹克运动双重张力之下，后 2008 时代的中国武术发展显然将长期面临一种挑战与转机共存的时代语境。致力于中国武术当代发展的相关行与思和狭隘的民族主义之间事实上又有着明显的区别。①正视并借鉴西方奥林匹克运动各种相关优点也是中国武术科学发展的必需功课。唯有在充分汲取奥林匹克运动发展经验与成功之处的基础上认真结合武术自身的内省与反思，才真正有可能达成汇通中西的武术文化反本开新、特色发展创举并最终为全人类的进步事业做出应有贡献！②在 2008 年的中国首都北京，借助第 29 届奥林匹克运动会的全球顶级体育赛事平台，世界人民全面地领略了一种大国崛起的卓然风采，也印象深刻地体味到了中国武术由于中华崛起而激发的时代动力。以 2008 年为转折点，行将呈现出新的发展状态的中国武术和势头依然不减的奥林匹克运动，正在渐趋勾画出一种文化全球化时代人类体育文化发展的新的主流篇章！

二、2012 年的中华伟大复兴语境以及中国武术文化发展

2008 年的奥林匹克圣火与武术文化高潮在中国体育史上留下了光辉的一页。对于中华民族以及中国武术来说，2012 年也依然注定了不会是一个

① 刘彬：《仰视"光前裕后"的哲学之师——汤一介谈〈瞩望新轴心时代：在新世纪的哲学思考〉》，光明日报，2014 年 1 月 10 日，第 12 版。

② 薛原：《建构体育发展大局观——关于体育改革向纵深推进的思考之五》，《人民日报》，2014 年 1 月 10 日，第 15 版。

普普通通的年度。中华民族复兴的全新语境也决定了2012年的中国武术同样经历了不平凡的社会宏观语境变迁并且描绘了富有意义的发展轨迹。与2008奥运之年的波澜壮阔相比，2012年的中国武术文化虽然没有更为突出的时代壮举，但是，从宏观上而言，其在平稳演进中体现的某些新变以及隐喻的相关新意，对于武术文化工作者而言，应该说也都具有非常值得思考与探究的意义。2012年11月8日通过的中国共产党第十八次全国代表大会报告明确提出了"实现中华民族伟大复兴"的中国特色社会主义建设总任务。同月29日，中国共产党总书记习近平在参观"复兴之路"展览时再度强调了中华民族伟大复兴的梦想。[①]以此为重要标志，作为中华民族传统文化的一个组成部分，中国武术的当代发展由此也开启了一个新的阶段。

（一）中国武术奥运之旅的百年问号

站在新时代的历史起点，展望中华民族伟大复兴的光明前景，深深了解近代以来武术演进历史的研究者都会情不自禁地回想起百年武术转型的艰难过程，从中华民族伟大复兴的时代语境出发，多年来一直以竞技武术"申奥"为主流战略的武术发展方向也必然将无法避免地直面一种醒目的世纪之问。

从1901年清末武举制的废除到2001年新中国申办奥运会成功，整整一个世纪的武术发展中包含了错综复杂的武术历史与文化记忆。从1908年有人通过《天津青年》杂志发出了感人肺腑的"奥运三问"到2008年在北京上演的第29届奥运会宏伟诗篇，历史用体育的独特方式演绎了中华民族绵延了110年之久的复兴之路。通过1932年短跑运动员刘长春孤身一人漂洋过海参加当时的奥运会比赛与2012年中国共产党第十八次全国代表大会隆重召开的强烈对比，80载的时代进步生动地彰显了国家进步与体育发展的

① 中央党校中国特色社会主义理论体系研究中心：《走近中华民族伟大复兴》，《光明日报》，2013年1月26日，第5版。

直观联系。[①]在 20 世纪初期的特殊时代场景中，内忧外患的旧时语境使得著名的“奥运三问”注定难以找出相应的答案，直到 21 世纪之初的当代中华民族复兴语境才使得我们能够用一种新的视野来审视包括武术在内的中华民族体育发展的进程。抚今追昔，透过“奥运三问”这种旧社会民众对于融入世界体坛的真诚企盼，我们一方面为能够享有北京奥运会的光荣与辉煌经历而激动与自豪；另一方面却也不能不直面新的时代语境之下包括武术在内的中华民族体育的全新战略选择问题。

特别值得关注的是，在当初提出“奥运三问”积贫积弱的特殊时期，其实并不缺乏有关武术等中华民族传统体育的国际性辉煌，内忧外患的近代中国转型语境事实上也曾经闪耀着中国武术光华四射的奥运风采。1936 年 8 月，在德国柏林举行的第十一届奥林匹克运动会上，以郑怀贤、金石生、刘玉华、傅淑云、张文广、翟连源等组成的中华武术代表团向现场数万名各国观众和运动员等进行了精彩的武术拳法、器械表演，他们高超的单人、对练武术技法在当时激起了极大的国际反响。[②]同样值得一提的是，参加这届在德国柏林举办的奥林匹克运动会的其他旧中国体育项目由于种种原因而最终全军覆没。中华武术代表团展现的各种武术拳械与旧中国体育代表团其他运动项目的奥运表现形成了突出的对比，在当时的世界奥林匹克盛会上书写了旧中国体育史上的辉煌历史。但是，这一早在 1936 年之际就在奥运舞台取得成功的中华传统体育文化，不但时至今日仍然难以规划出一种向世界人民科学展现自身独特内涵与综合外延的相应形式，而且依然奔波在为成为奥林匹克运动家族的一员而不断调整与改革的惯性轨迹之上。

当然，从中国近代以来百年社会转型的客观语境出发，在融入世界主流体育平台的指导思想作用下，以竞技武术为代表的接轨奥林匹克运动的体育化路径本无可厚非，本书在此提出这一问题，主要是要以此提醒人们，感受

① 张国：《百年圆梦，见证了中华民族伟大复兴的脚步》，《中国青年报》，2008 年 8 月 4 日，第 3 版。
② 刘万春编著：《河北武术》，北京：北京体育学院出版社，1990 年，第 226—229 页。

着 2008 年北京奥运的“百年梦圆”和中华民族伟大复兴的梦想，面对着当年著名的“奥运三问”已经得到的历史答案以及中华民族传统体育发展的全新时代语境，以中国武术为特色载体的中华传统文化发展究竟又能够确立一种什么样的战略导向？

（二）武术“申奥”的全新认知与战略转折

2012 年恰逢第 30 届奥运会在英国举行。2008 年北京奥运会的帷幕刚刚落下，2012 年伦敦奥运会的火炬已经熊熊燃烧，汹涌澎湃的奥林匹克运动强劲地涤荡着 21 世纪初期的武术发展征程，仿佛注定了 2012 年的武术发展在中华伟大复兴新起点上依然要被深深地打磨上奥林匹克运动的时代烙印。

武术在北京 2008 奥运之年没能列入奥运会正式项目一直令人深以为憾，在伦敦奥运会的火热氛围中，伴随着武术成功入围 2020 年第 32 夏季奥运会备选项目的信息，中国武术的“申奥”问题也再一次成为当时的热点。根据新闻媒体的说法，国际武术联合会在瑞士洛桑的入奥陈述效果良好①，不少媒体都一致看好武术在八个奥运备选项目中的前景。②然而，就在这种关键时刻，以国家体育总局武术运动管理中心各位负责人为代表的相关武术职能部门领导的表态却颇为理性。时任国家武术运动管理中心主任高小军在 2012 年新春之际就明确指出“入奥”只是武术的一项重要任务，但并非武术发展的终极目标③，时任国家武术管理中心副主任陈国荣也多次郑重强调，“入奥”并不意味着中国武术去迎合奥运会，重要的是通过这一过程推动武术自身的推广、发展与完善。④

虽然，联系到当时竞技武术与轮滑、空手道、攀岩、摔跤等 8 个项目激烈竞争唯一一张奥运比赛正式名额入场券的客观情景，上述话语难免会给人

---

① 佟阳：《武术进奥运 2020 年有希望》，《华商晨报》，2012 年 10 月 27 日，第 B12 版。

② 王笑笑：《武术争入奥 促文化交流》，《北京日报》，2012 年 12 月 21 日，第 15 版。

③ 陈保磊：《要理智看待“武术入奥”为竞技体育“减负减压”》，http://sports.163.com/12/0119/11/7O4JMOQV00051CAQ. html（2012-01-19）。

④ 曹彧，邵帅：《传承武术内涵 打造品牌价值》，《中国体育报》，2012 年 1 月 12 日，第 7 版。

带来某种程度上的“减压”之嫌，然而，仔细研读两位武术重量级领导的相关语义，其中蕴含或释放的某种有关武术发展导向的战略转折已经不难理解。在北京奥运会四年之后的2012年，面对着欧洲大陆紧锣密鼓的伦敦奥运盛会，面对着竞选2020年奥运会正式比赛项目的有利态势，当时代再一次有意无意地使中国武术站在奥林匹克家族的大门入口之际，应该说，时任国家体育总局武术运动管理中心正副主任的高小军和陈国荣的表态更深层次地被研究者解读为从官方立场对于武术“申奥”战略的理性认知与权威解读，他们淡定的话语和坚定的姿态已经在模糊而隐约地传达出一种武术发展主导方向的重大变革，不管是发展战略转折还是道路方向微调，在长期遵循的以竞技武术“申奥”为主流的发展导向上，中国武术从2012年开始，已经正式表明了对于长期以来发展战略的深刻反思以及相关自身现代化内涵、方向的综合认识。接下来的事态发展则进一步验证了上述武术职能管理部门负责人相关论点的重要性和正确性。2013年5月29日，国际奥执委投票结果正式宣布中国武术在2020年第32届夏季奥运会备选项目的竞争中遗憾出局，这一结果事实上也从国际奥林匹克官方的角度至少对于2020年之前的武术“申奥”战略画上了一个极具象征意义的符号。

众所周知，一般意义上的“中华民族伟大复兴”通常是针对近代以来中国社会艰难转型的宏观语境而言，中国武术的近代转型之路同样充满了艰难坎坷的发展洗礼。以西方奥林匹克为模板、向着西方竞技体育体系靠拢的现代追求在促进了武术竞技运动发展的前提下也使得武术文化付出了不菲的成本。正因如此，始终有一种声音对此相当不认可。[①]客观来看，如果单纯从现代体育的属性出发来认识中国武术的发展，以竞技武术“申奥”为主流的现代体育之路的确无可非议，竞技武术套路屡败屡战而奋斗不已的奥运追梦过程也自然并非所有人都能够真正理解。但是，总体而论，历史悠久而又极富中华传统文化内蕴的武术又的确不仅仅作为一种寻常所指的体育运动而存

① 申国卿:《2012年度的武术文化发展之思》,《山东体育科技》2013年第6期，第15—19页。

在，体育领域的相关范畴也很难包容下宽广宏富的中国武术综合内涵，作为中华民族的一项传统国粹，中国武术究竟适合以什么样的形式、方略向着现代化的目标挺进尤其值得我们仔细推敲。近年来，不少武术资深人士的观点着实也具有较为突出的实践价值——随着现代奥林匹克运动日益严重的商业化运转趋势，现代奥运会已经暴露出了许多致命的负面缺陷，对于这一点，我们应该能够保持充分的理性认识，尽可能地预防现代奥运会的功利性等负面因素影响及其对于中国武术核心价值体系以及整体文化范畴的消极作用[①]，如果从这一方面来审视中国武术向着奥林匹克运动靠拢的战略路径的话，如何真正实现中国武术与现代世界体育最大平台体系的科学对接，实事求是而言，当前可能还没有找到较为理想的路径。[②]

一旦我们把思路转向另外一个视角，联系中华民族和平崛起与伟大复兴的时代主题来探讨中国武术的当代发展问题，则又会感受到一种因为 30 多年改革开放而迥然不同的国外全新宏观环境及其相应氛围。从当前的时代语境而言，应该说中国武术的国际传播已经具备了一种空前有利的战略基础以及发展空间。[③]从适应当代中华民族复兴语境以及服务中华民族伟大复兴时代主题的视角而言，显然，实现加入奥林匹克体系并且成为其中的一个运动项目绝非中国武术发展的理想远景目标，中华民族复兴的时代主题也从国家与民族的战略高度要求中国武术发展能够积极融入这一伟大宏流并且体现出相应的中国特色和中国气质，因此，中华民族复兴的全新时代语境决定了科学的中国武术发展应该具有一种较之以前更具开阔思维、深远视域，同时也更为自主从容的宏观势态。

一方面中国武术置身于中华民族伟大复兴的全新时代为语境；另一方面也同样面临着现代奥运会严重瘦身的不利格局。在奥运持续缩编的现实面

① 中央党校中国特色社会主义理论体系研究中心：《走近中华民族伟大复兴》，《光明日报》，2013 年 1 月 26 日，第 5 版。

② 慈鑫，袁梦佳：《武术“入奥”很难不失本质》，《中国青年报》，2012 年 10 月 29 日，第 8 版。

③ 汪海波：《以长视角与“整体史观”考察中国道路的历史选择》，《光明日报》，2012 年 12 月 6 日，第 11 版。

前，中国武术即便能够如愿以偿地成为现代奥林匹克运动的一名成员，最终也势必难以避免自身的相应妥协乃至异化过程，虽然一般意义上的变革自然不必大惊小怪，但是，对于中国武术某些核心特质的蜕变乃至舍弃则将会使大多数国人难以理解并且实在是得不偿失。因此，怎么样合理地结合中华民族复兴的宏大主题以及全球文化多元融合的时代格局，在积极追求“申奥”基本目标的同时力图尝试保持并合理呈现中国武术文化源远流长的“中国气质”与民族特色，应该是当代武术发展需要集中全力去攻坚的一个核心问题。归根结底，过去的百年奥运之旅是近代转型语境中武术现代化发展的一种客观选择，当前的中华民族和平崛起与伟大复兴语境则又赋予了中国武术全新的战略目标及发展动力，遥望漫漫前路，无论最终是否能够成功达成“申奥”梦想，我们都不仅应该“增强战略定力”①，而且还尤需具有超越时代场域的宏阔视野和薪火相传的“中华气派”！无论从近代以来武术百年转型的历史经验还是当代中华民族伟大复兴的全新宏观语境而言，本书坚信，以国家体育总局武术运动管理中心以及有关政府职能部门领导对于“武术入奥”的理性认知为凸显，在北京奥运会四年之后的2012年，中国武术当代发展航向已经开始合着中华民族伟大复兴的主旋律启动新一轮的战略转折。

（三）商业搏击比赛引发的武术“神话解构”及其市场隐喻

除了竞技武术“申奥”的热点之外，此起彼伏的武术商业搏击比赛也构成了2012年另外一个非常引人注目的现象。据有关统计资料显示，2012年仅在国内主办的世界性搏击比赛就有31场之多，此外，一些著名的中国散打运动员参加的各种世界搏击大赛也不下37场②，空前活跃的武术商业搏击比赛不仅形成了2012年明显区别于以往其他年度的一个突出特征，而且也

① 包尔文，刘莉莉：《开局百日的世界印象》，《人民日报》，2013年2月22日，第1版。
② 佚名：《2012年功夫赛事汇总》，http://sports.sohu.com/s2012/8055/s332463415/（2013-01-10）。

多少有点出人意料地对于中国武术的传统技击形象形成了强烈的冲击。

在如此高度密集的各种世界级武术赛事的影响之下，自然会吸引许多新闻媒体对于相关武术赛事的密切关注，诸家媒体在报道相关武术赛事结果之时也同样会格外在意中国武术运动员的比赛成绩，由此便接连产生了社会各界围绕中国武术传统技击功能的议论。虽然在大多数情况下中国散打运动员都意料之中地成为赛场的胜利者，然而比赛现场双方运动员客观的擂台展现和真实的比赛过程依然无可避免地激发了观众的目光和媒体的关切。长期以来，在大众的心目中，源远流长的中国武术一向与神秘莫测的传统技击威力密切相连，各种武侠小说以及文艺作品中的武术传奇，都直观地体现着国人对于传统武术无往不利的惯性认识和自豪心理。但是，在经历了改革开放以来所举办的日益增多的各种中外武术搏击比赛的现场观感之后，也使得许多人开始逐渐对于武术传统技击风采有了不同程度的动摇乃至疑问。因此，2012 年如雨后春笋般涌现出来的众多中外武术搏击比赛恰似各种紧密衔接的有机催化剂，持续而高效地加快着人们了解与认知中国武术传统技击面貌的时代步伐。与以往习惯了的各种中国武术散打选手获胜的情景相比，2012 年世界搏击大赛上一些知名中国武术运动员接连失利的现实在国人心中留下了深刻的印象。这种情景也开始使得更多的人对于武术的传统技击表现以及当代武术的发展方向进行全面的总结与思考。在以往的冷兵器时代，讲究“一击必杀”的武术传统技击风采的确在战场军阵搏杀中发挥得淋漓尽致，现在的搏击比赛却是一种在保障运动员身体安全的前提下进行的一种依照相关规则展开的体育运动竞赛，双方运动员的技术交流与体育精神的发挥是现代竞赛的主旨，这种时代境遇的差异决定了当今的武术散打运动与以往的传统武术技击已经有了巨大的差异。

另外的一个重要因素还在于，在过去的传统武术鼎盛时期，由于各种历史条件的综合限制，当时能够组织进行的各种较高规格的中外武术正式比赛数目极为有限，这种情况在客观上也助推了武术在中外擂台上“百战百胜”的传说。当今时代，全球化的发展背景决定了越来越多的中外武术交流活动在民众的日常视野中出现，有比赛自然会有输赢之分，现代竞技运动中很难产生从不失败的武林传说，在高度密集的世界级大赛中，武术运动员的输赢成败皆是体育竞技一般规律的正常作用结果，这一点也早已为世人所公认。

回眸往昔，是相应历史阶段的局限与时代宏观环境的闭塞才导致了传统武术技击“天下无敌”的文艺传奇，岁月无声，社会的飞速发展与改革开放的宏观语境正日益推动着传统武术技击的“神话解构”。从这个角度上来讲，我们又不妨可以说，2012 年频繁上演的各种国际武术搏击赛事不仅使得人们对于武术的现代技击功能有了充分的了解与认识，同时还犹如一道绚丽的阳光，在透过历史云层的同时，客观、真实地映照出了某种中国传统武术技击“孕育与成长的土壤、氛围及其根源”①，悄然却又醒目地启示着民众有关当代中国武术发展的开放思维与辩证认知。说起来，传统武术技击的“神话解构”对于享誉世界的中国武术而言自然将会带来一定程度上的遗憾乃至失落，但是，正视这种现象无疑同样意味着中国武术的科学进步与时代发展。2012 年已经成为昨天，关于该年度中国武术在世界搏击赛场创造的胜利荣光及其留下的正常败迹，广大散打运动员与武术工作者既无须格外欣喜，也不必文过饰非，在改革开放的时代胸襟和博采众长的努力自强之中，2012 年所发生的一切成败得失都将确定无疑地成为中国武术的系列发展壮歌和随风而去的历史烟云。

一方面，各种商业赛事的蓬勃发展促进了传统武术技击的“神话解构”；另一方面也向社会和大众传递出了一种有关武术经济发展的积极信息。稳步前行的中国获得了前所未有的发展，这对中国武术的传播提供了坚实保障，也深深地吸引了以 K-1 等为代表的世界各大职业武术赛事品牌的关注。世界顶级的武术搏击赛事联盟 K-1 决定在 2012 年把其发展重心从市场已明显下滑的日本转向蒸蒸日上的中国，以往按惯例在日本本土进行的 K-1

---

① 李成：《感受活生生的博尔赫斯》，《光明日报》，2012 年 2 月 24 日，第 5 版。

全球年度总决赛也一并改在中国举行。[①]当今世界最具规模的终极格斗冠军赛 UFC 则以 2012 年 11 月 10 在澳门举行的大赛作为开启中国搏击市场的战略标志。[②]另外，在 UFC 和 K-1 等世界超一流武术搏击赛事组织的影响与助推下，2012 年相继在国内问世的《UFA》《锐武》等武术搏击品牌也都深怀着对于中国武术搏击赛事的信任与期待，共同烘托出该年度武术商业搏击赛事的火热状态。

上述各种武术搏击组织所掀起的商业赛事洪流，也从另外一个角度隐隐透露出某种与中国武术密切相关的当代发展动力。大部分武术专业工作者们都知道，2012 年初期武术界曾经发生了颇为遗憾的“上官云飞事件”。在一场武术商业搏击比赛中，由于各种原因，年轻的河南省知名散打运动员上官云飞不幸献出了宝贵的生命，之后，以经历了一段时间的沉寂之后，各种武术商业搏击赛事才逐渐步入正轨。中国竞技武术有关运动员人身安全等方面的综合不足在这一事件中暴露无遗，并由此开始了一系列弥补短板的整改完善措施。在此，非常值得强调的是，毫无疑问，正是由于各种商业资本的综合运作才使得各种高端武术国际搏击赛事能够相继出现，也是在各种大型中外商业搏击赛事的激烈竞争之下，才迅速推动了中国武术散打运动水准的整体提高，并显现出武术散打运动竞技体系的不完善，继而促使武术竞技体系迅速进一步向着科学化、标准化目标的综合完善。这方面的一个鲜明的例证便是，据相关媒体报道，2012 年 9 月 11 日，国家体育总局武术运动管理中心正式挂牌成立了武术散打医务监督委员会，此举也标志着武术散打运动当代发展的一个新里程！[③]经过商业资本的资源整合与精心运作，中国赛场吸引了众多世界各种武技流派的一流运动员，他们与中国武术散打选手的同场

---

① 黄德强：《杨澜老公吴征收购 K1 世界顶级搏击赛事落户中国》，《重庆晨报》，2011 年 10 月 21 日，第 42 版。

② UFC 中国：《UFC 未来发展看中国 综合格斗影响力必超足球》，http://sports.qq.com/a/20121030/000412.htm（2012-10-30）。

③ 刘向前：《首届全国武术散打医务监督委员会在北京正式成立》，http://sports.sina.com.cn/o/2012-09-11/21226222359.shtml（2012-12-16）。

竞技也有效地推动了中国散打在取长补短基础上的相应技法丰富及其水平提升，不同类型和风格的世界武技之间的擂台竞争也有力地促进了中国武术散打竞赛规则的相对完善，全球各种先进的商业赛事运作理念和品牌战略路径对于中国武术商业赛事市场的开发产生了极为重要的借鉴作用，由此面临的运动员身份归属及权益分配等各种问题也使得相关武术管理体制改革的战略进程大为缩短。与此联系密切的一个重要事件是 2012 年散打国家队的正式出现。2012 年 2 月 25 日，以古都西安为主要基地的首届中国散打国家队宣告成立。专门成立散打方面的国家代表队，这在以往从未有过。这一创举象征着武术标准化发展取得重要成就，也昭示着各种商业搏击赛事对于中国武术发展的积极影响以及相关武术职能部门面对商业搏击盛行的战略应对。同年 12 月，中国国家散打队在湖南长沙精彩亮相，进行了自成立以来的首场国际商业搏击比赛，这一事件不但标志着中国武术散打运动正式进入国际商业赛事市场，而且也彰显了原国家体育总局武术运动管理中心高小军主任之前发表的“中国武术发展要由散打职业化带头”的相应讲话精神！[①]在此，需要说明的是，蓬勃发展的各种武术商业赛事活动中依然存在着一些与传统武德相矛盾的各种问题，武术散打运动的职业化路径也必然引出社会各界的众说纷纭，但是，所有的这一切，都不能影响到 2012 年武术商业搏击赛事如火如荼的发展格局及其引起有关各界的关注与惊叹，它对于中国武术当代发展所产生的深刻影响，以及映射出中国武术未来产业化发展的趋势，对于当代武术研究者而言都极具重要的战略意义与启迪价值。

（四）武术文化的当代“正能量”

从整体上来看，中国武术在 2012 年的发展轨迹从宏观上体现出一种由最初的相对低迷到中期的分化、激荡再到后期的交响等不平静的态势。年

① 赵蔚林：《中国散打举行总结大会　高小军：武术由散打带头》，《华商报》，2012 年 12 月 15 日，第 B8 版。

初武术搏击赛场上的运动员意外人身事件使得武术的发展前景曾经一度伴随着某种阴影；中期的伦敦奥运之光与武术“申奥”信息也导致了社会舆论与各大媒体的焦点主要关注在奥林匹克方面，国际搏击大赛上一些著名武术运动员的接连失利和中央电视台关于“太极推手”事态的报道又如同一种暗云飞渡之象折射出中国武术相关负面形象的消极影响；末期中国散打国家队首次成功登台亮相与云南矿工拳王熊朝忠收获世界职业拳击第一条金腰带的喜讯则犹如一股雄劲清风，在涤荡半天阴云之际，也使得即将结束的2012年充满了一种催人上进的正能量。特别是熊朝忠这位来自偏僻之地的矿工，以自身的奋斗不息尤其为武林带来了一种久违的励志传奇。

中国武术的漫长历史上应该说一直都不乏武林高手和激动人心的传奇。严格来讲，武术功夫的循序渐进过程其实就是习练者磨砺身心、锻炼意志的长征之旅，这种艰苦的长期求索行为在无形中也对于大众发挥了积极的励志与鼓舞范例。尤其是在贫困交织、苦难深重的旧时代，成千上万的热血青年在经历了普通人所难以承受的武术磨砺之后，开始凭借其辛苦获得的武功技能闯荡谋生，这些人中的若干成名人物也因此而广为世人所认知，单单从这一点来看，熊朝忠的崛起过程的确也难以显出格外不同之处，细细对比起来，最为可能同时也最为突出的区别则是他们所处的时代语境发生了迥然相异的变迁！熊朝忠从2012年11月24日比赛胜利并获得世界拳击理事会轻量级职业拳击金腰带的那一刻开始，不仅彻底改变了中国拳击以往没有世界职业拳王的历史，他自身的拳击比赛每场出场费也从数万元直接跃升至百万元的级别，主流国际体育传媒纷纷将其视为与姚明、李娜等并肩的中国体育新一代传奇人物。”[①]能够成为和姚明、刘翔、李娜等相提并论的当代中国体育国际偶像，我们只能说是中华民族和平崛起以及文化全球化的当代宏观语

① 陈佳堃：《熊朝忠目标统一三大金腰带 在日本人气高于中国》，《北京晚报》，2012年11月26日，第30版。

境造就了这位矿工拳王“一步登天”的命运奇迹！事实上，科学技术一日千里、成功机遇无处不在的当今时代背景为所有立志成才者都造就了一个追求梦想、成就自我的宏观平台，这个时代平台真正期待有志者呈献给世人的是对于梦想的不懈追求和寻梦过程中所展现的深刻、真挚的个体情感以及发自心底的坚韧力量。[①]熊朝忠自小就开始习练武术，后来接触其拳击教练后则转而练习拳击技击，他在云南山区作矿工时一天往往要工作 10 小时之久，报酬却仅仅是 10 多元钱！在走出逆境追求幸福生活的人类本能驱动下，熊朝忠边工作边训练，最终迎来了命运的巨大转机。这种奋斗历程不仅是当代许多武术爱好者现实境遇的体现，同时也反映了当今各界青年在生存的挣扎中为心中之梦而艰难拼搏的客观现实，由此也展现了一种强烈而深刻的武术发展启迪——有朝一日，如果成千上万年轻的心灵都能在武术的现实生态中联想到与自身向往和追求息息相关的前进动力，那时，中国武术所承载的积极价值与时代能量也将自然而然地在现实生活中一览无余！一旦联系到中国武术的当代发展，矿工拳王熊朝忠的励志传奇或许又包含并将引发另外一种视角的武术发展之问——如果说为中华伟大梦想奋斗的时代主题已经使得当今的每一位个体都具备了为梦想而拼搏的现实语境，那么，对于中国武术当代发展而言，在竞技武术多番精简革新而成的长拳、太极拳等“申奥”项目之外，由 129 个“风格独特、自成体系”[②]拳种构成的当代武术又该以什么样的方式来对待其中的大部分成员的发展之梦，并且有效地帮助其合理地实现自己的诉求？

同样在 2012 年岁末，中国诞生了第一位世界诺贝尔文学奖得主——作家莫言。这项重大突破也骤然间成为社会各界的舆论焦点。[③]莫言在获得诺贝尔文学奖之前经历了漫长的艰苦奋斗历程，在本书看来，他在国际文学领域的这一空前成就对于当代中国武术发展同样释放出了一种无比强烈的信心

① 王希子：《〈中国达人秀〉：包容每一个梦想》，《光明日报》，2012 年 1 月 16 日，第 14 版。
② 国家体委武术研究院编纂：《中国武术史》，北京：人民体育出版社，1997 年，第 447 页。
③ 孙郁：《2012 年度中国十大学术热点》，《光明日报》，2013 年 1 月 8 日，第 4 版。

与催人进取的正能量——众所周知，近代以降的百年武术发展历程中，中国武术同汉语书写一样也真诚地呼唤着世界范围内的相关认可与接纳，中国武术薪火相传的和谐文化特质具有普适于全人类的美学境界与生命要义，以奥林匹克运动为模板的武术百年转型历程始终伴随着披荆斩棘与上下求索的奋斗旋律，以熊朝忠和莫言的成功经历为观照，我们同样有充足的理由对于中国武术的未来前景满怀期待，在武术文化正能量的持续积淀、释放与展现之下，与作家莫言以及中国文学具有异曲同工之处的中国武术文化战略发展，也一定能实现激动人心的突破创举！

（五）“美丽中国”与太极推手事件的对比与启迪

2012年，大江南北普遍洋溢着一种与当代中国全新形象密切相关的热流，全国各地涌现的“最美公交司机”“最美女教师”“最美乡村医生”等寻常百姓质朴而清新的形象与情感在社会各界激起了广泛的共鸣，“美丽中国”也因此而被评为该年度出现频率最高的关键词之一，在广大人民的心目中成为一个展现当代中华民族全新精神形态的现实文化符号。[①]在遍及全国的“美丽中国”热潮之中，2012年中国武坛的正态事件层出不穷，但是，发生在该年度的著名的“太极推手风波”也因其极大的社会轰动而成为中国武术发展的一个突出事件。这是由于太极拳习练者自娱自乐而引发的武术事件，不仅与同时期社会广泛倡导、弘扬的“美丽中国”热流形成了鲜明对比，而且还因之凸显了“美丽中国”时代热流下的武术发展意义。借助“美丽中国”的独特视角，透过“美丽中国”与“太极推手风波”的对比与巧合，我们其实同样能够感触到某种与当代中国武术发展息息相关的重要内涵。

2012年秋天，有网友在网络上传了一段经梧太极拳当代传人闫芳的练功视频，这段视频因为其中的一些隔空放人内容而迅速引起了各拳种流派武

① 钟声：《大国之路的精神支撑》，《人民日报》，2012年6月6日，第9版。

术爱好者广泛议论，中央电视台《新闻周刊》也特地以专题报道的形式对其进行了高度关注。此举也进一步使得闫芳隔空放人的太极功夫在全国饱受非议，网络上的各种声音如排山倒海之势呼啸而来，在网络虚拟空间中，各界人士对这一太极功夫展开了热火朝天的口诛笔伐，激烈批评者有之，恶语相向者有之，冷嘲热讽者更是不计其数，其中，也有少数人群表示应该以一种冷静的态度对待这一武林现象。虽然这一事件的主要当事人闫芳不出所料地被经梧太极拳开除了本派“山门”，然而这一“太极推手风波”对于当代中国武术的形象已经产生了较为严重的影响。[①]总体来看，2012年发生的这场“太极推手风波”不管是涉及人员的数量还是影响范围广度，不管是事态发展速度还是社会轰动程度，都堪称是新中国成立以来武术发展过程中极为少见的事例，即使在整个近代以来的百年武术演进轨迹中，这一事件也当属凤毛麟角。所以，其背后蕴含的相关武术发展因素，尤其耐人寻味。

长期以来，武术一直作为一种源远流长的民间大众文化，在人们心目中形成了相应的思维定势。在这种传统“俗文化”特征的影响与作用之下，各拳种流派的武术受众几乎触及与包含了社会的各个阶层，旧时江湖行走的“三教九流”“五行八作”，几乎皆与传统武术有着各种相互联结的因缘。这些人员因为自身生活环境以及相应人生经历的不同而千差万别，他们对于武术的理解、对于人生的看法也更是参差不齐、形形色色。从这个以文化特征为参照的前提条件来看，在各个历史时期，人们产生不同的武术认识应该是正常的，即便是在同一个时代场景下，出现不同的武术观点及相应支持者同样合乎常理。在数千年的历史进程中，其实也曾多次出现过与“太极推手风波”较为相似的事件，当代的中国武术现实中各式“大师”满天飞舞等人们早已见怪不怪。但是，上述各种现象都没有引起太大的社会舆论关注，唯独2012年的太极推手视频酿成了“太极推手风波”，至于这一太极拳事件及其

① 李晓亮：《伪武术表演，是对武学的妖魔化》，《华西都市报》，2012年9月5日，第4版。

影响的真实归因，或许我们还得从当时的社会宏观环境方面去探询究竟。当然，本书在下文认识本身或许亦非常值得各方商榷，我们在此只是想表达出这样一种观点——从宏观背景来看，是社会的进步衍生了“美丽中国”这一极具清新气质与亲和效应的先进理念，在“美丽中国”宏观气象的熏染与陶冶之下，中华民族伟大复兴的时代语境又自然烘托出社会不同领域各种感人至深的“最美现象”，在全国上下深入人心的各种“最美现象”的强烈反衬之下，以“太极推手风波”为代表的当下尚存的相关传统武术不良现象陡然间也因此而显得更加“突兀”，并且也让人甚感厌烦！在中华民族伟大复兴的战略进程中，武术文化是当代“美丽中国”主题的积极建设者而非消极旁观者，中国武术有着丰富的优秀内涵同时也有长期的相应积弊，只有坦诚地正确面对自我不足并持续积极自我完善，中国武术文化才能一往无前并历久弥新，从而顺利而自然地汇入中华民族伟大复兴的宏伟巨流并且积极地发散出自身横亘千年、生动鲜活的“美丽中国”气息！

2012 年发生的这场“太极推手风波”，无形中使得武术在不少人们的印象中产生了某些不良影响。然而，客观地审视这一事件的前后过程，我们便会清晰地感受到当代武林人士对这一事件的迅疾反应。几乎在相关太极视频上传网络的同时，以太极拳习练者为主体的不少武林中人便第一时刻直截了当地表明了反对的立场，一些太极拳师对于视频上显示的隔空放人的超级功夫提出强烈质疑，甚至纷纷要求与视频主人公进行太极拳法的相关交流、切磋，以实际行动验证功夫真伪。这种积极行为也从另外一个方面表明，武术人群是由不同习练者组成的一种综合范畴，我们在批评某些不良武术传统时切记不能把其他一些正态武术元素一概而论。虽然武术人口难免鱼龙混杂，但是当代的绝大多数武术习练者和武术爱好者应该说都是积极、理性的，他们的武术爱好及言行举止不仅一如既往地发散着传统武术文化历史悠久的正能量，而且也正在生生不息、实事求是地建设着契合“美丽中国”理念的中国武术全新形象！

2012 年发生的这场“太极推手风波”，也在一定程度上提示着我们要注意武术的发展必须与当代社会核心价值观紧密融合。传统的民间文化和社会大众特征使得武术习练者的武术认知及其价值观念不可避免地泥沙俱下，这种状态在当代社会的表现即是现实生活中的相关个体在思想认识上仍然表现出核心价值观弱化乃至迷失现象[①]，由此也彰显了核心价值体系建设在当代武术发展中的突出意义。我们知道，在构成武术文化的所有要素中，人应该是最为关键的因素，同时也是武术发展直接的载体和完成者，从人的视角而言，武术的发展实质上就是为了通过武术的方式和过程从而达到相关人的全面完善的最终目的。在当代中华民族伟大复兴的全新宏观语境中，强调武术发展的以人为本，首先要重视的便是通过社会主义核心价值观体系与中国武术的创造性融合，以合理的方式和过程来有效地实现武术习练者的德、智、体全面发展与综合提升。要想达成这一点，高度正视中国武术的传统大众群体特征，牢固确立服务社会大众的核心发展理念，在实现竞技武术规范化创新战略的过程中时刻注意保持面向社会大众的交流反馈机制，积极发挥中国武术传统的教育功能并合理关注广大受众的精神状态与心理诉求，在全力促进社会大众综合素质提升的过程中潜移默化地引导其核心价值观念的养成——概括而言，即在竞技运动的追求之外，当代中国武术更要在“文化自觉”理念的指导下使自身的发展重心下移，战略方向直指以社会大众为主体的广阔民生世界！[②]

人民群众不仅是武术的文化主体，而且还是决定武术发展的关键因素。以社会大众为核心的武术习练者的综合素质影响着武术演进的整体状态。以服务社会大众为主旨的当代武术发展战略重心的确立，将能够有效地把民间大众的质朴气息、参与热情及其对于武术的真诚挚爱与创新潜力全面融入武术文化的现有生存状态，从而助力中国武术焕发出更为丰富多彩的文化正能量，并且使之不断拓展更为广阔的综合发展空间！

① 欧阳康：《中国价值观与中华民族伟大复兴》，《光明日报》，2013 年 1 月 19 日，第 11 版。
② 申国卿：《2012 年度的武术文化发展之思》，《山东体育科技》2013 年第 6 期，第 15—19 页。

三、从 2008 到 2012：中华民族伟大复兴的时代语境与武术战略顶层设计

2008—2012 年，中国武术发展经历了北京奥运会上特殊身份的短暂荣耀和后 2008 时代光环褪去之后的平寂与自省。4 年之中，关注中国武术发展的人们不断地提高着有关武术前进方向的理性认知并且收获了重要的感悟，这方面尤其以相关国家武术职能管理部门负责人的讲话精神为权威例证。在中华人民共和国的武术发展过程中，借鉴和模仿西方奥林匹克运动的举措一直是中国武术发展的主流路径，是始自 1978 年的改革开放战略才使得武术发展日趋拥有了全面审视自我同时放眼未来世界的综合基础与深远视域。在中国现有的传统体制特点之下，对于武术发展起重要作用的相关武术职能部门的观点转变最终还要归因于中华民族当代伟大复兴的全新语境。武术的发展自然要融入当代中华民族的发展主流，为民族伟大复兴积极贡献自己的力量。因此，中华民族的伟大复兴战略决定了中国武术发展应当日渐拓展出更为自主从容与更为高瞻远瞩的中国特色道路，在社会各界齐心聚力共筑中华复兴蓝图的宏观语境之中，中国武术如果依然如故地分外执着于竞技武术“入奥”的惯性历史步调，而不能及时地表现出相应改变与突破，最终必然会面临贻笑天下的尴尬结果。本书认为，至少从 2008 年北京奥运会之时，中国武术的有关决策力量就应该能够深刻地辨明 30 年改革开放造就的当代中华民族崛起对于武术发展的战略影响。在新中国成立至今的长期发展过程中，假若有关决策群体或者职能管理部门能够及早抱定以独立自主为基础的具有中国特色的改革发展战略，那么，中国武术对于当代中华民族复兴的贡献势必也会较之当下更为丰富！

从 2008 年到 2012 年，中华民族的当代腾飞日益启示着人们从全新的时代语境审视中华人民共和国武术 60 余年的发展历程，时代的进步日益映衬出长期以来一直缺少独立自主信念和民族特色道路的武术战略思想及其相应

的顶层设计问题。[①]在各种主客观因素的综合作用下，1949 年以来，我们始终没有能够联系中华民族发展远景来对中国武术的战略路径进行富有前瞻性地科学设计，这种情况虽然有武术之外的其他社会因素的综合影响，但细究起来仍不能不让人与武术自身领域的认识局限联系起来。排除中华人民共和国相应历史时期政治因素的宏观影响，本书认为，这种结果与近代以来长期模仿奥林匹克运动导致相关武术工作者对于民族文化的自信心缺失存在重要关系。近代以来中华民族在世界的相对弱势地位迫使武术不得不开始了以奥林匹克为参照的演进历程，漫长的模仿、靠拢难免无形中使得一些国人模糊了对于中国武术自身传统内涵及其未来前景的整体认知，或许他们因为感受不到国家和民族在可以预见的未来时期内的相关前景，因而开始慢慢忽略了以奥林匹克为镜的武术自强初衷，由此也导致了部分与“顶层设计”联系紧密的武术工作者一味地向着现代奥林匹克体系靠拢，以“申奥”为主导的竞技武术战略也日趋成为中国武术体系现代化之路的代名词，全面接轨现代奥林匹克竞技运动的接二连三的技术规则改革不经意间也逐渐忽视了武术与“有中国特色社会主义道路”的战略联系！今天竞技武术的奥运之路已经明显地远离了中国武术的传统本色，其“高难美新”的发展导向因为竞技武术目前难以“入奥”而处于一种暂时的观望状态，长期以竞技武术为主的发展战略无形中也突出地波及了传统武术的相应发展。由此可见，从国家和民族战略远景出发对于武术发展进行极具前瞻性的顶层设计的重要意义！

诚如《光明日报》评论所述，富有战略视野的顶层设计对于发展的意义极为重要。[②]结合中国武术的实际情况，我们认为顶层设计是为了强调武术发展中的前瞻性认识问题，其主旨也是力图从最高层面探究武术发展战略的现代科学路径，然而，这并不表示我们要忽略乃至否定武术长期发展经验的现有积累及其相应成果，更不意味着我们想要淡化或者排斥人民大众的社会

① 申国卿:《2012 年度的武术文化发展之思》,《山东体育科技》2013 年第 6 期，第 15—19 页。
② 尹汉宁:《顶层设计要倾听基层声音》,《光明日报》, 2013 年 3 月 27 日，第 2 版。

实践与创新努力。[①]社会大众是决定武术存在的主体要素，同时也是决定武术发展的中坚力量。中华人民共和国成立以来的武术发展之路上，某些历史阶段的相关武术发展战略曾经没有能够充分尊重武术的传统大众特色，并且未能充分发挥社会大众对于武术传播的关键作用，此举也影响并限制了武术民众根基的深厚程度及其未来发展的广阔空间。本书认为应以当代中华民族复兴的全新战略语境为指导，深刻反思60余年中华人民共和国武术发展的历史经验，全面推进武术发展战略的顶层设计和总体规划改革创新，积极意义并不仅仅局限在利于审视武术演进的战略远景，其重要价值尤其体现在能使我们尽可能地避免武术路径的阶段性偏离，以此预防武术发展战略的历史性反复乃至人为性变更等。从理论联系实际的层面出发，以当代中华民族复兴为全新起点的中国武术顶层战略设计同样注意彰显武术发展实践的现实性可行与导向针对性，这就要求我们的相关武术工作者尽可能地从民族当代复兴的宏观进程出发设计出与之对应的武术战略线路图和发展日程表，科学把握武术演进路途上的宏观节点和相关应对，同时也要求改革者有足够的信心与魄力突破和改变现有的相关“利益格局”。60余年的积累，早已在武术领域中形成了竞技武术和传统武术等互相交织的各种利益群体，不同的群体又通常与举国体制等当代体育的诸多因素纵横交错，无形中编织了一种盘根错节的复杂势态，凡此种种，既在一定程度上涉及全新武术战略的发展前景，也紧密地联系着武术大众的相关利益及其能动作用发挥。对于现有相关“利益格局”的改革已经势在必行，其时代意义与战略价值则正如相关党报评论员所述：“以中华伟大复兴开创的历史新起点为标志，当代中国体育正在转型，金牌已不再是发展体育的唯一目标”，中国武术拥有上下千年的厚重历史积淀和无与伦比的社会大众基础，“金牌之外的大众武术，天宽地阔！”[②]

从某种程度而言，突出传统武术的发展实践以及对于大众武术利益的强

① 王继晟：《大众乒乓 天宽地阔》，《人民日报》，2013年3月23日，第6版。

② 杨祥全：《根基乍立——新中国武术史之一》，《中州体育·少林与太极》2012年第3期，第1—7页。

调，事实上也与当代竞技武术“申奥”的目标追求殊途同归。根据国际奥林匹克运动委员会方面的相关信息，在拥有投票权的不少奥运会委员看来，中国的竞技武术运动之所以没有最终成为北京2008年第29届奥林匹克运动会的一个正式竞赛项目，除了中国之外的其他各国的民众真正参与程度不高确实是非常重要的决定因素之一。因此，我们一旦转变发展思维，科学规划当代中国武术发展战略与相应顶层设计，随着由竞技武术向大众武术的发展重心转折，在日益广阔的大众武术天地之中，竞技武术的“申奥”应该只是一个时间方面的问题。多年来，为了竞技武术能够成功“申奥”，相关武术职能部门也的确进行了大量艰苦的努力，遍布世界各大洲的各国武术协会组织的飞速发展便是其中的一项突出成绩。但是，限于各种主客观因素的综合影响，取得这一重要成绩的同时尚未切实做好中国武术在各个武协成员国的基础建设工作，相关国家武术习练人员过少的状况必然影响到2008年奥运会之前国际奥委会对于中国武术国际传播程度的现实认知，这一前车之鉴的经验与教训实在不可谓不深。当我们的大众武术真正风生水起之时，也一定便是竞技武术瓜熟蒂落、中国武术枝繁叶茂之日！

第六节 反思：武术百年转型之旅三次思想讨论的历史意义与战略启迪

回顾武术百年转型之旅的前后历程，显然主要是为了从中产生相关的历史经验认识并以之为思路形成相应的当代武术发展战略启迪。基于此，在上文审视武术百年演进轨迹之后，本部分主要围绕20世纪20年代的“土洋体育之争”、中华人民共和国成立初期乃至20世纪80年代前后的“打”“练”关系论辩以及2008年前后的竞技武术申奥反思等武术百年转型旅程上的三次思想讨论，尝试从时代背景、思想特征、历史意义、战略启示等方面对其进行辩证分析和文化解读，力图梳理百年武术思想的演进曲线和跃迁轨迹，分析三次思想讨论之间的历史经纬与内在相通，归纳、提炼百年武术转型之旅一脉相承的文化因子和共性规律。

一、武术百年转型轨迹上三次思想讨论概况及其历史意义

在中国武术近代以来的发展历史上，充满了有关武术发展方向的相关讨论。其中，20 世纪二三十年代发生的“土洋体育之争”、中华人民共和国成立初期乃至 20 世纪 80 年代前后的武术“打”“练”关系之辩以及北京 2008 年奥运会时期的竞技武术申奥思索等在武术发展轨迹上的影响相对显得更为突出，因此，本书特把其视为武术发展的三次思想讨论并针对其历史意义与战略启迪等进行相关探讨。

（一）武术百年转型轨迹上三次思想讨论概况

发生在 20 世纪二三十年代的“土洋体育之争”是中国武术近代发展中的一个尤其突出的历史事件，其主要内容在前文的研究主题中已经有所表述。这一事件主要以 1918 年 11 月 15 日鲁迅、陈独秀这两位新文化运动引领者对于马良“中华新武术”以及教育部倡导“新武术”之举的攻击为导火索，以精武体育会成员陈铁生以及伟大的革命导师孙中山等对于中国武术的坚定维护与支持为开端，之后在中国体育代表团接连失利于国际赛场的刺激下，又陆续有“国术”的积极提倡者——中央国术馆馆长张之江、留洋归国学者的代表性人物吴蕴瑞教授等一大批各界重要人士加入论争，他们围绕以中国武术为象征的“土体育”和以西方奥林匹克运动为代表的现代体育运动——“洋体育”进行了激烈而深入的辩论与探讨，内容涉及了“土体育”“洋体育”的科学程度、健身功能、实用价值、时代意义等，对于中国武术的发展产生了深刻的影响。这场著名的论争随着后来抗日战争形势的激化而告一段落。新中国成立后，围绕武术发展的不同看法同样普遍存在，其分歧

的一个重要体现则是关于武术技击性的继承与传播问题。在新中国武术“体育身份”的基础上，以竞技武术等为主流的武术运动发展中更多地强调武术的体育与健康功能，有关传统武术技击功能的体现则明显处于不对称地位。为此，部分民间武术家及武术工作者纷纷表示武术不能丢掉传统的技击功能，当代武术发展不仅要体现“高难美新”等竞技化追求，同时更要坚持传统技击特性的发挥，把“打”与“练”密切结合起来才是合适的武术发展思路。这种论争，在“文化大革命”前后就已经存在，到了 20 世纪 80 年代前后则进一步彰显，从而构成了继“土洋体育之争”后中国武术百年转型历史上的第二次重大思想讨论。随着改革开放的深入进行及中国综合国力的持续提升，在北京 2008 年奥运会的影响与激发之下，联系当代世界奥林匹克运动日益加剧的“瘦身”形势，围绕后 2008 时代中国武术的发展前景问题也再度成为舆论的一个热点，不少相关文章纷纷见诸报端，一部分人积极支持竞技武术的发展战略，在不少人眼中，2008 年北京奥运会在北京的举办本身就是以竞技武术“申奥”为主体的中国武术现代化发展的一项了不起的成就，然而，其中绝大多数论点都更倾向于有关竞技武术“申奥”的不利因素及其相应前景的忧思，也有部分学者直观地表明了当代竞技武术发展长期缺失传统文化因素的观点，在他们看来，为了竞技武术“申奥”而遗失民族文化特色的现状其实非常得不偿失。[①]随着 2008 年奥运大幕的落下，相关论点的表达也逐渐开始趋于平静，但是，上述社会各界对于武术发展战略航向的热切关注与积极发声，仍然构成了 20 世纪 80 年代以来中国武术发展中的一个重要事件，同时也成为北京 2008 年奥运会前后热烈的奥运风潮中一道与众不同的民族文化景观。

（二）武术百年转型轨迹上三次思想讨论的历史意义

从 1918 年“土洋体育之争”肇始到 2008 年北京奥运会上演，上述三次

① 申国卿：《2012 年度的武术文化发展之思》，《山东体育科技》2013 年第 6 期，第 15—19 页。

思想讨论事件在时间维度上横跨了从20世纪20年代到21世纪初期将近一个世纪的历程，对于其中蕴含或体现的历史意义进行相关探讨，显然是非常必要的。

1.“土洋体育之争”对于中国武术发展道路的重要影响

在上述三次重大思想讨论事件中，关于20世纪20年代前后发生的著名的“土洋体育之争”，学界基本已经有了较为普遍的定论。一般认为，经过这场争论，国人进一步深化了对于体育本质的认识，中国武术的体育身份得以正式确立，以西方奥林匹克运动为代表的现代体育也已经在中国社会各界较为普遍地被认可与接受。①由此，从表面上看，似乎以中国武术为代表的“土体育”与以奥林匹克运动为代表的“洋体育”战了个平手，结局应该是双方皆大欢喜，但事实显然并非如此简单。尽管经过积极据理力争，中国武术有力地改变了当时不少人把其与义和团运动中装神弄鬼之举相提并论的传统认知，并且也让大部分留洋归国学者甚至西方体育专家认识到了中国武术的体育价值和科学表征，但是，即使绝大多数主张“土体育”的中坚人士也可能意想不到的是，虽然中国武术的健身功能从此为西方奥林匹克体育所接受，他们费尽周折所争取到的中国武术体育身份却从一开始就已经注定了长期置身于奥林匹克运动光环之下的命运，在此后以西方奥林匹克运动为模板的现代体育化之路上，中国武术所承载的中华传统文化所特有的有关生命、健康之道的传统认知和动静、内外等哲学范畴的先进理念也开始日渐遭受到被无形中忽略、淡忘甚至有意地被疏远、遗弃的境地。②从这个意义上而论，20世纪20年代前后发生的“土洋体育之争”对于其后的中国武术发展道路产生了非常重要的影响。这场讨论在某种意义上也对于新中国成立以来武术体育化道路的宏观方向发挥了关键作用。

① 谭华：《70年前的一场中国体育发展道路之争》，《北京体育大学学报》2002年第1期，第16—18页。
② 谭华：《70年前的一场中国体育发展道路之争》，《北京体育大学学报》2002年第1期，第16—18页。

2. 中华人民共和国成立初期至20世纪80年代前后关于武术“打”“练”方向的讨论

随着中华人民共和国的成立，武术也开始沿着体育的轨道而持续发展。但是，自1949年以来，对于突出现代体育身份、淡化传统技击功能的中国武术现代体育化发展方向，应该说，武术界内部始终存在着一些不同的声音，这种不同的声音事实上甚至还并不仅仅局限于武术界的内部认知。在中华人民共和国成立以来的竞技武术套路发展过程中，一些毕生研习传统武术的老拳师们始终坚持着对于技击特色应该在武术发展方向上进行体现的观点，以温敬铭等为主要代表的一些主流体育院校的武术发展带头人也同样强调“武术动作要有攻防含义”，由此，这种观点与突出竞技武术套路美感的各种创新发展方向便产生了碰撞与论争。1953年之际，蓝素贞积极吸收芭蕾动作特色、突出武术表演效果而成的绵拳套路在社会上较具影响，后来蓝素贞的绵拳演练套路又由人民体育出版社于1957年正式出版。蓝素贞绵拳新编套路著作出版之后，武汉体育学院的温敬铭教授在赞同其创新精神的前提下对于该书发表了自己的看法，认为该新编套路绝大部分的武术动作都存在芭蕾化的特点，类似于这种方式的武术创造犹如砍掉老树另接新枝，“已经将武术改头换面”。对此，蓝素贞则专门发表了一篇题为《从改编绵拳谈对武术技术的看法》的文章，认为当代武术的技击作用“基本上是消失了”，技击、体操和武舞是构成武术技术的三种彼此不能分割的有机元素并且也决定了今后的发展方向。[①]在“温、蓝之争”的推动下，蔡龙云、吴高明等分别在《新体育》上发表文章，提出了自己对于武术的相关理解。当时，以武术的技击、健身、艺术价值等为中心，各方人士积极加入了关于武术性质、特点以及发展方向等交流之中，呈现出一片热烈的学术讨论氛围。然而，这种积极的氛围最终也因为当时的政治发展所影响。

1957年第4期的《体育文丛》刊登了一篇作者为王新午题名为《开展

① 杨祥全：《根基乍立——新中国武术史之一》，《中州体育·少林与太极》2012年第3期，第1—7页。

武术运动的一些意见》的文章，提出了“消除门派之见”以及健全机构和整理提高等关于促进当时武术运动发展的个人看法与建议[①]，不幸当时正处于“反右”风潮深入开展之际，有人借此对《开展武术运动的一些意见》一文进行了政治层面上的联想，认为其作者王新午是在割裂武术与体育的联系甚至有否定党对于武术部门领导的倾向。[②]以这种批评意见为引线，《体育文丛》接连发表了《驳王新午的谬论》等系列相关文章[③]，对于王新午的观点进行了激烈的抨击。其中，有的文章甚至直接将武术发展与“批右”问题相联系，而《武术工作中的两条路线》等论文则正式将武术发展问题“上纲上线”，作者在文中把围绕武术发展方向的正常学术讨论定性为严重的阶级斗争问题，最后还强调人们对此“必须坚决予以反击”。[④]在这种情况下，当时关于中国武术的发展方向讨论也自然不得不暂时告一段落。直到 20 世纪 80 年代，在改革开放新风的劲吹之下，中华人民共和国成立初期的这种有关武术发展方向的学术讨论才再一次具有了适宜的氛围。

据原中国武术协会相关领导回忆，1978 年 9 月，时任全国人大常委会副委员长的廖承志在接见到访的日本少林拳法联盟时曾与原国家体育运动委员会主管武术的副主任李梦华有过一次较为重要的谈话，廖承志副委员长直接指出：“过去少林寺也是搞对抗的，你们现在的武术成了舞蹈了。”李梦华副主任也坦承：“我们现在搞的主要是表演的东西”，“武术不能光搞表演的东西。”[⑤]1980 年 2 月，原国家体育运动委员会副主任荣高棠也在一次工作汇报会议上专门针对武术发表意见，认为强调美感的武术套路走的是舞台化方向，对于武术发展非常不利。由此，当时的国家体育运动委员会决定开始纠正武术发展方向，然而，这一举措势必对于当时已经开展多年的以竞技武

① 王新午：《开展武术运动的一些意见》，《体育文丛》1957 年第 4 期，第 13—14 页。

② 刘玉华：《对于王新午〈开展武术运动的一些意见〉的意见》，《体育文丛》1957 年第 7 期，第 9—10 页。

③ 陈捷：《驳王新午的谬论》，《体育文丛》1957 年第 8 期，第 11 页。

④ 张非垢：《武术工作中的两条路线》，《体育文丛》1957 年第 9 期，第 1 页。

⑤ 赵双进：《对八十年代武术工作的回顾与随想》，《体育文化导刊》2003 年第 1 期，第 56—60 页。

术为主的各地方性专业武术运动队伍造成巨大的冲击，于是，便迅速引发了当时各省市专业武术队教练员及其主管体育运动委员会领导的强烈反弹，以李俊峰、何福生、钱源泽、潘清福等为代表的多位较具影响的武术教练员联名上书并提出六条建议，他们一致认为，以“申奥”为主旨的竞技武术运动因为事关国家声誉而“必须搞，而且要全力搞好”。在这两种不同呼声的压力之下，原国家体育运动委员会分别于1980年4月、1981年6月和1982年5月等举行了多次武术专题会议，邀请了当时全国的一些知名武术协会委员、体育学院武术教授以及各省市武术教练员们就武术的发展方向各抒已见，像王侠林、姚宗勋、顾留馨、郝家俊、何福生、于海、钱源泽、张文广、成传锐、门惠丰、蔡龙云、温敬铭、马贤达等当时国内著名的武术大家都汇聚一堂。他们从武术发展大计出发，都纷纷发表各自的观点。激烈的观点交锋虽然难以达成一致结论，但突出武术项目特点的观念一致为各方认同，上述几次会议的论争与探讨也为之后的武术发展大方向构建出了大体上的轮廓，1986年的全国武术训练工作会议则明确规定了“突出项目特点，加强攻防技能，严格动作规格”的武术技术训练导向①，应该说这一举措显然就是上述方向论争的重要战略成果体现之一。在众多力主突出武术技击特点者的努力下，武术散手、短兵等对抗性项目的试点工作也在北京体育学院（今北京体育大学）、武汉体育学院和浙江省体委等单位分头开展，分别由温敬铭、张文广、夏柏华等负责，逐步构建出了以套路和散打为主流的现代武术“两条腿走路”的发展战略。从现有的相关资料来看，20世纪80年代初期，正值“文化大革命”刚结束之际，在国家体育运动委员会的积极调动之下，饱受磨难的武术家们堪称是百感交集，特别是一些民间的老拳师，对于国家的重视非常感动，他们长期的压抑与郁闷随即化为乌有，发言时大多慷慨激昂，有的老武术家甚至于以诗言志，热泪盈眶。②他们发表对于武术发展的看法与意

① 国家体委武术研究院编纂：《中国武术史》，北京：人民体育出版社，1997年，第406页。

② 赵双进：《对八十年代武术工作的回顾与随想》，《体育文化导刊》2003年第1期，第56—60页。

见时完全是畅所欲言，毫无保留，朴实而赤诚的内涵溢于言表，显示出了20世纪80年代特有的时代语境以及老一辈武术家一贯的本色与情操。

3. 北京奥运会前夕的武术发展热议

北京2008年奥运会的举办，再一次引起了人们对于武术“申奥”问题的关注，特别是奥运会举办的当年，社会各界人士也纷纷发表有关武术奥运发展前景的各种看法，形成了一种自20世纪80年代以来已经很不多见的武术发展热议。值得注意的是，各种有关武术发展的观点主要见之于以报纸和网络平台为代表的各种新闻媒体报道及论坛之中，真正发表在各种学术期刊上的与北京奥运会相关的武术科研论文却并不多见，在数量有限的相关论文中，一些研究者也主要对于北京奥运会上的武术礼仪问题、志愿者问题、武术科技攻关服务以及北京奥运会期间的武术传播对策等发表了自己的看法，只有极少数的文章对于北京奥运会相联结的中国武术发展命运进行了探讨与思考，其中，栗胜夫等研究者认为在当代奥运瘦身格局之下北京奥运会对于中国武术而言已经是一个非常难得的发展成就，如果继续努力，武术“入奥”的前景值得期待。[①]郭守靖认为2008年奥运会意味着中国武术与西方奥林匹克运动的对话与交融已经开始进入一种新的时期，我们应该立足于民族内涵基础之上，在树立文化自信的前提下改革和创新武术竞赛方式，以此迎来中国武术进入现代奥运会的必然走向。[②]张银行、李吉远等指出，在北京2008年奥运会后，武术的“申奥”战略达成仍然有相当漫长的一段路程，因此，在2008年之后的武术发展中应该首先以武术的普及与传播为重点策略。[③]

① 栗胜夫，杨丽：《关于武术进奥运及办好奥运会武术比赛的若干思考》，《武汉体育学院学报》2007年第11期，第55—60页。

② 郭守靖：《从文化学视角看北京2008奥运会武术比赛》，浙江师范大学学报（自然科学版）2008年第2期，第231—235页。

③ 张银行，李吉远，李成银：《关于“后奥运”武术普及与推广的若干思考——基于国内的视域》，《西安体育学院学报》2013年第1期，第87—92页。

鉴于后2008时代中国武术的战略走向的确难以预料和判断，上述发表在各种学术期刊上的各种武术观点争鸣显然并不算热烈与直接。而以各种报刊和新报媒体为平台的相关武术发展观点则更为直白。例如，2008年7月21日由腾讯网运动频道制作的奥运特别话题《中国武术何时才能走进奥运会》，针对广大民众的关注焦点直接开门见山地发表了作者关于中国武术奥运前景的看法，文中联系当前的"奥运瘦身计划"列举了中国武术发展中长期存在的"表演"误区等不利因素，直言不讳地指出，从当前的综合宏观场景来看，武术的"入奥"之举"已经很难"。[①]另外一家国内的顶级互联网平台搜狐网站同样专门开设"奥运武术"频道，并特别以"中国武术何时进奥运"为热点专题，广邀各方权威人士进行观点的碰撞与交流。此外，互联网媒体巨头新浪及《瞭望》新闻周刊等其他的各家主流媒体也都纷纷围绕武术的奥运之旅以及发展走向问题，组织设计了热烈而又盛大的讨论节目。以北京奥组委执行委员魏纪中、中国武术协会主席王筱麟、著名武术大家张文广、北京体育大学体育传媒系主任易剑东、北京体育大学武术教授吕韶钧以及少林寺方丈释永信等为代表的各方知名人士都满腔热情而又毫不避讳地发表了自己的相关认识与看法。[②]"明知奥运之旅长路漫漫，中国武术为何仍一心要挤独木桥？""中国武术进入奥运会是否就能实现武术的更好传承？"等焦点话题吸引了较为广泛的社会关注，各位专家中认为武术进入奥运会利大于弊者有之，认为进入奥运会并不一定能使武术发展得更好者有之，认为竞技武术之外的社会大众武术发展状况其实相当不错的有之，认为以竞技武术的方式把武术仅仅归类于体育范畴而没有能够从文化层面思考其战略传播的亦同样有之……[③]在不同专家的观点展示中，当代传统武术青黄不接的发展尴尬以及日益体操化的竞技武术演进危机，也通过各家媒体的平台真实地得以展现在互联网背景下的社会大众面前。

---

① 佚名：《中国武术何时才能走进奥运会？》，http://sports.qq.com/a/20080721/000603.htm（2008-07-21）。

② 陈泽伟，张兴军：《武术何时进奥运？》，http://www.sohu.com/a/109124244_157388（2008-08-19）。

③ 张胜利：《中国武术何去何从》，《〈瞭望〉新闻周刊》，2008年第33期，第29页。

二、武术百年转型轨迹上三次思想讨论的战略启迪

20 世纪 20 年代前后的“土洋体育之争”、中华人民共和国成立初期乃至 20 世纪 80 年代前后的“打”“练”关系论辩以及 2008 年奥运时期的竞技武术申奥反思等武术百年转型旅程上的三次思想讨论已经成为过去，然而，它们留下的战略启迪却依旧值得深思。

（一）不同历史时期的宏观语境决定相应阶段的武术发展特征

当我们审视以往不同时期的武术发展之时，常不免为其中的某些历史事件深感不解，对于其中的相关人物的某些表现也同样会有自己的相关看法。在对待中国武术近代以来的百年转型历史轨迹，同样如此。事实上，任何一种文化的发展都无法完全脱离其相应的时代语境。出于各种主客观因素的综合作用，置身于某种时代语境之下的个体通常也难以避免各种相关的时代急流的应邀与反应。另外，时代的进步往往又会使得后人站在新的时代起点产生有别于当初历史事件具体场景的认识与观感，这种情况显然与当初事件发生之时的原始语境有了明显的区别。武术的发展亦然。如果不能够使自己的思维沉静地融入过去的百年武术转型历史语境之中，我们同样难以理解其中相应时期不同武术事件的来龙去脉及其后续势态。离开了 20 世纪初期积贫积弱、山河飘摇的中国社会宏观转型语境，我们也就不能深深地体会到当时社会各界爱国志士披肝沥胆、忠勇报国的一腔真诚，像张之江、陈铁生、吴志青等为武术的清白与科学性而奋起直言，像以吴蕴瑞、谢似颜等为代表的深知西方体育先进性的海归学者们为了中国体育的自强和自新而不遗余力地激辩与论争。如果不能切实地认识到中华人民共和国成立初期面临的生存困境与严峻挑战，我们同样难以理解武术为什么一开始就被严格地界定在体育的范畴之内，并且传统的技击功能也似乎备受限制与束缚，而与此形成鲜明对比的是贺龙等老一辈革命家由于自身在以命搏杀的战场环境下的长期经历，而对于武术的技击功能深为看重，他在中华人民共和国成立后对于武术

发展方向的密切关注也使得后人感慨万千。至于“文化大革命”中的武术相应发展状态，其实留给后人的也并非全是荒唐与激愤，在那种特别的时代背景之下，武术能够艰难前行已经是相当不容易了，相关武林人士在这段历史时期的相应表现虽然让后人有一种五味杂陈的感受，特别是对于武术家的命运尤其心潮澎湃，但是仔细回想起来，当时各种武术事件的出现也实在自有当事人的相应缘由，其中，许多话语的确难以用言语来直观地展示与剖析。当然，无数体育工作者为了竞技武术发展所进行的殚精竭虑的付出，同样代表了近一个世纪以来国人对于拥有世界顶级舞台的衷心渴盼，这种感情与赤诚，显然并非大多数局外人所能够想象与体验。作为武术理论研究者，我们可以作为旁观者理性地概括和抽象不同历史时期的相应发展状态，但这并不能消除历史演进所产生的时过境迁的附带影响。因此，通过相关文献资料的查阅以及相关专家访谈与调研，本书深切地意识到，在对待以往的武术发展问题时，单纯地看待当时的局限（例如武术的体育化之路以及武术“唯技击论”等）其实仅仅是一种理想状态的认识，这种认识的意义也只是在理论层面才能得以突出显现，在现实语境中则尤其需要辩证认识与具体分析。它一方面是马克思辩证唯物主义历史观的反映；另一方面也应该是中国武术发展所特别需要的一种基本原则抑或方法论。由此出发，对于以往的武术发展，我们应该具有的是尽可能多的理解与宽容，在珍惜武术当代发展现状的基础上，理性而清晰地认知武术的转型历史、经验教训并充分凸显武术发展战略设计的科学地位与关键作用。

（二）基于武术文化身份的相关思索

从 1918 新文化运动对于武术的质疑、攻击到 2008 年标志的武术发展十字路口再到 2012 年中华民族复兴语境的时代呼唤，中国武术百年转型历程的三次重大思想讨论事件都显示出相关武术文化身份的战略认知及重要意义。众所周知，中国武术长期以来一直因为自身所蕴含的浓郁传统文化元素而广为世人称道。在近代中国转型大潮中，西方现代文化的全面东渐虽然开启了以奥林匹克运动为镜的武术现代体育化道路，使得武术在不断地模仿与学习中不断推动着竞技运动体系的改进与完善，然而这种发展模式不经意间也日渐淡化、忽略了自身固有的民族文化特质，甚至对于奥林匹克运动具有的相关深层西方文化内蕴也体现得相当不够，如此境况客观上也在一定程度上造成了武术运动发展中文化内涵的长期缺失。正如相关评论所述，当前我们进行的武术发展，主要还倾向于在竞技技术方面去做工作，对于武术的社会功能却关注较少，至于其文化功能则更非常缺失。[①]过于注重运动技术层面的发展追求特别是以“申奥”为引领的竞技武术战略的长期作用，使得中国武术在不断地改变甚至放弃自己的传统特色以之换得一点点地向着与奥林匹克运动接轨的方向推进。这种显著的代价不仅在许多武术界内部人士看来颇为遗憾，而且也引起了相当数量的文化学者的疑惑与非议。

客观而论，单纯从武术的体育功能来看，以“申奥”为战略远景的武术竞技性发展路径并无不妥之处，延续了百年的中国武术奥运之梦也承载着无数国人融入世界的迫切愿望，相关问题主要在于博大精深的传统武术事实上远非一般意义上的体育运动所能概括与包容。早在20世纪80年代之际，时任国家体育运动委员会副主任并主抓全国武术工作的李梦华同样曾经结合自己的实践认知郑重强调要运用中国特色的方法与形态来发展武术，不能照搬西方竞技体育模式，不能造成民间传统武术与竞技武术专业运动队之间的隔阂乃至对立。[②]李梦华副主任的上述观点其实就是在从传统民族特色的视角强调中国武术的厚重文化内涵。随着时间的演进，武术界对于武术的文化属性的理解与认识也在逐渐加深。20世纪90年代的武术教材中也清晰地表明了武术理论界对于武术文化范畴的权威认知：“从广义上讲，武术的定义并不是体育能涵盖的，从功能上也不局限于体育。”[③]另外，“武术是中国的传

① 刘硕阳等：《中国职业体育二十年再破题（下）》，《人民日报》，2013年3月29日，第6版。
② 赵双进：《对八十年代武术工作的回顾与随想》，《体育文化导刊》2003年第1期，第56—60页。
③ 蔺志华，虞定海：《武术的现代流变》，《体育文化导刊》2009年第2期，第112—119页。

统文化之一”[①]、“武术是中华民族优秀的文化遗产之一”[②]、“武术是以中国传统文化为理论基础的一种社会文化活动”[③]等观点在以邱丕相、郭志禹、虞定海等为代表的各位武术专业博士生导师的相关“武术”概念阐释文献中也皆属一贯性的明确理念。但是，上述的各种重要例证显然都难以使得当代体育运动范畴内武术文化属性体现不足的状态得到显著改观。联系到中华人民共和国成立以来的相关社会语境，我们抑或又不难形成这样一种认识——在中华人民共和国的体育运动发展框架内，是特定的历史阶段和相应的国情决定了以体育领域为主流的相关武术文化身份的整体理念认知。[④]

以北京 2008 年奥运会开幕式上太极拳的盛大演出为标志，中国武术一脉相承的传统文化特质面向全球人民展现出了历久弥新的时代风采，经历了近代转型语境的炎黄子孙正日益接近中华民族伟大复兴的战略目标。在绵延百年之久的近代中华转型历程之中，中国武术承载的民族传统文化内核与国际文化交流要义已经成为社会各界公认的中华文化特色窗口与国际代表符号，中华民族和平崛起的时代语境与中华文化大繁荣的国家战略又赋予了中国武术全新的文化起点与广阔的文化空间，一切都预示并注定了当代中国武术发展必然要能够展现出显著超越于体育运动范畴的文化特征！[⑤]如何充分把握当代中华民族复兴伟大创造的珍贵战略机遇，以开放的心态和改革的步调积极融入多元文化交汇的世界宏观发展格局；如何科学整合传统武术文化一脉相承的经典元素，在持续“申奥”的同时精心设计并合理展示武术文化所体现的传统“中国气派”和“中华风骨”，不仅是以服务中华民族伟大复

① 邱丕相：《对武术概念的辨析和再认识》，《上海体育学院学报》1997 年第 2 期，第 7—10 页。

② 郭志禹：《武术理论的辩证思维论析》，《上海体育学院学报》1997 年第 4 期，第 44—47 页。

③ 蔡仲林，汤立许：《对武术概念的再认识》，《湖北大学成人教育学院学报》2004 年第 1 期，第 77—79 页。

④ 申国卿：《2008—2012：中国武术的发展激荡与战略抉择》，《武汉体育学院学报》2013 年第 11 期，第 59—64 页。

⑤ 慈鑫，袁梦佳：《武术“入奥”很难不失本质》，《中国青年报》，2012 年 10 月 29 日，第 8 版。

兴梦想为主旨的当代中国武术发展战略关键，同时也是需要广大武术工作者以及各界武术文化爱好者一致面对的时代难题！由此出发，从武术文化身份的认知及其文化内涵的传播视角来看，当前步履维艰、山重水复的竞技武术“申奥”势态对于全新时代语境下的中国武术发展而言，在某种程度上或许又未尝不是一种相对有利的格局！

第二章　中国武术百年转型历程的个案解读

从鸦片战争拉开中国近代转型大幕开始，中国武术漫漫转型之路演绎了太多的斑驳陆离与世事更迭，诸多内容的嬗变交替、升降沉浮中既有令人唏嘘的沧桑与遗憾，也有耐人寻味的成就与经验，其中的一些个案不仅具体而细微地呈现出中国武术转型的某种线索与缩影，而且也不同程度地隐含着较具当代武术参考价值的某种路径与经验。因此，本部分内容主要以镖局和太极拳发展为研究对象，尝试通过这两种具体武术现象的相应探讨，展示出中国武术百年转型的相关内容。

第一节　镖行江湖：理解近代中国武术文化变迁的一条线索

镖局是中国传统社会一个历史悠远的武术行当，也是近代武术史上一种独特而显著的社会现象。从明朝中叶的萌芽肇始到民国初期的曲终人散，绵延 500 年左右的镖局轨迹生动地演绎了民间草根四海奔波、以武谋生的旧时社会场景，同时也直观地展现出武林人士闯荡天下、率性而为的传统草根本色。以武行镖，惊险的职业生涯饱含着传统江湖的古老法则和生存之道；镖行江湖，多彩的侠义传奇则又透露出中国武术的文化特色与发展信息。

一、镖以武兴：冷兵器时代的民风武韵

据相关资料显示，镖局大约发轫于明朝中叶，尤盛行于清朝时期，“从狭义的角度来讲就是为一些商家、个人提供安全保障的专门机构。”①作为冷兵器时代一种以武术为基本手段的保安机构，顾名思义，这种极具风险的职业对于从业者武术技能显然有着严格要求，因此，“必须具有强悍好武的民风作土壤和武艺高强的拳师作为支撑。”②清朝是中国传统武术发展的巅峰时期，当时全国范围内著名的镖局有36家之多，知名度最高、影响最大的会友、成兴、广盛、源顺等则被尊称为“十大镖局”。③上述“十大镖局”中，位于昔日河北地域的有6家，苏州2家，河南和山西则各有1家，河南赊店广盛镖局、河北张家口三合镖局和苏州昌隆镖局分别系由山西形意拳家戴二闾、弓力拳师安晋元、铁腿锦掌左昌德所开设，苏州玉永镖局总镖头则是武林人称“长眉老道”的河北沧州人张德茂。由此可见，“十大镖局”堪称是清一色的河北、山西武术标志，而同时期享誉全国的“十大镖师”中，也有沧州李冠铭、平遥王正清等至少9人出生在古河北和山西地域。这一现象客观上也正与历史上河北、山西地域民风刚健、拳手众多的尚武传统相契合。

近代研究者一般沿用卫聚贤《山西票号史》和万籁声《武术汇宗》等之说，以创立北京兴隆镖局的山西人“神拳张黑五”为镖师鼻祖。④对此，黄鉴晖《明清山西商人研究》认为，这主要与山西盛行形意拳密不可分，高手

① 朱志斌，魏孟田，张冰：《清末民初武术发展研究》，《体育文化导刊》2009年第10期，第129—132页。

② 王满福，刘映海：《清代镖局与晋商的发展》，《体育文化导刊》2007年第5期，第85—87页。

③ 王宏斌：《镖局兴衰数百年》，《国学》2008年第11期，第11—14页。

④ 万籁声：《武术汇宗》，北京：商务印书馆，1984年，第257页。

辈出的山西形意拳传人可以为来往商旅提供安全保护密不可分。[①]张黑五之所以能够有此殊荣，不仅反映出形意拳的赫赫武威，而且印证了山西的悠久尚武传统与刚劲地域民风。山西古称三晋之地，历史上一直处于北方民族与中原王朝的军阵前沿，频繁战事和激烈拼杀造就了三晋尚武的社会环境，也培育了当地人民习武好勇的浓郁传统，汉朝时期，史书中即有“山西出将”之说[②]，涌现了廉颇、卫青、薛仁贵等一大批杰出的武将，尉迟恭单鞭夺槊，关云长威震三国，杨继业家喻户晓，历代名将的武功事迹脍炙人口。在雄浑武韵长期熏染之下[③]，山西人便呈现出一种淳朴、勇敢的性格特质[④]，从而奠定了以武兴镖的综合基础。有清一代，山西出武状元 6 名，平遥一县之武举就达 55 人，武风绵延，遗响不绝，山西至今仍有拳种 65 种，仅晋中地区就有 38 种之多流传。[⑤]另外，河北镖局众多，也与其源远流长的地域尚武传统有重要关联。河北古称燕赵大地，是游牧民族南下牧马和农耕文明北上挥师的战略桥头堡，历代兵祸联结、杀伐不断，惨烈的战事冲突、无尽的刀兵侵扰一方面塑造了燕赵文化“慷慨悲歌”的突出特征；另一方面也成就了燕赵地域刚健有为的尚武之风。据史料记载，汉代该地域即兵农不分，武风雄劲[⑥]；两宋期间，民间武术组织“弓箭社”等遍布燕赵大地[⑦]；元、明、清以来，燕赵也因其一直作为首都所在地而成为当仁不让的武术文化中心，八卦掌、劈挂拳、大成拳等皆以燕赵为发源地。该地域不仅孕育了张飞、赵云等杰出武将，还尤其盛行“好气任侠”的苍劲民俗，长期以来，以荆轲刺秦、豫让吞金等为象征的燕赵侠义形象已经深入武林志士血脉，好气任侠、重义尚武的民风习俗构成了燕赵武术文化的一张独特名片，也成就了燕赵镖

① 黄鉴晖：《明清山西商人研究》，太原：山西经济出版社，2002 年，第 136 页。
② （东汉）班固：《汉书》，北京：中华书局，1962 年，第 2799 页。
③ 张正明：《明清晋商及民风》，北京：人民教育出版社，2003 年，第 184 页。
④ 丹豫晋：《清代山西镖局起源初探》，《沧桑》2012 年第 5 期，第 22—25 页。
⑤ 李建英，郭贤成，孟林盛等：《略论明清时期晋商对武术的贡献》，《体育与科学》2012 年第 3 期，第 67—70、78 页。
⑥ 国家体委武术研究院编纂：《中国武术史》，北京：人民体育出版社，1996 年，第 28—116 页。
⑦ 谭华：《体育史》，北京：高等教育出版社，2005 年，第 105 页。

局事业的历史辉煌。

二、人在江湖：传统社会背景与镖局生存之道

在中国文化中，“江湖”称得上是个具有特殊内涵的词汇，漫漫历史长河，江湖也始终与武林“有一种微妙的关系”。[①]镖局通达四海，接触对象三教九流、涉及人物形形色色，需要明了社会存在多年的传统法则与各门规矩；镖师行走八方，经历场景林林总总，面临考验五花八门，必须通晓江湖流传已久的春典隐语和绿林行话。客观而言，江湖在一定程度上已经成为旧时镖局业务开展的宏观环境和武林人士安身立命的舞台背景，因此，镖局的世界，“也是江湖的世界”。[②]世道悠久，江湖险恶，500 年的镖局发展历程淋漓尽致地体现着旧时社会的传统法则以及武林人士的生存之道。

（一）镖吃一线，三位一体

中国是个传统人情社会，讲究“出门靠朋友”和“礼尚往来”。[③]镖局业务连通各地，自身又非大规模武装押运的官方经济活动背景，因此，四通八达的社会人脉就非常关键，不仅要有武功、胆量皆为出众的人手，而且还须倚赖镖师的社会声望、武林经验和江湖网络，这一特点也决定了镖局在旧时的江湖语境中，走出了一条依靠武林人脉的运营之路。镖师走镖，主要是防盗贼、强盗，一方面，没有绿林中人的江湖义气与礼让支持，就意味着寸步难行；另一方面，离开绿林，以安保押运为生的镖局也将失去存在的基石。因此镖局与黑道、绿林关系就至为关键。旧时期闯荡江湖被叫作“吃饭”，绿林吃的是“一大片”，镖局则吃的是“一条线”[④]，因此，镖师尤其注重谦

① 张剑峰主编：《寻访武林》，西安：陕西师范大学出版社，2012 年，第 160 页。
② 孙文泱：《品江湖——中国古典小说里的黑白世界》，北京：东方出版社，2006 年，第 1 页。
③ 李刚，郑中伟：《明清镖局初探》，《华夏文化》1999 年第 4 期，第 36—38 页。
④ 刘平，赵良宇：《江湖侠义》，济南：齐鲁书社，2011 年，第 241 页。

让结交绿林豪客，非无奈不以武相搏，平时更时兄弟相称，热情相待，为的即是交好江湖朋友，编织社会网络，经营四方人脉，最终换取一方镖路的平坦。正因如此，镖局的业务一般都有自己的专属线路[①]，如陕西镖局主要行走于豫、鄂、湘西线，山西镖局擅长走闽、浙、湘等险路，北京的北源镖局专门经营承德、多伦一线，源顺镖局因为大刀王五路熟朋友多而主保冀、豫、陕、甘之镖。除了平日注重行镖路线人脉关系的建设，镖局还在行镖过程中格外注意对于绿林朋友的尊敬和谦让。镖车的行途喊镖本身便是向江湖各界致以友好问候，即使不幸遇劫失镖，镖局首先考虑的也是尽可能地动用自身的江湖人脉和社会资源谈判交涉，万般无奈交手之际，也尽量控制分寸，为日后打交道留下余地，类似种种举措，都无一例外地彰显了传统江湖语境中镖行奉行人脉建设的鲜明文化特征。绿林之外，镖局少不得还要和官府上下打点、搞好关系。镖局一般都有相应的官府后台背景，例如著名的会友镖局，其所以位居北京“八大镖局”之首并成为当时全国规模最大的镖局，除了自身三皇炮捶门的武艺基础与江湖影响等因素，与大后台李鸿章的综合资源保障显然也密不可分。可见，各大镖局等能够在东西南北畅行无阻，首先有官府的支持作后台，其次是各水陆码头的帮会组织以及沿途绿林豪客的一路绿灯[②]，而镖局开业之际的“亮镖”仪式实质也正是对自身功夫、后台、关系的现场展示和渲染声威，向各界表明自己的综合实力并借此招揽生意。由此可以看出，以会友为典型，旧时的镖局、官府、绿林之间纵横交错、互相勾连，融汇出一幅传统社会背景下武林人士行走江湖的独特生存状态。[③]

（二）镖行春典与江湖隐语

因为与绿林的密切关系，镖局之人在精通武艺外又须兼习江湖上的行

---

① 李刚，郑中伟：《明清镖局初探》，《华夏文化》1999 年第 4 期，第 36—38 页。

② 贾云峰：《古代镖师的六大戒律》，《文史博览》2009 年第 12 期，第 63—64 页。

③ 张廷兴：《江湖交际》，济南：齐鲁书社，2011 年，第 16、203 页。

规、隐语。为了走镖方便和安全，镖行通常还有一套特殊的自身行业称呼，即所谓“的镖行“春点”。镖局走镖过程中全凭春点作联络暗号，所以，春点也被视为镖行机密，绝不外传。[①]镖行春点通常需要镖局的名师传授，旧时曾有“学会春点，吃饭不难”等说法。[②]春点在江湖上俗称黑话或“行话”[③]，内容非常广泛，从人体部位、武术拳械名称到各行各业称谓，从生活中的衣食住行到社会上的礼节交往等，几乎无所不包，堪称一套完备的专业语言系统。春点不仅是充满传奇色彩的镖行特色元素，也是旧时中国武林和江湖语系的一种特殊现象，其独到的魅力从一个侧面诠释了武术博大精深的文化内涵与多姿多彩的民间特色。各家镖局对于春点都分外看重，以三皇炮捶起家而闻名全国的京师会友镖局所传拳谱，在武功练法的记述之外，就有不少关于江湖礼仪与镖行春点方面的内容。这些极具时代特征的传统武术文化内涵都非常值得后人研究、发掘，然而，就当前的武术文献资料来看，相关内容仍没有引起研究者的充分重视。

（三）“镖不喊沧”及“过沧喊镖”

高度的职业风险和复杂的江湖背景决定着镖局生存之道的独特性，镖师的功夫技能和古老的文化传统则又赋予了镖业行规浓郁的武术特色，例如，著名的“镖不喊沧”之说便极富武林传奇色彩。镖局行镖，要打出自家旗帜并高喊名号借以亮威，但南来北往的镖车，凡途经沧州便须落下镖旗、不准喊号，这一规矩已成为业内共识。[④]这一规矩据传与当地六合拳师李冠铭有关。曾有一外地镖局通过沧州时扬旗喊镖，李冠铭骑马追上，以高超武技使对方心悦诚服。李冠铭之侄李凤岗、李庆临均为清代镖业中声名卓著者，三人皆以侠义武德显扬。著名的北京源顺镖局总镖头大刀王五是李冠铭再传弟

① 杨绍虞：《镖行唇典浅说（中）》，《中华武术》1989 年第 2 期，第 34—35 页。

② 刘延武编著：《中国江湖隐语词典》，北京：中国社会科学出版社，2003 年，第 3—7 页。

③ 居山剑圣：《镖行春典选》，《武魂》1994 年第 11 期，第 44 页。

④ 安世华：《沧州镖局的兴衰》，《中华武术》1990 年第 6 期，第 38—39 页。

子，王五因抗击八国联军而牺牲，其侠风武德倍受景仰。[①]与“镖不喊沧”相应的还有另一则“过沧喊镖”的武林往事。据传一次山西广盛镖局的新手不慎喊镖过沧，总镖头戴二闾无奈接受沧州武师挑战，以一招卓绝的形意拳法既显示了武功境界又巧妙地给足了对方面子，最后双方反倒互成知己，由此成就了一段江湖和谐佳话。经营广盛镖局的祁县戴家是山西最著名的武术家族和镖行龙头，早在清初之际就以武为媒广结天下之士，戴二闾义交沧州武师的经历便是其家族武德传统的继承与展现。初看起来，“镖不喊沧”及“过沧喊镖”表现的是江湖流传已久的武功传奇，细细品味，我们又不难领略上述诸位镖师内在的侠义风尚。由此可见，镖师行镖，非武功出众不能立足江湖，和武功同等重要甚至更为关键的却是个人的德行修养。世上没有常胜将军，武林也不存在无敌高手，虽然镖行长伴风险，但江湖的侠义之道仍在绝大部分镖师心中深存。如果说“镖不喊沧”象征的是武林中人对于武乡沧州的敬佩之情，那么，“过沧喊镖”则反映出了中国武术源远流长的和合文化内涵。据说，旧时镖车上路喊的镖号中，“合吾”即“黑五”的谐音[②]，它既是出于对镖局开山师爷张黑五的礼敬，又表示着对各路江湖朋友的真诚认同，同时也体现了“以和为贵”的中华民族传统思维与核心价值观。

三、镖不离商：传统武术发展的商品经济动因

镖局是以武术为基本手段，以保护物品运输乃至人身、场所安全为主旨的商业服务机构，其产生具有明清之际社会经济发展的影响和驱动背景。镖商不分，镖武一家，镖局的发展过程中不仅始终存在着镖业与武术的双向互动，而且也蕴含着有关商品经济视角下的传统武术发展的启迪。

---

① 质如：《大刀王五和源顺镖局》，《北京档案》2014 年第 3 期，第 54—55 页。
② 赵跃飞：《镖局，冷兵器时代的晋商护符》，《档案春秋》2013 年第 6 期，第 44—47 页。

（一）从羞于言利到以武行镖

有考证指出，镖局的产生最初与一些武术之乡尚武重义的传统侠风有直接关联。早期北方的一些武林人士深怀侠义精神，路遇商旅劫难之时常出手相救并义务护送出境，后随登门求助的过往商旅增多而逐渐以此为业并适当收取报酬，在此基础上便形成了职业的镖局机构[①]，其业务范围也由初期的单纯护送过境客商逐渐扩展至后来涵盖各种领域、分工较细的综合商业体系。例如，根据商业目的不同，其中“人身镖”又有护院、坐店、守夜等具体细分。[②]镖局在押运物品、看护场子之外，还附带帮人汇款、教授武术、保护库丁等，这样又不断与其他社会行业交汇，其业务与中介、担保、钱庄、赌场等各种利益行当交叉衍生出一套武术职业经济链条，商业生存能力也因而得以持续强化。从最初义务帮人安全行商到成为“镖客”有偿服务过往商旅，再到以镖业专门机构加入商品经济的流通，镖局的发展过程实际上鲜明地反映了同时代武术商品经济意识的演变与进化。在旧时“重儒抑商”“重农轻商”等社会观念影响之下，传统武术思维一贯轻视或淡化商品经济意识，再加上“重义轻利”“扶危救难”等传统武德思想的规诫熏染，武林中人已经习惯了长期羞于谈钱言利的传统文化氛围，但是，他们在长期自发互助商旅生涯中逐渐产生收取一定酬物并继而接受相应酬金的意识，无疑是合情合理且自然而然的。毕竟，旧时的小农经济社会，虽然生活节奏不太紧张，一般人还是都要有自己的生活忙碌，互助商旅需要时间和精力的付出，偶尔为之自不待言，频繁义举则必然要影响正常生计，因此，以自身武功和声誉为商品服务商旅的经济意识以及在此基础上形成正规专业护送机构的商业行为便水到渠成。就镖行来看，如果说坦然接受报酬标志着武术商品经济意识的开端，把握护送机遇成为专业镖客在武术商品经济意识指导下个体行

① 哈恩忠：《闲话保镖》，《北京档案》2004 年第 8 期，第 48—49 页。

② 刘东波，马振东，周春太：《镖局的生存空间与民间武术的传承与创新》，《北京体育大学学报》2008 年第 12 期，第 1632—1634 页。

为的出现，那么，镖局的产生及其综合业务的开展则意味着以武术为职业的商品经济意识和商业经济活动在当时已经达到了一种相当的水准。或许，我们又可以产生这样的理解——在商品经济发展的有形作用及无形作用驱动下，武林人士逐渐萌生了以武为商的经济意识，其中的佼佼者及时把握护送商机成立了镖局，在镖局业务的经营过程中，他们又积极的与客商、官府、绿林乃至社会民生的各行各业之间寻求着经济收益的现实路径，从而呈现出一幅以镖局为线索的旧时武术商品经济发展宏观图景。镖局不仅凸显了武术商品经济意识及其商业行为的时代生态，而且也表明当时社会上已经出现了对于这种武术商品经济形态的“认可甚至崇拜”①，它一方面体现出武术自身发展意识的更新；另一方面也反映了关于武术发展的社会观念层面的转变，当然是难能可贵的。②无须否认，武术经济发展在客观上对于相关传统武德观念的确造成了一定程度冲击，但是，从羞于言利到以武行镖，商品经济意识及商业经济行为对于传统武术发展的象征意义与促进作用不言而喻。

（二）镖行江湖的艰辛与荣光

镖行江湖，时刻都有可能与危险相伴，高风险的职业特点，决定了旧时镖师以武谋生的艰辛与不易。③基于生存考虑，镖局对于镖师的武技要求都极为严格，习武者在成为镖师之前也通常先要经过拜师、习艺的艰苦历程，进入镖局后更须刻苦练武、不能松懈。各镖局都师法严谨且有专门的练功场所，镖师空闲之时便相聚习武，提高技能。④镖师除了精通长拳短打、刀枪剑棍、诸般暗器等武技，还须兼习夜战、水战、马战，懂得江湖行规、绿林隐语等，其平日付出的精力与辛劳可想而知。镖师最大的风险来自江湖上不

---

① 谷继建：《镖局裂变是中国产权经济发展的分割点》，《首都经济贸易大学学报》2010 年第 6 期，第 100—104 页。

② 刘海平，徐海环：《对平遥镖局历史发展的研究——以“同兴公”镖局为例》，《体育科技文献通报》2014 年第 5 期，第 118—120 页。

③ 王学泰：《水浒·江湖：理解中国社会的另一条线索》，西安：陕西人民出版社，2011 年，第 11 页。

④ 小可：《源顺镖局》，北京市体育文化工作委员会编：《北京体育文史》第五辑，1990 年，第 132 页。

合作的绿林悍匪，其手段阴险且不乏武技精熟之徒，一旦刀兵相见，着实生死难料，倘若不幸失镖，后果则更不堪想象。据《明清社会文化生态》记述，明清时社会治安恶化，“加以镖局龙蛇杂处，失镖‘情事’时有所闻”[①]，当时镖师的生存状态可见一斑。但另一方面，镖局这种高风险行当也必然为从业的镖师们带来相应的经济回报，特别是一些较大的镖局，如山西同兴公镖局，因为位于著名的晋商所在地而生意兴隆，其镖师一趟走镖赚得的报酬，再加上客商不时地小费赏赠等，收入已经相当不菲。[②]对于出身田畴、辛苦谋生的普通镖师而言，这种薪水足以保障其提升家人生活质量甚至光宗耀祖，也必定引起乡里的钦慕艳羡，从而在某种程度上奠定了镖师在同时代的社会地位。据相关资料记述，晚清时期有的地方甚至将镖师尊称为“达官爷”[③]，可见民众对镖师职业的尊敬与向往之情。此等情况，可以说在一定程度上也象征着近代武林人士的生存范例和传统武术的历史荣光。

（三）镖局发展中的都市现象

相关资料显示，镖局到清代中后期时已遍及各重镇，当时规模不等的上千所镖局中[④]，从北到南，皆位于北京、天津、沧州、太原、苏州等各大城市，北方的河北、山西等地因重要商埠居多，镖局尤其活跃。河北沧州因为京杭大运河纵穿其境而成为南北商贸集散中心；明清时期晋商的经济雄风也使得山西平遥、太谷、祁县以太原为中心而三足鼎立；京师官商云集，所以也是镖行最为会聚之地。清初成立的第一家镖局便在北京，即山西人张黑五在北京顺天府门外的“兴隆镖局”。前门外一带是清朝北京商业最繁华地区，镖局也主要集中在这一区域，西半壁街等地至今仍有镖局旧址留存。会

---

① 王尔敏：《明清社会文化生态》，台北：商务印书馆，1997 年，第 447 页。

② 吉灿忠，邱丕相：《对华北“同兴公”镖局的历史评价》，《中州体育·少林与太极》2009 年第 10 期，第 1—4、8 页。

③ 段丽梅：《明清晋商对山西优秀拳种形意拳产生与发展的影响》，《中国体育科技》2011 年第 5 期，第 60—65 页。

④ 孙文泱：《品江湖——中国古典小说里的黑白世界》，北京：东方出版社，2006 年，第 1 页。

友、永兴、志成、正兴、同兴、义友、光兴、源顺等镖局因其规模和实力在同时代较为突出而并称“京城八大镖局”，其中，会友拥有镖师 1000 多人，在南京、上海、西安等各大城市都有分号，也是当时全国镖行公认的龙头。镖以商立，镖商一体——上述各大镖局在城市发展中的显要地位与突出影响，对此不失为一种直观的实证。

四、镖风维扬：中国武术的历史语境与大众底色

20 世纪 20 年代前后，随着以科技进步为特点的西方资本主义经济、军事的全面东渐和国内军阀战乱的空前激烈，镖局业务空间受到了致命打击，因而从整体上退出了时代舞台。曾经辉煌 500 年前后的镖局岁月已随风而逝，留给后人的思索却仍余音绕梁。

（一）镖行兴衰的历史语境

镖局的产生与明清之际的社会环境息息相关。我国商品经济的发展历史虽然很早，但直到明朝中叶至清代朝康雍时期，才逐渐具有了民间经济自由流通所需的综合条件，由此也衍化出相应的安保需要并催生了各地镖局纷起。由于民族矛盾、阶级对立等因素，清朝社会治安动荡不息，据《曾国藩家书》记载，当时著名的胡林翼携家眷南归，曾遭盗贼抢劫，其状惨不忍睹[①]，与其遭遇相类的还有广东戴姓提督等多人。达官显贵尚且如此，平民百姓经商自然更是难以离开武艺高强之人沿途护卫[②]，这也构成了同时代镖局如鱼得水的宏观社会背景。但随着鸦片战争坚船利炮的轰鸣，近代西方先进武器和文化科技纷纷涌入国门，冷兵器时代所向披靡的华夏拳技便日益失去用武之地，铁道、海关、邮局等新兴力量的出现尤其对于传统的镖行业务

① 张剑峰主编：《寻访武林》，西安：陕西师范大学出版社，2012 年，第 160 页。
② 王尔敏：《明清社会文化生态》，台北：商务印书馆，1997 年，第 447 页。

造成了剧烈冲击，再加上 20 世纪初期军阀割据、混战不息的严酷现实，西学东渐、风云变幻的近代中国转型语境远远超出了镖局以传统武术为基本架构的应对能力，因此，镖局在 20 世纪初期之后开始逐渐淡出大众视野也成了历史演变的必然结果。[①]不可否认，自晚清至民国的这段特殊历史时期，置身于列强肆虐、政府衰败的宏观社会环境之中，面对着民间经济活动勃发的安全诉求，一些镖行精英人士其实也曾顺势而为，主动尝试与时代接轨的方式。据一份光绪三十二年（1906 年）五月十四日的《枪支清册》显示，当时北京各大镖局已经普遍装备了西式先进武器，即使规模一般的永兴镖局等也有不少的各式枪支[②]，虽然他们明智地扬弃了传统武术技击的历史局限，纷纷以先进枪械作为安保的核心手段，但是这种结合原先官办经济活动中武装押运经验的镖局运作模式探索，最终仍不得不接受时代转型所注定的命运结局。1921 年起，北京“八大镖局”先后关闭，以此为标志，曾经书写了一段中国武术近代辉煌的镖行带着无奈和遗憾，告别了往昔无比自豪的历史舞台。

（二）中国武术的大众底色

从总镖头、镖师到一般的趟子手，镖局的从业人员基本都来自社会底层，他们出身贫寒，以武谋生，行镖江湖的轨迹上也散发着平民大众的朴素气息和中国武术的草根本色。山西同兴公镖局的创始人平遥南良人王正清自幼家贫，清代嘉庆年间为生计所迫而至北京面铺，以苦力轧面为业，因酷爱武技，遂以粗壮轧面杆为枪，融武术功法于轧面之中，时人誉称“神枪面王”，其行走江湖，敦朴重义，为当时镖行“华北三杰”之一。[③]驰名大江南北的六路总镖头河北省深县（今河北省深州市）窦王庄人李洛能，在做佃户

① 张剑峰主编：《寻访武林》，西安：陕西师范大学出版社，2012 年，第 160 页。

② 中国第一历史档案馆编：《光绪三十二年京城管理镖局枪支史料》，《历史档案》2005 年第 3 期，第 19—34 页。

③ 哈恩忠：《闲话保镖》，《北京档案》2004 年第 8 期，第 48—49 页。

时得遇戴家心意武技，乃白天种菜、晚上练功，历十年苦修而终成一代宗师。李洛能门下群英荟萃，其弟子初时大都家贫如洗，从事镖师这种职业便相当于有了饭碗，镖头和镖师彼此之间又是师徒关系，师徒的上下致力共同成就了镖局简单而精诚的氛围。[①]说起来，李洛能本来名字叫李飞羽，因其秉性憨厚、口碑极好而又被武林中人称呼为李老农，这一名字乡里味十足，听起来也格外感觉平易可亲。同样的例子还有河南赊店广盛镖局总镖头戴二闾等。戴二闾，字义熊，山西祁县人，出生时因其父感于镖行风险而依当地民俗取名“二驴”，及成名后武林中人为表礼敬乃据谐音改称“二闾”。其他的例子还有太谷武林巨匠“车二”以及“面王”河北肃宁弟子杜老步等等——凡此种种，乡野情调中武术的传统“俗文化”特征和民间大众底色一览无余。[②]

（三）镖局精神的时代价值

镖局受人之托，忠人之事，实际上是在履行和客户之间的一种信托关系。在走镖的过程中，镖师们承载着这种明确的信托责任，栉风沐雨，披肝沥胆，一路高扬着诚信为本的镖局精神，书写了传统侠义之道的武林壮歌。江湖行镖，谦和礼让为先，节制、隐忍是一名镖师的基本修养[③]；遇到地头蛇百般刁难或者绿林强盗巧取豪夺之时仍尽力好言相对、恭敬周旋；如果实在话不投机非武力不足以解决问题，也总是先礼后兵、点到为止，力争为日后打交道留下余地；而一旦将要失镖的关键时刻，他们则会奋不顾身、以命相搏，用武功和勇气来践行“人在镖在”的职业箴言。武林传承已久的侠义精神是镖师的信念支撑，镖局出行前举行的关公祭祀仪式等便是传统信义道德在镖行深入人心的突出体现，“《清稗类钞》等文献中有很多关于镖局镖师

① 李尧臣：《保镖生活》，中国人民政治协商会议全国委员会文史资料研究委员会编：《文史资料选辑》第75辑，北京：文史资料出版社，1981期，第55页。

② 吕如香：《华中第一镖局》，《档案管理》2010年第2期，第70—71页。

③ 佚名：《传承百年的镖局精神》，《国学》2008年第11期，第18—23页。

的‘言必行、行必果’的文化记载等”[①]也是对此有力的证明。为了最大限度地保障所托商物的安全，各个镖局都规定其镖师之间互相传授武技、经验，此举有力地打破了旧时武术根深蒂固的门派观念和封闭状态；共同面临难以走通的商路时，不同镖局之间也会积极联镖，以团队的方式制胜共赢；镖行中人普遍尊师敬长，一般都会多安排年长镖师在商号尽坐镖之职，尽可能减少走镖所必须面对的旅途之苦与江湖风险。镖师崇尚百折不馁、锄强扶弱的传统价值观，明清以降的武林高手大都有镖局从业经历，其中不乏战胜西洋大力士的爱国纪录等。上述各种元素不仅构成了镖局享誉江湖的精神内核，同时也是传统武术文化体系博大精深的经典所在。如今，镖局的时代已然成为历史，但是，作为中国武术轨迹上曾经的一段丰满记忆，不管是过去、现在还是将来，镖行江湖的风云激荡与民间草根的质朴本色都已经定格为一道中华传统文化的特殊景观。[②]因此，对于中国武术文化当代发展而言，历经沧桑而本色不移的镖局精神无疑仍富有积极的启迪作用与传承价值。

第二节　太极勃兴：市场经济语境下的当代中国武术文化发展

如果说镖局的演进已经约略显示了武术发展中的商品经济关联，那么，近代以来太极拳持续蓬勃发展的良好势态则直接彰显了商品经济因素在武术传播中的重要作用。当代太极拳风靡世界的现状更有力地证明了 20 世纪 80 年代以来的社会主义市场经济语境中武术文化的传播要义，其中的成功动因及其相关经验尤其对于当代市场经济语境下的中国武术发展极具启示意义。

---

① 张春梅，段丽梅：《明清镖局与武术传承关系探究》，《山西师大体育学院学报》2011 年第 2 期，第 66—69 页。

② 陈来：《中华传统文化与核心价值观》，《光明日报》，2014 年 8 月 11 日，第 16 版。

一、当代太极拳发展的政府动因及其经济透视

从 19 世纪中叶杨式太极拳宗师杨禄禅北京公开授拳到今天在全球四面八方的广泛传播，太极拳的发展成就有目共睹。回望历史，不同时期的太极拳演进轨迹自然有着相应的表现特征，透过陈、杨、武、吴、孙等引领的各式太极拳当代盛景，我们同样可以清晰地感受到一种明显区别与以往的综合动因，从经济学视角来看，推动太极拳传播的这种综合动因，则显然又与当代太极拳发展所处的市场经济大环境有着各种直接、间接的关联，其中的内涵与意义，富含启迪。

（一）国家领导人和政府的积极支持是关键动力

回首中华人民共和国成立以来 60 余年的体育文化发展历程，我们很难找到另外一项武术拳种能够像太极拳这样得到国家和政府部门的如此重视和支持，从某种程度上而言，如果离开了政府部门的大力倡导和精心组织，太极拳当代发展盛况将极有可能截然不同。新中国成立以来，毛泽东、邓小平等历届领导人对于太极拳的一贯积极态度在推动太极拳传播方面发挥了非常重要的作用。政府高层的热情倡导无形中自然要影响到相关职能部门的主观能动性，国家武术管理机构持续组织各方力量精心创编而成的各式太极拳、剑推广套路便是明显的例证。在国家武术运动管理中心与各省市体育局等政府职能机构的协调配合下，全国各地纷纷涌现的各种太极拳大型赛会、演练活动在社会各界产生了广泛影响。从 1990 年北京亚运会开幕式中日两国 1500 名太极爱好者的大型联合表演起，无论是 1998 年天安门广场的万人集体打太极，还是创造世界吉尼斯纪录的 2004 年洛阳大众“激情河洛舞太极”；无论是颇为壮观的河北邯郸 30 万人太极拳晨练展示，还是人数空前的 2013 年河南焦作太极拳国际交流大赛，近年来的太极拳大型赛会已经成为当代中国武术发展的一道突出景观，并在世界范围内产生了深远影响。

国家领导人和政府部门对于太极拳的支持，对于太极拳民间传承和地域发展也发挥了关键作用。以陈式太极拳发源地焦作陈家沟为例，新中国成立前的一段时期，这个村的太极拳“几乎走到灭绝的边缘”，在中华人民共和国成立初期的特殊社会氛围中也曾因历史因素等一度无人习拳，直到毛主席倡导打太极拳的语录在报纸上发表之后，陈家沟才有了可以正当练习太极拳的合理依据。为了更好地传承太极拳术，时任陈家沟村支书张蔚珍甚至还用上了“练太极拳可以记工分、给饭吃”等主意[①]，陈式太极拳因此才得以摆脱断代险境并逐渐发展至今天。同样由于各种原因，20 世纪 80 年代以前，武当山的武术习练者还极为稀少，直到 1989 年 7 月，在郧阳地区体委、丹江口市政府与武汉体育学院等共同努力下，“武当有拳”的观念才正式确立[②]，今天，武当太极拳已经伴着“问道武当山，养生太极湖”的政府宣传片名扬四海。众所周知，陈家沟和武当山构成了当代太极拳发展的核心主体，在二者由萧条到兴盛的进程中，各级政府部门的扶持无疑起到了关键作用。

（二）从以武健身到经贸唱戏的轨迹嬗变

不得不承认，市场经济时代大环境正在为我们全面认识太极拳现象提供着一条日益清晰的独特思路。从经济学的视角来看当代太极拳发展中的政府动因，我们不难发现一种从以武健身到经贸唱戏的轨迹嬗变。从 1952 年 6 月 10 日毛主席号召大家参加太极拳练习的“发展体育运动，增强人民体质”亲笔题词到 1959 年 11 月 10 日周恩来在北京体育学院会见日本友人松村谦三时“练习太极拳是一种美的享受”的热情讲话[③]，从 1960 年 9 月 10 日中共中央隆重发行太极拳“揽雀尾”画面特写的“爱国卫生运动”特种邮

---

① 蔡伟：《陈家沟太极拳的武学生态》，《三联生活周刊》2005 年第 6 期。

② 袁正洪：《武当武术被列为国家体育总局武术研究院科研课题》，http://www.hb.chinanews.com/news/2006/2006-07-18/67117.html（2006-07-18）。

③ 中华人民共和国外交部外交史研究室编：《周恩来外交活动大事记（1949—1975）》，北京：世界知识出版社，1993 年。

票到1978年11月16日邓小平在接见国外来宾时"太极拳好"的经典评论[①]，从1999年5月26日时任中共总书记江泽民在武当山视察时嘱咐大家都要学太极拳的殷切嘱咐到2010年5月31日时任国务院总理温家宝在东京公园与日本市民一起晨练的太极外交，中共中央历届领袖倡导太极拳运动的出发点显然主要是为了大众健身，他们的积极倡导与亲力亲为应该说没有经济层面的初衷。事实上，在20世纪80年代之前的历史阶段中，人们的确难以把太极拳传播与社会经济发展联系起来，但随着改革开放进程的逐步深化，太极拳的发展轨迹不可避免地开始日渐打磨上市场经济的印痕。以1989年10月举办的国内第一个传统武术节——首届河北沧州武术节为标志，太极拳与其他传统武术流派一起，正式开启了社会主义市场经济建设语境下的发展嬗变。诚如媒体所述，"政府办节，市场运作，宣传和发展沧州"是沧州武术节的主旋律。[②]河北是著名的武术之乡，也是杨式、吴式、武式等太极拳流派的大本营，沧州政府为包括太极拳在内的传统武术门类搭建舞台，主旨是为了以武术为引线，拉动该市的经济发展。在这种背景下出场的太极拳，不仅被赋予了促进地方经济发展的全新功能，同时也由此表征出各传统武术之乡以武为媒、发展经济的前所未有的政府工作思路。客观而言，这种状态是与当代社会主义市场经济大环境以及政府部门担负的综合职能相吻合的，太极拳所属的文化功能的确有综合效益，政府以点带线促进地方和社会经济发展的追求也无可厚非，太极拳由此也揭开了当代发展的新帷幕，从而勾画出一种明显区别于以往的时代轨迹。

在各级政府部门的大力支持下，以河南、河北、湖北为中心，全国各地此起彼伏的太极拳交流大赛和联谊活动，不仅渲染了一种浓郁的传统武术文化氛围，烘托出一幅当代太极拳发展的生动画卷，而且也显著地改变着上述各太极拳之乡的社会面貌和经济状态。以有名的"太极圣地"河南省焦作市

① 国家体委武术研究院编纂：《中国武术史》，北京：人民体育出版社，1997年，第362页。
② 李宏梁，段涛：《第七届中国沧州武术节隆重开幕》，《长城在线》，2003年10月9日。

为例，在第五届中国·焦作太极拳国际交流大赛之际，焦作市共有 1279 名劳务人员出国务工，他们以太极拳教学、传播为主，月均工资 8000 元左右，同时期陈家沟所在地温县的太极产业相关从业人员已多达 3000 余人，年实现综合经济效益 2 亿元，太极拳对地方 GDP 贡献额已占 2%。①这一成绩显然得益于焦作市政府以太极拳为核心的文化产业发展路线，同时更要归功于社会主义市场经济建设的宏观战略。始自 1978 年的改革开放犹如春风化雨，迅速催生了中华大地的市场经济大潮，历经 30 多年的探索与建设，有中国特色的社会主义市场经济体系日趋完善，同时也为源远流长的中国武术重新设定了一个崭新而不得不面对的体育产业发展环境。

二、当代太极拳发展的大众动力及其经济归因

太极拳受众群体遍及社会的各个阶层，广泛的大众基础是太极拳飞速传播的根本保障，同时也构成了太极拳持续发展的不竭动力。②但与此对比鲜明的一个现实是，中国武术家族一贯名拳繁多，其他如八卦掌、形意拳等历史上皆以弟子门人云集而称道，太极拳之所以能在当代武林一枝独秀，很可能与其长期发展过程中始终彰显的市场经济特征有着密切的关联。

（一）太极拳轨迹的市场经济印痕

事实上，作为中国武术的世界知名品牌和中华文化的经典国际符号，太极拳不仅在当代武术产业发展中居于前列，其近代以来的传播轨迹也持续贯穿着鲜明的市场经济意识。太极拳是杨禄禅 1850 年前后于北京传播后开始广泛向各地流传的，而当时杨禄禅之所以选择北京作为自己的“创业基地”，显然有其自身的精心考虑。明清以来北京一直被誉为政治、经济、文

① 中国卿：《陈式太极拳文化探骊》，武汉：湖北人民出版社，1997 年，第 254—256 页。

② 周伟良：《传统武术俗文化特征散论》，《天津体育学院学报》1992 年第 3 期，第 22—27 页。

化中枢之地，老北京前门外一带是清朝时期商业最繁华的地区，近代武术史上享有盛名的“八大镖局”也都开设在这一带[①]，因此，太极拳经由杨禄禅之手在北京发扬光大也就不难理解了。杨禄禅之后的众多太极传人如吴鉴泉、杨澄甫、李雅轩、吴公仪、陈微明、郝少如等也不约而同地延续了以大城市为中心的传播路线，分别以上海、杭州、武汉、南京、成都等为基地，推动了太极拳的迅速发展，其实也是基于同样的市场经济考虑。相关资料显示，近代以来的太极拳都市传播还表现出了以收入较丰厚人群为主要传播对象的明显特征。以太极拳传统发展重镇上海为例，20 世纪 30 年代前后，上海市立小学教师的月工资为人均 41.47 元，中学教师 43.03 元，一般工薪阶层的月平均工资只有 17.52 元左右甚至更低，而当时有名的太极拳致柔拳社的收费标准则为 6—10 元/月，达到了一般工薪收入的 30%—60%！[②]由此可见，太极拳传播轨迹上的经济意识与市场定位是非常明确、清晰的，只是旧时的太极拳传人们由于历史局限往往更多地表现出自发的个体性的经济特征，而当代太极文化产业的规模和水准都远非以往的小农经济所能比拟，这也是历史发展与时代进步的必然体现。

（二）市场经济整合的大众传播动力

2009 年 10 月，著名的民营资本阿里巴巴集团与同样著名的王西安太极拳法研究会达成共识，双方联合在阿里巴巴推广太极拳并以之作为打造企业文化的核心内容。[③]此后不久，阿里巴巴董事局主席马云与国际知名影星李连杰联合成立太极文化公司的报道便迅速传遍了各大媒体。阿里巴巴是新时期网络文化的杰出精英，太极拳是民族传统文化的经典代表，两种不同文化的融合似乎正构成一种武术文化当代发展的全新启示，而李连杰功夫影帝及

① 万喆：《从体育强国到强国体育，中国体育需重新定位》，http：//www.chinanews.com/ty/2015/03-04/7100869.shtml（2015-03-05）。

② 谢建平：《二十世纪太极拳的变迁之研究》，上海：上海体育学院博士毕业论文，2005 年，第 23 页。

③ 王娟：《太极文化紧握商业巨手》，《焦作日报》，2009 年 10 月 26 日，第 7 版。

中国武术协会形象大使的身份则同样强烈地吸引着各界人士的关注。改革开放以来，随着经济腾飞所带动的社会民生综合提升，越来越多的企业家和商界人士开始接触到太极拳的文化魅力并积极融入太极拳的传播宏流，以他们拥有的商业资本和擅长的产业运作为当代太极拳发展注入了一种新的力量。如今，马云和李连杰的“太极禅”文化产业项目早已驶入经济快车道，在他们的示范作用下，复星、万达等一批商业资本超级品牌也纷纷进军太极文化产业市场，成为当代太极文化产业发展中坚力量。客观上，太极拳与中国武术向世界推广都必然要求强大的人力、财力、物力作为经济后盾。一方面，包括入奥在内的武术全球化战略迫切需要坚实的产业基础作支撑；另一方面，优秀的中国民族企业同样在执着寻觅传统文化的经典内涵与精神动力。通过市场经济这双无形而有力的大手，时代进步注定要整合各界相关资源，凝聚成社会主义市场经济背景下推动当代太极拳与武术文化传播的全新大众动力！

（三）市场经济激发的武术生态嬗变

马克思主义认为，从事商品活动并追求经济利益是人类出于生存需要的一项本能。[①]如果说当代社会主义市场经济早已对于人类的“趋利”天性做出了富有说服力的论断，那么太极拳发展轨迹上的市场经济印痕则生动地表现了个体主观能动性所具有的惊人创造力。不必讳言，旧时太极门人的传拳活动绝大多数主要是为了养家谋生，行走江湖、卖艺糊口的自发性个体经济活动又往往不免与“民间低位文化”的传统武术形象相互交织[②]，从而呈现出一副真实而艰辛的社会生态图景。但是，也正是通过他们遍布五湖四海的本能而又坚忍的谋生足迹，太极拳的根脉才得以持续地绵延相承！今天，在改革开放造就的沧海桑田般的社会主义市场经济宏观场景之下，各行各业的

① 曹利群：《市场的形成与扩展——来自中国农村市场的证据》，http://www.doc88.com/p999353889510.html（2011-02-01）。

② 马明达：《对太极拳文化现象的思考》，《体育学刊》2004年第5期，第2—3页。

人们越来越多地融入太极拳发展，特别是较具传统文化追求的当代企业家和相关社会资本对于太极拳的产业投入和市场化运作，正日益释放出改变太极拳生态的显著动力，而且正深刻地影响着当代中国武术文化的传播方式及其生态格局。[①]

三、当代太极拳发展的简化动力及其经济思考

（一）简化演绎的太极拳传播动力

审视近代以来的太极拳轨迹，我们不能不赞叹简化路线创造的传播奇迹。陈式太极拳发展过程本身就存在着不断简化地改革举措，杨禄禅、吴鉴泉等的删繁就简进一步奠定了太极拳大众化的技术根基，新中国成立以来的太极拳简化发展战略则直接孕育出了中华太极的广泛传播，同时也使当代太极拳平添了一种接近各界大众、融入社会民生的有利方式和传播动力。[②]易学易练的各式简化太极拳一经问世，便迅速赢得了不同年龄段健身人群青睐，如燎原之势席卷全球，24 式简化太极拳的贡献尤为卓著。简化路线不仅有效拓展了太极拳的传播范围，而且也为太极拳发展带来了更多的时代机遇——日益加快的生活节奏引发的大众身心健康问题、当代老龄化浪潮对于世界各国的强劲冲击、商品经济宏观语境下民众的普遍精神迷失等时代课题都正在为太极拳的发展创造着大有可为的文化空间！

（二）当代太极拳“内练”缺失现象

太极拳不仅以慢练的外在形式和柔化的技击方法独树一帜，其“立身中正”“不丢不顶”“舍己从人”的技术要领也是指导习练者待人接物、和谐入世的修身格言，太极学说蕴含的有关宇宙自然与个体生命理论，又在无形中

① 李厚芝:《我国武术市场开发策略研究》，上海：上海体育学院博士毕业论文，2003 年，第 1 页。
② 郭玉成:《武术传播的理论与对策研究》，上海：上海体育学院博士毕业论文，2002 年，第 76—78 页。

助推着太极拳的技术习练与功法进阶，深化着习练者的身体感悟和内在思维，从而潜移默化地烘托和塑造出太极拳备受称道的“内练”特征。在炼精化气、炼气还神、炼神返虚的“内练”理论指导下，“由招熟而渐悟懂劲，由懂劲而阶及神明”①的经典拳论不但标志着太极内练功夫步步深入的武学进程，而且也在客观上展现了习练者内在思想的持续深化和人生境界的相应提升。太极拳之所以能成为当代最具世界影响的中国传统文化形态，“内练”是其中的一项关键动因。但是，我们同样无法回避相当一段时期以来当代太极拳发展中一直存在的“内练”特征淡化和日益缺失现象。一方面，不少太极拳习练者被外界笑称为“抓鱼摸虾”；另一方面，绝大多数武术爱好者都正在默认的一个事实是，以内功著称的太极拳实战能力正在日益衰退，能够恰到好处地展现太极实战功夫的高手不仅很少，而且也难以与现代散打运动员对抗，这种状况同样也可以从市场经济的视角找到某种答案。

（三）“内练”缺失现象的经济学探因

当今市场经济背景下，文化空间的历史巨变已经使得传统武术发展面临着严峻的挑战，而作为传统武术功法核心的“内练”显然更须投入充分的时间、精力和心血。武术讲究长期苦练，那是因为非如此不足以功成，“冬练三九，夏练三伏“既是对练功时间投入的要求，也是对于习练者精神意志的砥砺；武术在苦练基础上还讲究“巧练”，要求认真开动脑筋，用全身心投入在反复的实践琢磨中体悟、精进，贯穿在这一完整过程中的则是苦学、深研、沉思、精熟。这一切都需要极大的时间、精力等综合成本付出。当今之世，才资颖秀者并不鲜见，志向深远者亦不难得，问题是在追求与诱惑都堪称空前的当代市场经济环境中，能够真正专注武术修习的人群正在偏离社会主流乃是一个不争的事实，而有志于武术追求的相关人群中，在经过一段时间苦心孤诣的探索之后，一旦有所成就，多数又往往情不自禁地进入现实社

① 徐才主编：《武术学概论》，北京：人民出版社，1995 年，第 73—78 页。

会的商品流通之中，以武术取得生存条件的改观与发达，能够拥有淡泊致远心境而坦然面对外在干扰者毕竟少之又少。五光十色的商品经济日益加剧着本就稀少的习武人群的浮躁与喧嚣，在武功速成的急切追求之下，在纷繁复杂的光影闪烁之中，想要静心在武学的一道山间小径中潜心前行，的确不是一般的困难。

简化契合了快餐时代大众健身的现实需求，使得太极拳拥有了宽泛的受众群体，从而具备了市场经济背景下太极拳发展的直接经济源泉和潜在产业基础，这一点是确定无疑的，但也必然导致了太极拳动作规格的改观、技术标准的变异、功法要领的退位以及练习方式的迥异等现象。无论整体风格还是招式细节，追求美观大方、简单易行的现代太极拳简化套路与强调内在功夫修养的传统太极拳各家技法自然大相径庭，由此衍生的当代太极拳“内练”缺失现象也就不难理解了。值得注意的是，同样是对于太极拳的简化，昔日杨禄禅等前辈只是减去了发劲、跳跃等相关较难的动作，太极拳的功法要领、技术要求等则是始终薪火相传，这一点与现代流行的各式简化创编套路形成了鲜明对比。当然，以 24 式太极拳代表的各式现代太极拳简化套路，主旨是为了让更多的民众能够更快、更简单地收获体质健康，至于时间投入、教学要求等全方位普遍缩水的一些为商业效益而设立的“太极速成培训班”等，则不能不说是市场经济大环境的相关产物。

虽然有很多的理由表明太极拳“内练”缺失现象的存在具有现实性依据，但我们同样不能无视当代武术“内练”缺失的现实尴尬。太极拳习练人群所展现出的当代武术“内练”真实状态不仅让传统武术实战能力备受各方质疑，“内练”缺失所导致的人们对于武术一道的境界体会和认识也严重影响了中国武术一贯相承的内外兼修特色，同时更影响到当代武术人群精神气质和时代面貌的整体展示。如果说为立足于市场而设立的一些“武功速成培训”还能够让人理解的话，那么，在各级刊物上反复出现的各种夸大其实的武术招生广告就不能不说极具讽刺意义了，中国武术为了国际推广而创编的竞技武术套路淡化传统武术的“内练”特征，追逐“高难美新”体操竞技规则的举措则似乎又等于直接承认了传统武术难以“内练”的客观现实，并且至少在短时期内无意去探询如何才能较好地在现代的语境下展现传统武术一脉相承的内外兼修特征。

中国武术的博大精深决定了对其认识的多姿多彩。相对于较为普遍的武术技击本质论而言，也有一些专家认为，套路才是中国武术区别于国外武技的根本特征，而且套路本身便是中国武术的本质特征，因为技击功能和外在表现是各种世界搏击术所普遍拥有的，本质上并无区别。撇开技击和套路的中国武术本质特征争论不谈，从这一话题展开，我们认为，以太极拳等为经典展现的“内练”应该是中国武术区别于国外武技的一个重要特征。就目前可以了解的国外体育项目而言，其他的武技如跆拳道、空手道、泰拳等在“内练”方面都远不能与中国武术相提并论，泰拳以外练而知名，跆拳道、空手道等本身便是中国武术在异域开花结果的产物，而瑜伽则又一向被定义为体育健身运动形式，鲜有被视为武技之说。虽然大道难觅，但如果离开了以“内练”为核心的内外兼修特征和现实表征途径，不仅中国武术很难表现出不同于国外其他武技的理论基础，以“武道”为标志的武术境界追求也必将大为逊色，就如空手道、跆拳道、柔道等以“道”为名的国外武技一样，千人一面，难有区别；最重要的是，这种状况又极可能会潜在而深远地影响到当代武术的综合形象，并进而波及中国武术的国际受众认知，而当前的武术发展似乎已经正在映射出这一令人不安的推论！

四、市场经济语境下的当代中国武术文化发展

2008 年北京奥运会前后，一波以传统武术为亮点的文化产业巨流迅速在全国各地传播开来，河南、河北、湖北等以传统武术资源著称的武术之乡，纷纷投巨资建设武术文化产业园区；由央视重金打造的武林大会与中国武术职业联赛，则更深刻地让人感受到了武术赛事产业的震撼前景；已经举办多年的少林、太极等传统武术节的活动规模和经济效益屡创新高，各种新

兴的武术交流大会和武术商业赛事层出不穷，不同地域武术代表性拳种依托雄厚资本进入当地各级学校教育的消息同样此起彼伏。在改革开放30年和新中国建设60周年的时代背景之下，市场经济大潮中的武术文化似乎正日益呈现出一些明显不同以往的发展特点。

（一）市场经济语境下的武术发展选择

近年来，伴随着我国改革开放的飞速进步，社会主义市场经济建设日渐深入，武术市场化发展的大势所趋也日益为各界人士所共识。[①]正如原国家武术运动管理中心主任高小军在武术研究院专家委员会2010年年会上所强调的——“中国武术走市场，是必由之路。”[②]

事实上，作为中华民族传统体育文化瑰宝的中国武术，踏入市场经济之河的步伐要远远早于我国的其他体育项目，20世纪80年代初期电影《少林寺》引发的武术经济高潮堪称是同时代其他体育项目遥不可及的神话与梦想，与《少林寺》同年问世的《中华武术》创刊号印刷120万份即一售而空，鼎盛期的发行量更高达200万份。[③]但随着20世纪90年代以来其他体育项目产业化的纷纷开展，曾经拥有无限风光的武术产业却开始了市场经济大潮下的困惑与彷徨。据报道，就在甲A球市异常火爆，足球比赛上座率场场爆满之际，1996年9月在天津举行的全国武术锦标赛却观众寥若晨星，广告一无所有[④]，有鉴于此巨大反差，2000年举行的第四次全国武术会议明确提出了“深化改革，适应社会主义市场规律，大胆创新，勇于实践，长短结合，深入挖掘武术无形资产”的武术产业化指导思想。2000年3月25日，由国家体育总局武术运动管理中心、北京国武公司和湖南电视台等

① 曹利群：《市场的形成与扩展——来自中国农村市场的证据》，http://www.doc88.com/p999353889510.html（2011-02-01）

② 王悦：《晓霁扬兵紫气重，振衣一上最高峰——国家体育总局武术研究院2010年专家委员会年会举行》，《中华武术》2011年第2期，第12—17页。

③ 昌沧：《〈中华武术〉创刊前后》，《中华武术》2002年第11期，第6页。

④ 周萌：《六千万个期待——关于武术市场开发的思考》，《中华武术》1997年第1期，第6—7页。

联合打造的“中国武术散打王争霸赛”正式开赛，以此为标志，之后兴起的各种中外商业搏击赛事先后在武术的职业化改革方面进行了积极而大胆的尝试，聘请了一批经济专家进行专业的产业策划和市场运作，局面才逐渐开始好转起来。市场经济所带来的广大武林人士以及武术从业者的思想解放与积极能动性，已经注定将对于中国武术的发展产生深刻而重要的影响。至今方兴未艾的武术商业搏击赛事活动，实质也便是当年“中国武术散打王争霸赛”的成果延伸及影响延续。

（二）市场经济视野中的武术发展成果

改革开放以来，武术发展逐步与市场经济接轨，至今已历经30余年风雨。伴随着社会主义市场体系的逐步完善，中国武术经济的发展成果也有目共睹。

1. 市场经济创造的武术发展综合效益

20世纪80年代，电影《少林寺》的横空出世在世界范围内掀起了一股排山倒海般的武术热潮，各地人民的纷至沓来不仅造就了少林寺所在地登封的经济腾飞奇迹，在此基础上诞生的少林武术节也使得河南成为全球闻名的武术经济和旅游中心。据《登封市少林武术管理和发展情况汇报》统计，1991年以来，登封市依靠武术搭台的招商引资项目有200多个，贸易总成交额上千亿元，而登封市本地的62所武术学校，投资额高达8亿元。[①]在少林武术节的引领和示范之下，河北沧州、湖北武当、河南温县等相继出现的各种大型武术文化赛事、联谊活动等也同样收获颇丰。以传统武术为龙头和桥梁的武术文化节，极大地带动了各武术之乡的经济发展、文化整合及其对外开放步伐，鲜明地展示了不同地域人民的精神面貌及时代风采，积极地促进了有中国特色的社会主义市场经济建设的进程，也有力地烘托出了当代武

① 高亮，王世峰，赵珺：《武术产业化发展　登封拟打造“世界功夫之都”》，《东方今报》，2009年6月11日。

术发展在社会主义市场经济建设中的特色地位。

2. 市场经济助推的当代武术形象提升

在以往的社会观念中，武术一贯被大多数人视为民间底层文化而长期存在，旧社会武林中人走江湖卖艺糊口的艰辛生活，同样在大众心中形成了思维定势。新中国成立后，武术的社会地位有了极大改善，但“文化大革命”期间，受当时特定气候与社会环境的影响，武术参与社会经济活动的概率仍然很低，不少在旧社会以教拳谋生的老武术家也受到了不同程度的冲击乃至压制。[①]改革开放以来，随着社会主义市场经济观念的深入人心，中国武术市场化发展的足迹日益步入正轨，中国武术的整体形象也日趋改观。从远离市场到涉足经济，从羞于言利到取之有道，社会主义市场经济从时代的角度，对于人性中“趋利”的本能进行了正面肯定，同时也使得武林中人的社会地位和精神面貌渐趋焕然一新。少林武术的崛起不仅带动了登封市乃至河南省经济文化的整体飞跃，而且也成为中原人民无比自豪的一张特色名片；“中国武术散打王争霸赛”的商业运作造就了一代天骄柳海龙，WMA、CKA等职业武术联赛和中泰对抗商业赛事则进一步使张开印、边茂富名利双收；以武术商业比赛为主要内容的电视娱乐节目《武林风》不仅诞生一年后便以13.69%的最高收视率称霸河南，同时更打造了王洪祥这样颇受关注的民间武林英雄。[②]当武术明星作为品牌代言人频频出现在电视等商业媒体的主流版面之时，人们心目中关于武术的传统思维定势事实上已经开始悄然解构；当包括武术技能、综合素质、形象才艺三部分内容的全国武术形象大赛跃入人们眼帘之际，密切吻合时代特点的中国武术全新形象在那一刻便已在大众心底生根发芽。市场经济环境下的芸芸众生是现实的，市场经济的大手通过一种现实的方式让大众心目中的当代武术形象发生了极大的提升，同时也向众

① 李厚芝：《我国武术市场开发策略研究》，上海：上海体育学院博士毕业论文，2003 年，第 1 页。

② 佚名：《中国功夫现状：陷资本江湖梦想破灭 中看不中用？》，http://sports.ifeng.com/fengqing/detail_2010_08/31/2366593_1.shtml（2010-01-26）。

多关注中国武术的人们再度阐明了一个古老而又常新的格言——“发展才是硬道理。”

3. 太极文化产业折射的当代武术经济生态

相关研究资料的信息显示，虽然时至今日已经拥有了20年左右的市场化经验，但当前的中国体育产业规模还非常弱小。[①]如上文所述，以太极拳为主要载体的太极文化产业已经成为当代武术经济发展中的一个突出亮点，全国各地的太极文化产业规划资金至少在50亿元以上，这一数字对于一向在体育中居于“非主流”地位的武术而言意义自然不同寻常。但是，与太极拳日益红火的发展盛况形成了一种非常强烈对比的现状是，除了登封少林武术的教育产业开发颇具规模之外，当代中国武术其他拳种的产业现状则普遍不太理想，同处于河南的著名传统拳种苌家拳生存状态非常不容乐观，其他地区的武术产业更是几乎无从谈起，这一强烈的现实反差，颇为引人思索。

（三）市场经济语境下的武术发展思考

1. 体育产业大潮下的发展思维分野

随着社会主义市场经济建设的稳步推进，包括武术在内的体育文化产业发展越来越受到社会各界的重视。近年来，国家接连发布了多项发展体育产业的相关文件，如《国务院办公厅关于加快发展体育产业的指导意见》《关于推进文化创意和设计服务与相关产业融合发展的若干意见》《关于加快发展对外文化贸易的意见》等。2014年10月20日出台的国务院46号文件《关于加快发展体育产业促进体育消费的若干意见》，则又使得体育产业成为一项空前的社会焦点。转变政府职能、整合社会资源、发挥市场杠杆、取消赛事审批、充分调动社会团体和民间资本办赛自主权等一系列革命性举措的

① 韩勇，王云辉等：《谁的体育产业》，《财经国家周刊》2010年第26期，第77页。

突破和实施[①]，无疑赋予了中国武术一个极为有利的时代机遇和一种无比强劲的发展动力，同时也催生了当代市场经济语境下武术传播的一种新的思考。

正如一些评论所述，为适应当前的时代语境新内涵，中国武术急需转变观念，重新思考自己的发展定位。[②]作为民族体育的代表性项目，中国武术承载的传统文化内核早已在世界各地深入人心，其全球综合影响远非国内其他运动项目可比。面对5万亿产业目标正掀起的体育产业经济高潮，在其他体育项目都全神贯注于商业蛋糕之际，处于国内先进地位的太极拳在继续开拓产业市场的同时，显然应担负起引领当代中华文化与价值观建设的重任。由此回顾以往的中国武术发展历程，虽然以各武术之乡为代表的相关政府职能部门已经为武术传播进行了强力支持，但这种支持主要体现在以太极拳等搭台拉动地方经济建设方面，对于中国武术象征的中华文化软实力则明显重视不够。长期以来，中国武术一直缺少国家战略层面的跨文化传播规划，这与当代中华民族的伟大复兴主题实在难以相称。中正安舒、厚德载物的和谐文化特质，健身康体、祛病养生的身心涵化功能以及刚柔相济、舒展大方的独特运动形式等，决定了中国武术具有润物无声的文化传播优势，如何科学发挥这一有利条件，积极通过经济开发、商业运作、产业拓展等品牌化战略规划，将中国武术构建成当代中华复兴之路这一传统价值观的传播者和引领者，是当前国家和政府层面需要深入探究的一个战略命题。基于此，我们认为，以2014年国务院第46号文件《关于加快发展体育产业促进体育消费的若干意见》的出台为标志，体育产业大潮下的中国武术发展思维已经到了亟须重新审视的战略关口，在各级政府职能部门层面确立以产业建设推动文化传播的中国武术发展导向势在必行。

---

① 姚明：《体育产业5万亿不应是终极目标》，http://news.qq.com/a/20150309/003499.htm（2015-03-10）。

② 万喆：《从体育强国到强国体育，中国体育需重新定位》，http://www.chinanews.com/ty/2015/03-04/7100869.shtml（2015-03-05）。

2.“经贸唱戏，武术搭台”现象思辨

从最初难以直面到逐渐融入潮流，中国武术的市场化之路并非一帆风顺，与其他一些社会行业的成熟运作模式和丰富商业经验相比，武术经济发展的现实差距一目了然。时下各地纷涌而起的各种传统武术节，对于传统武术发展无疑起到了积极的烘托、造势之意，然而，冷静地分析其内涵及外在形式，我们无法改变大多数人对当代各类武术商业活动的思维定势——看似风光的武术节背后，是长期以来一直难以掩饰的“经贸唱戏，武术搭台”的遗憾与无奈！这一点，即使正风生水起的太极文化产业也依然难以幸免，国内每年举办的太极拳国际赛会签订的投资项目真正和太极拳密切相关的似乎并不多见，数不胜数的各种传统武术节庆活动中真正意在发展传统武术文化的更是少之又少！多年来，厚重的武术资源已经成为地方发展经济、民生的一项有利载体，其绩效本应让人无话可说，关键是为当地经济发展做出积极贡献的传统武术自身却普遍没有得到真正科学的发展，这一点也正是各界民众对于“武术搭台，经贸唱戏”深感遗憾甚至痛惜的缘由。另一方面，以武为媒的招商战略取得了成功，而作为商业媒介本身的武术却难以享受投资者的青睐，这其中又必然存在着武术市场经济方面的自身原因。

传统武术的历史荣光大都已经成为过去，今非昔比的时代特点造就了当代武术的日益边缘地位，同时也使其难以在现实的各种商业活动中唱响主角话语，但是武术承载的文化内涵和民族记忆却依然存在。长期以来，武术已经成了全国各地发展经济民生的一项有利载体，在资金普遍缺乏、需求同样众多的地方政府眼中，厚重的传统武术积淀的确是能够为当地招商引资带来显著效益的一种特色经济资源，各种传统武术节会的融资成果也几乎无一例外地被运用到国计民生的各个相关领域。“存在的就是合理的”——倘若诚如黑格尔的名言所述，那么，“经贸唱戏，武术搭台”的状况至少应该是较为现实地反映了当今市场经济大潮下传统武术的一种客观生存状态！

无论是陈式太极拳、杨式太极拳、武当太极拳，还是其他武术拳种等，在市场经济之风的吹拂与激荡之下，它们都没有靠自身走上一条充分独立自主的发展之路，当其商品价值不被广泛认知之时，便不得已长期在高山深沟之中随着冬夏更迭和岁月演进自生自灭，而一旦以积极的姿态主动融入地方经济的建设宏流，整个武术拳种的生存面貌马上便拥有了改天换地的现实可能。长期深藏内心的发展诉求不仅使得太极拳传人、弟子们的状态焕然一新，而且有效地激发了他们继续开拓市场的雄心壮志，同时也使他们深刻地认识到市场经济的巨大能量和惊人威力，从而更加主动地融入地方经济的发展大局中，自觉而能动地扮演着地方经济发展大盘上一枚古色古香、晶莹剔透的棋子，在“武术搭台，经贸唱戏”的风幡之下，尽其所能地发挥出自身角色的价值和能量，最终在效益共享的模式下实现共赢发展。

客观而言，当下的社会环境特点和历史发展的长期“债务”积累决定了传统武术在市场经济建设中暂时的配角和从属地位，尽管我们可以淋漓尽致地揭示或者“控诉”“武术搭台，经贸唱戏”的层次低下和内涵贫乏，甚至从武术文化的传统精神出发来论述这种追名逐利行为的不智甚至“不齿”，但这就是现实，它像一双看不见的大手有力地扯开传统武术头上缠裹了无数岁月的盖头，毫不犹豫地抹去了传统武术脸上一直羞羞答答的红晕，准确有力地牵引着传统武术进入到熙熙攘攘的商品经济市场，干净利落地把传统武术的经典内涵转换成富有交换价值的现代商品，精打细算地审视着商品海洋的潮起潮落，最后满怀期待地推动着传统武术迈开古老而年轻的现代市场化步伐。当然，武术经济的发展并非是武术文化发展的核心要义，武术经济的前进步伐也注定会与传统武德的相关精神产生冲突，但是，与此相关的“日常生活中道德观念的松动和价值取向的转移”[①]显然应该是当代市场经济大潮中普遍存在的另外一个话题。

① 许明等：《当代中国的文化发展》，北京：中国大百科全书出版社，2008年，第156页。

3. 当代武术经济的现实路径

一般而论，关于武术经济的观点通常基于武术的悠久传统和在全球范围的广泛认知度。[①]根据传统经济学理论，拥有如此强大群众基础和市场潜质的领域应该能顺理成章地产生相应商业规模和经济效益，然而，众多传统武术习练者的现实经济状态却并不乐观！一篇名为《市场经济功夫全在市场之外》的文章指出："这些经济学家之所以挨骂，是因为他们的立足点仍在于单纯的市场，交换和积累。"[②]传统的经济学家至今依然认为"市场，交换和积累"是决定商品经济发展的关键因素，这显然没有错，但当今的市场经济局面又并非单纯的"市场，交换和积累"所能概括和决定。显然，这一见解对于武术同样适用。

客观而言，中国武术赖以成名的传统舞台已经成为过去，沧海桑田般的时空巨变已经极大地消解了传统武术曾经无比辉煌的历史舞台和和如鱼得水的相应场景。日常生活节奏的显著提速与渐趋紧张，时尚健身项目的层出不穷与生动活泼，当代民众的爱好广泛与日益理性等，都在相当程度上影响到了武术经济的客观现实效益。当然，这并非在强调武术项目本身已经不太适应当今的市场经济语境，本书只想说明，时过境迁的现实决定了我们已不能再试图依照传统武术大行其道的往昔经验按部就班地发展武术经济的相关业务和产业，在与往昔迥然相异的当代语境之中，武术作为一种传统资源，仅仅依靠其本身的某些直接产业路径通常是很难产生实效的，只有精心挖掘和发挥武术固有的主流传统功能，并积极与当代的其他相关产业密切结合，才有可能产生显著的经济效益。近年来武术市场经济中表现较为突出的一些案例，如紧密依托教育事业的若干大型武术学校，有机结合传媒的武打电影与武侠文艺，主动携手省市各级电视台以及各大网络媒体等视频传播产业的搏

① 佚名：《中国武术产业潜力巨大 已成为中国文化国际名片》，http://sports.eastday.com/s/20090713/u1a4502029.html（2009-07-13）。

② 佚名：《市场经济功夫全在市场之外》，http://politics.people.com.cn/GB/80291/13180946.html（2010-11-10）。

击赛事以及巧妙融入时装服饰产业的武术服装产业等，便是富有说服力的实践证明。一日千里的现代科技发展结合无所不能的文化创意举措所焕发出的产业活力与市场效应让人几欲目瞪口呆，而以此对照当代武术文化产业，我们则又不难发现，文化内涵与高端创意的缺失显然已经成为制约相关企业层次提升的一个突出瓶颈！

4. 市场经济引发的武术德行话题

中华文化俗有“文以评心，武以观德”之说，崇道尚德的武术传统历史悠久。伴随着改革开放的春风，20 世纪 80 年代以来的中国武术在体验到万物复苏的同时，也开始逐渐感受到市场经济大潮的强烈冲击，以德为先的传统武德观念在日渐流行的经济元素面前一度苍白得无所适从。一段时期的徘徊与彷徨之后，犹抱琵琶半遮面的武术市场经济之旅终于揭开了帷幕，但经济利益伴生的相关道德滑坡现象随之成为当代武德发展中的一道难题。

在金钱的诱惑与驱使之下，肆意夸大武术功法效果，凭借虚假广告攫取经济利益的武术馆校俯拾皆是；蓄意编造各式八卦新闻，通过吸引受众眼球敛取商业效益的武术比赛层出不穷；巧借弘扬国粹旗号利用中外友好交流谋取金钱实惠的武林中人不在少数；打着传播文化幌子通过授拳走穴变相捞取个人好处所谓的“武术大师”漫天飞舞——商品经济催生的众神狂欢的当代武林百态之下，道德错位、品格沦丧的武德缺失现象正日益引人深思。即便是举世公认的先行者少林武术也难脱商品经济的异化之嫌，目前与少林寺商业经济运作有关的种种热议便是鲜活的明证。围绕少林武僧真实身份、少林足球新闻炒作以及少林寺上市公司是非曲直等众说纷纭，也犹如一面镜子直观地反映出了市场经济下的武术伦理道德真实状态。另外，在一些地方政府职能部门经济优先的发展思路导引下，当前的武术活动还较为普遍地存在着过于追求经济效益的现象，时下仍然盛行的“武术搭台，经贸唱戏”便是其中的突出反映，上述种种现象都表明，当代中国武术仍然较为普遍地存在着不惜以道德缺失来换取武术发展的不良状况。[①]

5. 市场经济呼唤的武术精神重塑

30年改革开放成就了社会主义市场经济体制的确立，同时也为中华民族精神的现代化进程创造了全新的背景。在社会主义市场经济的大环境下，人们的需求、欲望、价值、权益得到了空前的尊重，因此，极大地焕发出个体精神面貌的蓬勃与朝气，但同时也面临着诚信自律意识、公平竞争观念等普遍有待提高的突出问题。作为一项长期以民间为主要舞台的传统体育文化，当代武术经济发展一直都存在着先进与落后同在、精华与糟粕共生的传统特点，另外，社会转型期所引起的各种困惑与迷茫也交织其中，凡此种种，都决定了继承与弘扬“尚武爱国、厚德载物、兼容并蓄、刚健有为”等传统武术文化精神的积极意义。事实上，在跆拳道、泰拳、瑜伽等域外武技的惨烈市场竞争之下，国内武术界早已进行了长期的破局思索，习惯了小农经济状态的民间武术流派在巨大的生存压力面前也已经步调不一地开始了面向市场经济接轨的艰难转变，今天，已经有越来越多的武林人士开始借鉴现代健身会馆的形式对会员进行收费教学，通过影视表演宣传进行自我包装的现象也越来越多地进入大众的眼球，利用武术培训和中医养生保健技能赚钱已经成为一种热流，积极投资建构互联网站自我推销的武术机构和个人也早已成为当代武林的平常之举……”[②]

不可否认，个体的生存努力是值得尊重的，现代经营方式也是市场经济的必然要求，但就武术的科学发展而言，只有众志成城、齐心协力地对于传统武术进行去粗取精、去伪存真的提炼整理，只有团结进取、勇于奉献地发扬武术文化尚武爱国、刚健有为的优秀传统，只有兼容并蓄、海纳百川地展现武术精神拳道合一、德技双馨的时代风貌，才能称得上是真正意义上的武

---

① 申国卿：《太极拳发展特点的当代解读》，《山东体育学院学报》2011年第2期，第45页。

② 佚名：《中国功夫现状：陷资本江湖梦想破灭 中看不中用？》，http://sports.ifeng.com/fengqing/detail_2010_08/31/2366593_1.shtml（2010-01-26）。

术市场经济愿境。

6. 市场经济语境下的武术传播要义

2011 年新年伊始，首都各大新闻媒体纷纷争先改版，CCTV-10 增加了新栏目“健康之路”，北京电视台也将原由科技频道播出的“养生堂”节目升至覆盖全国的 BTV 卫视，《北京晚报》《北京青年报》等报纸也不甘落后，相继推出了有关健康的专版[①]，改版后的上述各家栏目，内容大都与太极拳有着较为密切的联系。而与此同时，阿里巴巴主席马云与国际知名影星李连杰携手成立太极禅文化公司以及太极拳挺进国家机关的新闻也迅速成为各界舆论的焦点。[②]媒体是社会生活的风向标，以收视率和点击率为标杆的媒体改版同样堪称市场经济的晴雨表。上述资讯表明，以太极拳为代表的中国武术健康价值、文化内涵与和谐追求已经引起各方力量的深度关注，并正在构成当代中国武术发展的核心要素。无独有偶，2011 年 3 月 25 日，中国武术协会原主席高小军在首届全国武协主席、秘书长联席会议上高屋建瓴地提出并阐释了“大武术观”概念。在这一新的武术思维体系之下，中国武术的综合价值开发及其多元化发展路径得到了明确的强调，通过武术发展不断满足当代“中国人民的精神生活需要”和“世界人民的文化交流需要”则是其中的重中之重。[③]

曾经掀起了多次商业武术赛事高潮的“中国武术散打王争霸赛”主创团队在接受采访时强调，他们的初衷是计划打造一项“能代表中国国家形象的文化产品”。作为“中泰争霸”独家电视信号制作权拥有者的湖南广播电视台经视频道认为：“超女之类的娱乐节目三四年就过气了，我们现在希望能做一些更持久和稳定的体育节目。”号称“娱乐了整个中国”的“电视湘军”，一向以敏感和决断而闻名，湖南广播电视台经视频道毅然涉足武术产

① 王友唐：《从媒体改版、太极成为新宠谈起》，《中华武术》2011 年第 4 期，第 26—27 页。

② 佚名：《马云与李连杰开文化公司弘扬太极 李连杰任 CEO》，http：//www.iceo.com.cn/shangye/36/2011/0413/215038.shtml（2011-04-13）。

③ 王霞光：《“大武术观”促进武术大发展》，http：//sports.people.com.cn/GB/14259384.html（2011-03-28）。

业，同样是看中了内涵博大精深的中国武术文化在当代文化全球化趋势下的发展前景。[①]

今非昔比的时代特点造就了当代武术的日益边缘地位，同时也从一定程度上使其难以在现实的各种商业活动中唱响主角话语，但是武术承载的德技双修、自强爱国、刚柔相济、天人合一等传统文化精神却依然存在，它们也是以和谐为总体特征的中华民族核心价值观及文化软实力的重要象征与特色内涵。产业化不是武术经济的发展主旨。社会主义市场体制为中国武术当代发展创造了有利的条件，市场经济背景下的武术产业发展同样是为了更好地传承、弘扬中国武术文化。

经济全球化特征日趋鲜明的今天，中国武术具备了在“世界开展深度人文交流”的民族身份与特色内涵。[②]置身于民族伟大复兴的当代语境，包含太极拳在内的中国武术理应向着“新时代中国强国路上的价值传播者”的战略目标积极提升。[③]努力运用包括产业在内的各种综合方式，从容自然地向大众展示和演绎中国武术一脉相承的文化高度和精神厚度，让武术真正成为展现新时代中华民族形象的跨文化传播载体，是相关政府职能部门与各界武术爱好者的共同使命。唯其如此，武术才不会在当代市场经济语境中迷失方向。

① 佚名：《中国功夫现状：陷资本江湖梦想破灭 中看不中用？》，http：//sports.ifeng.com/fengqing/detail_2010_08/31/2366593_1.shtml（2010-01-26）。

② 肖石：《以优秀传统文化涵养新时代价值理念》，《人民日报》，2015 年 7 月 14 日，第 7 版。

③ 万喆：《从体育强国到强国体育，中国体育需重新定位》，http：//www.chinanews.com/ty/2015/03-04/7100869.shtml（2015-03-05）。

第三章　中华民族伟大复兴语境下的中国武术出场路径与转型战略

在新的时代语境下，面对中华民族伟大复兴的战略主题与光辉远景，中国武术应该进行如何的发展应对也成为一个突出的现实问题。客观而言，全新的时代语境必然要求中国武术体现出相应的发展特征，因此，本部分内容主要围绕新时代中华民族伟大复兴的宏观语境，对于以服务民族伟大复兴为主旨的中国武术出场路径与转型战略进行相关探讨。

第一节　当代马克思主义哲学研究的“语境论”与“出场学”

一、马克思主义哲学的“语境论”研究范式及其指导作用

当代马克思主义哲学研究的“语境论”研究范式，是由山西大学郭贵春教授近年来基于“科学实在论”研究积淀而提出的一种以注重“从综合的和动态的视角审思科学及其发展”为特色的较新的世界观与方法论，这种研究

范式强调“把科学放在现实的社会、文化、历史等多元语境中来理解”，从而把科学视作“依赖于语境的产物”。[①]在“语境论”的这种方法论看来，“任何一个有意义的语境都不是偶然的、绝对无序的，在它们的现象背后隐含着不可缺少的规律性和必然性。”[②]

从当代马克思主义哲学研究的“语境论”出发审视中国武术百年转型历程，显然为我们提供了一种相关研究范式与方法论的支撑乃至指导作用。作为一种历经数千年时空演变的传统文化类型，武术的历史发展过程必然是动态的同时也是综合的；武术的延续、变迁过程长期伴随着社会、文化等各种宏观因素的相互作用与彼此影响，因此，对于武术的发展也同样应该从多元的宏观语境中去研究和探讨。近代以来的中国武术发展，始终处在国家与民族转型的宏观历史语境之中，在这一总体语境之下又基本可视为分别经历了近代的救亡图存与爱国自强、中华人民共和国成立初期及“文化大革命”的特殊阶段以及始自 20 世纪 80 年代的以改革开放为特征的社会主义市场经济建设等相应时代语境，其中，持续了 30 多年的改革开放进程在上演了以 2008 年北京奥运会为突出成果的诸多辉煌之后，开始进入了中华民族伟大复兴的全新战略语境。中国武术置身于上述整体的时代语境变迁之中，不可避免地深受其中多种相关因素的共同作用与影响，同时也自然而然地表现出自身本能的主动回应或者被动的条件应激等相应的发展特征，透过上述所有因素与状态的综合作用结果，则又隐隐闪现出某种有关百年武术转型历程的客观规律。

① 佚名：《科学实在论的进步及其走向——访郭贵春教授》，《哲学动态》1998 年第 3 期，第 2—5 页。

② 郭贵春：《走向语境论的世界观：当代科学哲学研究范式的反思与重构》，北京：北京师范大学出版社，2012 年，第 4 页。

二、马克思主义哲学研究的“出场学”理论及其战略启迪

与山西大学校长郭贵春教授以“科学实在论”为基础提出“语境论”研究范式类似，当代马克思主义哲学研究的“出场学”理论同样是由苏州大学博士生导师任平教授基于“交往实践观”研究而开创的一种较新的马克思主义哲学研究理论。近年来，“语境论”研究范式和“出场学”理论在当代中国的马克思主义哲学研究中产生了较为积极、广泛的影响，后者因为包含的以“语境论”为基础的相关理论创新，尤其引起了相关学术研究领域的密切关注。“出场”原本主要是艺术演出的一个专有名词，任平教授的“出场学”理论借此强调人类历史本身便是一个盛大的舞台，其中，人既是历史活动的创造者，又是历史舞台的剧中人。在个体与文化的发展过程中必然要不断地面对“他者”及“异质文化”的碰撞与交流，因此在全球化趋势下交往与对话关系的建立就非常必要。[①]该理论还认为，包括马克思主义在内的任何一种思想形态本质上都是“由一定时代语境造就、对出场路径深度依赖的出场形态”，所以，“理论必须随着时代的发展而不断重新选择出场路径与方式，与时俱进地创造新的在场形态。”[②]

从当代马克思主义哲学研究的“出场学”视角出发审视中国武术百年转型历程，不仅能够为我们提供相关研究范式与方法论方面的参考，也为本书形成某些围绕近代以来中国武术发展的观点认识产生重要的启迪。基于出场学视域来回顾中国武术百年来的发展演变，首先，这就相当于依托并采用了一种以马克思主义为指导，在总体上与时俱进地审思与把握中国武术转型历程的研究范式。其次，在近代以来中国社会自上而下的整体转

① 马克思，恩格斯：《马克思恩格斯选集》第4卷，北京：人民出版社，1995年，第217页。

② 任平：《创新时代的哲学探索：出场学视域中的马克思主义哲学》，北京：北京师范大学出版社，2009年，第6页。

型语境之中，武术既是国家转型宏流的一个重要组成部分，又是推动民族进步的一种积极有生力量，始自近代的中华转型语境既使得武术发展饱受历史变剧的历练折磨，也为武术提供了综合演绎自我的时代舞台。置身于近代以来的民族转型长剧，中国武术的出场与在场都不得不直面西方奥林匹克运动的强势与主流，并且仍将在相当一段时期内不能不审思与这种异质文化之间的对接与交流，如何选择应对措施与战略定位，不仅主要取决于中国武术自身的发展考量，还不可避免地要受到时代转型语境的相关作用。虽然，从理论上而言，拥有选择权的主体无疑是与武术发展最具相关度的“人”，但是，由于人总是生活在一定的社会环境中并且深受社会环境特征的综合决定与影响，所以，在具体的发展特征体现上，作为武术主体的相关人群的相应选择，可能仍会在相当程度上以时代语境的某些因素作为关键指导。中国武术的发展曾经深受不同时代历史语境的影响，其出场路径、出场形态也必然要随着时代语境的变迁而相应转变，当代中华民族伟大复兴的宏观语境自然也期待中国武术能够与时俱进地进行发展调整乃至战略因应。

第二节 “语境论”与“出场学”视域下的百年武术转型历程

以马克思主义唯物辩证法为指引，以当代马克思主义哲学研究的“语境论”“出场学”为视域观照近代以来的中国武术转型历程，我们不难发现一条比较明晰的认知路线——以中国武术赖以出场的不同历史阶段的相应宏观语境变迁为出发点和主要依据的研究思路。由此出发，我们又可以沿着一系列的问号去开启理解百年武术转型之旅的探究大门。这一系列相应的追思显然应该主要包括这样的相关内容——第一，在近代中国转型长剧中，构成当年中国武术出场的时代“原初语境”是什么？第二，与之相联系的中国武术出场的相应当代宏观语境又是什么？第三，从当年“原初语境”到当代宏观语境，这中间的漫长历程中究竟曾经发生了什么样的发展变化或者表现出什么样的不同特征？第四，以往不同阶段的武术出场对于当代中国武术的战略出场究竟有着什么样的要求或启示？

针对上述问题的提出，本书进行了相关的思考与探讨。整体而言，我们认为，在以第一次鸦片战争为序幕的近代以来的中国转型进程中，亡国灭种危局下的救亡图存构成了中国武术近代出场的“原初语境”，以 2012 年中国共产党第十八次全国代表大会为标志的中华民族伟大复兴则显然开创了当代中国武术发展的全新战略语境。虽然中国武术在一开始受到的影响整体相对较小，但是，随之便较为迅速地以自身固有的尚武爱国特质融入了救亡图存的时代主题，同时也由此开始了西学东渐潮流下以西方奥林匹克运动为模板的雄关漫道征程，期间虽然经历了晚清至民国再到 1949 年中华人民共和国成立至今的不同历史阶段更迭，但是，整体来看，以奥林匹克为镜的体育竞技化追求没有大的改观。由此也不难看出，中国武术过去的百年转型之旅基本上可以被视为一种不断地面向西方奥林匹克运动学习、靠拢的体育化演进过程，在这一过程中，包括竞技性在内的武术体育属性持续地向着现代化的目标进取，尽管这种体育现代化的追求甚至也已经较为突出地受到了现代奥运会日益商业化和功利性等负面因素的诱导与异化作用，但是文化等其他民族传统特质无形中受到的相对影响与忽视却一直难以得到明显改观——所以，如果说回顾和阅读历史能够使人较为明智的话，这应该不失为近代以来中国武术不同发展阶段的出场、在场形态对于当代语境下武术战略出场的一种显著的提示与期待。

以当代马克思主义哲学研究的“语境论”“出场学”为视域来审视近代以来的中国武术转型历程，我们似乎同样能够约略感触到一种与百年武术命运休戚相关的启迪。在救亡图存的时代语境之中，武术因为满足了国家和民族的自强需要而得以脱离自义和团运动之后的“武禁”而释放出与时代同行的风采，著名的中央国术馆也正因如此才能在民国时期的社会发展中较具影响，并且将武术上升到“国术”的高度；1949 年至今武术的体育化定位乃至“文化大革命”中武术的极端遭遇则同样显示出中华人民共和国成立以来国家对于武术健身功能的整体需求以及传统武术技击的时代敏感性；与之形成鲜明对比的是政府大力提倡下当代太极拳的发展盛况，随着太极拳的飞速传播与广为普及，国家出于健身需求而发挥的武术战略驱动作用一览无余。改革开放以来，百废俱兴，然而，在服务“奥运争光”的举国体制驱动下，武术不仅失去了相对有利的地位与作用，而且还不得不为了获取与其他奥运项目平等的待遇而接二连三地向着现代奥林匹克竞技体育标准改革与“创新”，以至于长期持续面对着山重水复的漫漫前路。回顾与审思这场始自近代至今已经横跨一个多世纪的中国武术发展之路，我们不仅清晰地理解了宏观转型语境对于武术的突出影响，同时也更为深刻地理解了时代和国家需要对于武术的驱动作用，其中，武术百年转型轨迹中来自国家层面的决定作用尤其关键。这一感悟与理解与正如相关专家所述，“国家对武术的需要程度决定了武术在社会发展中的地位”。[①]以之引申开来，或许，我们又可以说，单纯从近代以来的武术转型轨迹来看，在国家需要的第一驱动力作用之下，似乎中国武术至今仍没有表现出充分“自主”发展的相关态势？！随之油然而生的另外一个问题则是——在中华民族伟大复兴的全新时代语境之中，武术有无可能或必须走出某种最大限度立足于自身属性和规律的战略路径？毕竟，中华民族当代复兴的时代语境已经为中国武术的发展创造了各种现实可能性，类似于“文化大革命”之中的相关武术境遇早已烟消云散[②]，全新的时代语境自然要启发全新的发展思索。

① 杨建营，邱丕相：《“国家需要”对武术发展的驱动力探析》，《体育学刊》2010 年第 2 期，第 94—98 页。

② 杨祥全：《气象日新——新中国武术史之二》，《中州体育·少林与太极》2012 年第 4 期，第 1—6、17 页。

第三节　中国武术的出场路径与转型战略

本书以当代马克思主义哲学理论为指导，首先从整体上对于近代以来不同历史阶段武术发展状况进行回顾与展现，继而以“语境论”“出场学”为视域来观照、审思百年武术转型宏观轨迹，主旨是为了在梳理中国武术不同历史语境下相应出场形态的基础上与时俱进地理解和把握中国武术的发展信息，从而产生关于当代中华伟大复兴语境下中国武术出场路径与转型战略的相应认识。基于这一研究目标，根据学界围绕马克思主义当代发展问题的相关最新观点及认识，特别是山西大学校长郭贵春教授与苏州大学博导任平教授近年来有关当代马克思主义哲学“语境论”“出场学”的系列研究成果等，本书对于百年武术转型问题的相关认识得以进一步深化，并以之为基础和借鉴，最终产生了以“一体两翼”为核心的综合认识。

一、中华民族伟大复兴语境下的中国武术出场路径

对于中华伟大复兴语境下中国武术出场路径与转型战略这一问题的相关认识，当前整体上存在着两种明显不同的观点。一种较为流行的观点认为以竞技武术“申奥”为主流的现代武术运动发展已经远远偏离了中国武术流传千年的传统轨道，因此应该回到明清以前乃至近代中国社会转型的初始时代，从传统武术广为盛行的历史语境中感悟中国武术一脉相承的民族传统特色，在对于传统的历史解读中产生当代武术发展的相关理解。另外一种与此相对的思想则认为，尽管时间的演进改变了许多东西，但是武术依然是中国武术，传统武术曾经赖以存在的历史语境已经成为昨天，只有主动适应当今全新的宏观时代特点，武术才能继续向前发展，因此，对于当代武术的发展研究显然应该是着眼于当代的相关理论、实践。对此，本书认为，基于“语

境论”“出场学”的相关理论认识，中国武术的宏观发展状态与其相应历史阶段的时代语境与出场路径有着密切的关联，因此，要想科学地把握中国武术的当代发展，我们就不能不回溯其相应的历史轨迹，从相关的全面梳理与深入思考中探究武术发展的时代语境、出场路径及其宏观形态的相互关系。

本书认为，中华伟大复兴语境下的当代中国武术出场路径基本可以理解为一种类似“一体两翼”的相关发展格局。在这里，“一体”主要指以服务当代中华民族伟大复兴为主旨的宏观发展战略导向，“两翼”则分别指以服务中华民族文化全球传播为指针的国家层面的战略举措和以促进中国武术自身发展为追求的社会层面的大众武术相关战略。当代中华民族复兴的宏大主题的确需要以武术为特色符号的国家层面的全球传播战略，无论是竞技武术面向国际主流体育运动的接轨，还是孔子学院等代表的各种跨文化传播与交流活动，各种相关的武术内容与形式显然都属于国家层面的战略举措，在这种格局下的武术无疑也非常需要当下政府提倡的“武术标准化”战略；而除此之外的其他武术活动内容，则并非都要推行“武术标准化”战略，中国武术博大精深的传统文化内涵与“百花齐放”的民间拳种流派在面向社会大众的武术推广、传播、表演、教育活动中综合效果可能往往会更为突出。当然，上述“一体两翼”的总体出场路径设计还必然包括针对当代中国武术发展的理论与实践反思，以及在此基础上开展的相关发展实践，同时也意味着对于中国武术百年转型之路的重新解读，以及与各种发展观点的积极对话，只有这样，中华伟大复兴语境下的中国武术发展才能真正拥有一条高度契合时代特点的出场路径，并且在相应的场合展现出合适的中国武术形象。

二、服务中华民族伟大复兴主题的中国武术转型战略

始自近代的中国社会转型至今正面临中华民族伟大复兴的全新时代语境，与中国社会同步演进的中国武术百年转型轨迹也将发生极具历史性的转折。以服务中华民族伟大复兴为主题的中国武术发展，必然要在一定程度上

体现出有别于以往的相应宏观发展特征，为此，本书认为，当代中华民族复兴语境下科学的中国武术转型战略，应该能够包含以下几个方面的相关内容。

（一）以百年武术演进轨迹反思为战略基石

从中华民族伟大复兴的全新时代语境出发，对于始自近代的百年武术演进历程进行认真回顾与全面反思，在总结武术发展经验、吸取相关历史教训、肯定武术综合发展成就的前提下，全面回顾和总结中华人民共和国成立以来的武术发展路径，是探讨当代武术文化转型问题的战略基础。唯其如此，当代武术才能全面发挥自身优势与成功经验，在比较中收获认识，在反思中实现创新，在融合中确立自信，在竞争中达到和谐，从而真正做到可持续发展。如本书前文所述历次武术发展讨论等的历史意义也才能真正得以彰显。

（二）以服务当代中华民族伟大复兴为战略主旨

毫无疑问，置身于当代中华民族伟大复兴的全新时代语境，积极主动地融入中华民族复兴的世纪宏流是中国武术无可替代的战略选择。全力助推中华民族复兴的伟大事业不仅是中国武术不可推卸的责任，同时也是中国武术毋庸置疑的义务。唯有牢固确立服务当代中华民族伟大复兴的战略主旨，中国武术的当代发展才能真正与时代同行，其未来前景才会真正值得期待。

（三）确立自主发展的中国特色发展路径

在中国武术的发展过程中当然离不开向世界先进文化学习经验的开放胸怀，但是，随着改革开放以来中华民族的综合腾飞，当代中国的社会地位和国力排名已经今非昔比。中华民族当代复兴的伟大战略必然要求中国武术表现出明显区别于以模仿、借鉴奥林匹克运动为主的传统“接轨”模式，科学的当代武术发展必然是一种以独立自主为前提、以改革开放为动力的有中国特色的创新型战略，这一特点也对当代广大武术工作者的智慧与眼界提出了考验。

（四）突出民族传统特质的先进文化建设

中华民族的当代复兴首先是中华民族传统文化的伟大复兴。武术本身就是中华民族传统文化的特色载体。在中国武术的综合文化体系中，以中国传统哲学思维为核心的“道与理”层面的相关内容最具永恒价值，虽穿越千年而历久弥新。中华民族伟大复兴语境下的武术发展，同样是一种融合社会主义核心价值观，且极具中国特色的社会主义先进文化建设系统工程，科学的当代武术发展也必然能够自然而然地成为社会主义先进文化建设的特色窗口。

（五）引领中华民族传统文化的当代国际传播

在中华民族伟大复兴的时代语境之下，中华民族文化的国际传播尤其具有重要意义。当代武术发展应该主动承担起中华民族文化的传承与传播使命，积极结合孔子学院等国家文化战略举措，主动面向世界各国人民，精心打造中华民族文化的国际性代表符号，为国家文化软实力提升以及全球化趋势下的人类和谐发展贡献力量。

（六）体现以产业化促进文化传播的理念

中华民族伟大复兴语境下的武术发展应该是一项文化传播与产业开发双管齐下的综合性战略工程，传统中国武术文化精华的挖掘整理、当代展现、产业开发、品牌打造等，都迫切要求充满创意的高端发展规划。因此，科学的当代武术发展应当能够充分适应社会主义市场经济建设的全新特征，既合理体现以产业化促进武术文化传播的相应理念，又辩证审视市场经济对于武术形象的深度解构与强力重塑，精心设计以科学的产业化路径促进当代武术综合发展的相关战略。

（七）彰显以人为中心的全新战略认知

人是武术文化的主体，同时也是决定武术发展的关键因素。以往的武术发展一直忽略了武术发展对于人的真正意义，没有能够充分认识到以武术为手段提升人的综合素质的战略价值。传统的武术发展研究也长期缺少对于不同历史阶段中武术者的综合素质及其时代形象的专门探讨。因此，充分发挥中国武术的传统教育功能，精心提炼传统武术文化精神的正态能量与时代价值，注重凸显社会主义先进文化内核与现代体育科学特征，是提升当代武术者素质与武术文化核心竞争力的关键。由此也注定了基于高等院校教育资源的武术文化传承创新平台作用今后势将日益彰显。

（八）借鉴以太极拳为范例的相关经验

太极拳是公认的当代传播最为成功的武术拳种之一。其国内强劲发展势头与国际飞速传播格局早已引起社会各界的密切关注。近代以来的太极拳发展过程中体现出许多极具其他武术拳种学习和参考的突出优势与先进经验。遍布国内外各个年龄阶段、各种社会阶层的太极拳受众群体以及太极拳传播轨迹上显著的市场经济特征等都极具当代中国武术发展借鉴与参考。另外，尤其值得注意的是，太极拳同样具有竞技比赛套路与传统技术套路，虽然也多少存在一些相关争议，但是这并不影响太极拳一往向前的发展步伐。在某种程度上而言，太极拳的成功其实也是其承载的以传统阴阳学说为核心的中华民族传统文化的魅力展现。凡此种种，都决定了当代中国武术发展的确需要认真借鉴以太极拳为范例的相关经验，从而取长补短，积极实现自身的发展突破。

结　语

本书即将完成之际，正值中共中央总书记、国家主席习近平出访欧洲受到普遍热烈欢迎之时。其中，习近平主席此次欧洲之行的第一站是英国。据主流媒体报道，习主席 2015 年 10 月 19 日至 23 日访英期间，英国上上下下对于中国国家元首的到来无比欣喜并且表现出了空前热情的欢迎。当前正逢中国和英国全面战略伙伴关系进入第二个十年，同时也是中欧建交 40 周年，也是习近平主席首次访问英国。这次访问不仅被视为全面开启了中英战略伙伴关系的黄金时代，而且也为中国与欧洲之间的战略合作注入了新的动力，谱写了中西文化之间交流与互鉴的全新篇章。[①]历史的发展向前不息，当代中华民族伟大复兴的全新宏观语境已经与一百多年前中英鸦片战争之时有着沧海桑田般的嬗变与不同。21 世纪中华民族健步迈向新的战略目标的时代英姿也自然远非之前山河破碎的近代转型语境所能够同日而语。时代宏观语境的变迁必然要决定着置身其中的武术文化发展产生新的战略转变，它不仅为我们弘扬与传播当代武术文化带来了全新的信念与动力，同时也坚定了本书关于近代以来中国武术转型历程的时代语境与宏观特征的相关认识与判断。感受着当代中华民族伟大复兴的积极气象，通过上述相关内容的探讨

① 焦翔等：《中英携手迈向“黄金时代”》，《人民日报》，2015 年 10 月 20 日，第 3 版。

与分析，针对“中国武术百年转型历程的时代语境与宏观特征”这一战略主题，本书在梳理近代以来各阶段相关武术发展状态的基础上主要得出以下的相关结论与建议：

第一，近代以来的中国武术发展状态与中华民族宏观转型语境相辅相成。始自近代的中华转型语境使得中国武术也随之开启了延续百年之久的宏观转型历程。积贫积弱、救亡图存的近代中国社会特征决定了晚清与民国时期武术的整体发展状态。中华人民共和国成立初期乃至“文化大革命”的特殊社会语境也不可避免地限定了武术的体育化发展之路，并且为其打上了深深的时代烙印。北京奥运会的空前成功以包括武术在内的体育视角印证了改革开放对于中国大地的积极影响，并且赋予了中国武术全新的历史使命。

第二，不同时期的特定时代主题和国家需要对于武术发展有着决定作用。近代以来的百年武术转型轨迹表明，时代主题和国家需要构成了武术发展的首要驱动力量。以奥林匹克运动为镜的现代体育追求是百年宏观时代语境的客观要求和自然选择，也无可避免地引发了中国武术体系的文化解构与传统武术形象的时代变迁。改革开放造就了北京奥运会武术比赛的发展丰碑，而且使中国武术真正拥有了与奥林匹克运动和而不同的选择可能。只有积极契合时代主题和国家需要，武术才能较好地实现综合发展。由此可知，积极服务于中华民族伟大复兴主题应该是当代中国武术发展的战略选择。

第三，对于百年武术演进轨迹进行战略反思是当代武术发展的重要前提。从中华民族文化转型的时代语境出发，在肯定历史成就的前提下全面回顾和总结近代以降特别是中华人民共和国成立以来的武术发展路径，是探讨当代武术文化转型问题的战略基础。唯有如此，中国武术才能清醒地认识自身并且认真汲取历史经验教训，避免重走相关弯路，确立科学的战略发展观。

第四，中华民族伟大复兴的当代语境决定了中国武术发展行将发生战略转变。中华民族当代复兴的伟大战略必然要求中国武术走出以西方奥林匹克为镜的传统主流模式，在积极借鉴现代奥林匹克运动优点与经验的基础上，以独立自主为前提、以改革开放为动力的有中国特色的创新型武术发展战略正呼之欲出。

第五，以人为本的武术教育功能发挥应当在今后受到战略层面的充分重视。密切吻合当代中华民族复兴语境的武术文化是一种和谐发展的科学生态文化，同时也应该是一种拥有广泛民众基础和美丽时代形象的中华传统文化。所以紧扣中华民族文化复兴的主题，重塑当代武术形象意义重大。由此也决定了武术转型的核心是正能量指引下的人的科学发展问题，实质在于如何使传统武术文化在民族复兴语境中升华为承载社会主义先进文化特质、为促进人的全面发展服务的大众喜闻乐见的现代文化类型。精心培养面向国际传播的能够全面展现当代中华民族全新形象的武术文化复合型高端创新人才，则是提升当代武术文化核心竞争力的重要品牌路径。基于此，结合汉语和孔子学院的推广战略，从国家文化传播层面整合社会各界力量并联系国际文化资本，大力推进面向世界的当前高等院校教育体制与办学模式改革等同样迫在眉睫。

第六，太极拳的传播经验非常值得当代中国武术发展借鉴与参考。近代以来的太极拳传播过程中有许多极具当代中国武术发展借鉴与汲取的成功经验。当代太极拳发展之路的技术变异、简化路径、经济特征、政府因素等与民国时期的武术自发性传播对比鲜明，其中的内涵与象征尤其值得面临全新转型的中国武术文化发展深思。在世界范围内飞速推进的太极拳运动，在某种程度上似乎已经使人产生了一种有别于当代中国武术的身份认知，非常值得思考。

第七，后 2008 时代武术发展表现出的战略动向具有重要启示意义。在北京奥运会影响与推动之下，2008 年以来的武术文化发展已经表现出了明显区别于以往时期的若干发展特征，2012 年以来的种种武术文化现象尤其对于武术发展的战略转型极具标志意义。北京奥运会前后社会各界有关中国武术发展方向的广泛讨论对于中国武术的战略价值弥足珍贵；2012 年的相关社会焦点事件对于中国武术的国际传播同样富有启迪；竞技武术屡次“擦肩而过”的“申奥”进程与太极拳正在引领武术世界传播的突出成就形成了鲜明对比，这一现实不仅发人深省，而且对于当代武术文化发展富含战略启示价值。

参 考 文 献

一、专著

1.（东汉）班固：《汉书》，北京：中华书局，1962 年。

2. 陈名杰主编：《精武百年・精武一百周年纪念》，上海：三联书店，2010 年。

3. 陈山：《中国武侠史》，上海：三联书店，1992 年。

4. 陈学恂：《中国近代教育史教学参考资料》中册，北京：人民教育出版社，1987 年。

5. 成都体育学院体育史研究所：《中国近代体育史资料》，成都：四川教育出版社，1988 年。

6. 崔乐泉总主编：《中国体育通史》第三卷，北京：人民体育出版社，2008 年。

7. 方彪：《京城镖行》，北京：学苑出版社，2004 年。

8. 冯天瑜，何晓明，周积明：《中华文化史》，上海：上海人民出版社，2005 年。

9. 郭贵春：《走向语境论的世界观：当代科学哲学研究范式的反思与重构》，北京：北京师范大学出版社，2012 年。

10. 国家体委体育文史工作委员会，全国体总文史资料编审委员会编：《体育史料》第 17 辑，北京：人民体育出版社，1992 年。

11. 国家体委武术研究院编纂：《中国武术史》，北京：人民出版社，1997 年。

12. 国家体委武术研究院编纂：《中国武术史》，北京：人民体育出版社，1996 年。

13. 和振威：《大成拳学》，北京：北京体育大学出版社，2003 年。

14. 胡绳：《从鸦片战争到五四运动》，北京：人民出版社，1998 年。

15. 黄鉴晖：《明清山西商人研究》，太原：山西经济出版社，2002 年。

16. 老来：《李连杰画传》，北京：金城出版社，2002 年。

17. 李印东：《武术释义——武术的本质及功能价值体系阐释》，北京：北京体育大学出版社，2006 年。

18. 刘平，赵良宇：《江湖侠义》，济南：齐鲁书社，2011 年。

19. 刘万春编著：《河北武术》，北京：北京体育学院出版社，1990 年。

20. 刘延武编著：《中国江湖隐语词典》，北京：中国社会科学出版社，2003 年。

21. 罗时铭:《奥运来到中国》，北京：清华大学出版社，2005 年。
22. 罗澍伟编著:《引领近代文明：百年中国看天津》，天津：天津人民出版社，2005 年。
23. 马克思，恩格斯:《马克思恩格斯选集》第 4 卷，北京：人民出版社，1995 年。
24. 马良:《梁任公先生序棍术科》，上海：商务印书馆，1918 年。
25. 南京特别市教育局:《请提倡我国固有武术案》，南京：中华民国大学院，1928 年。
26. 牛爱军:《近代社会转型中的国术》，北京：人民体育出版社，1997 年。
27. 任平:《创新时代的哲学探索：出场学视域中的马克思主义哲学》，北京：北京师范大学出版社，2009 年。
28. 邵炎秋:《历届教育会议议决案汇编》，上海：上海教育编印馆，1935 年。
29. 申国卿:《陈式太极拳文化探骊》，武汉：湖北人民出版社，1997 年。
30. 申国卿:《燕赵武术文化研究》，北京：人民体育出版社，2009 年。
31. 孙文泱:《品江湖——中国古典小说里的黑白世界》，北京：东方出版社，2006 年。
32. 谭华:《体育史》，北京：高等教育出版社，2005 年。
33. 万籁声:《武术汇宗》，北京：商务印书馆，1984 年。
34. 汪荣祖:《晚清变法思想论丛》，台北：联经出版公司，1984 年。
35. 汪涌豪:《中国游侠史》，上海：上海文化出版社，1994 年。
36. 王尔敏:《明清社会文化生态》，台北：商务印书馆，1997 年。
37. 王栻编:《严复集》第一集，北京：中华书局，1986 年。
38. 王选杰:《大成拳实作绝技》，北京：奥林匹克出版社，1990 年。
39. 王学泰:《水浒 · 江湖：理解中国社会的另一条线索》，西安：陕西人民出版社，2011 年。
40. 温力:《中国武术概论》，北京：人民体育出版社，2006 年。
41. 徐才主编:《武术学概论》，北京：人民出版社，1995 年。
42. 许明等:《当代中国的文化发展》，北京：中国大百科全书出版社，2008 年。
43. 张岱年，方克立主编:《中国文化概论》修订版，北京：北京师范大学出版社，2004 年。
44. 张剑峰主编:《寻访武林》，西安：陕西师范大学出版社，2012 年。
45. 张廷兴:《江湖交际》，济南：齐鲁书社，2011 年。
46. 张文广:《我的武术生涯》，北京：北京体育大学出版社，2002 年。
47. 张正明:《明清晋商及民风》，北京：人民教育出版社，2003 年。
48. 张之江:《国术与体育》，南京：中央国术馆，1932 年。
49. 章绍嗣:《中国现代社团辞典》，武汉：湖北人民出版社，1994 年。
50.（清）赵尔巽:《清史稿》卷一，北京：中华书局，1977 年。
51. 中共中央马克思恩格斯列宁斯大林著作编译局编:《马克思恩格斯选集》，北京：人民出版社，1972 年。
52. 中华人民共和国外交部外交史研究室编:《周恩来外交活动大事记（1949—1975）》，北京：世界知识出版社，1993 年。
53. 宗白华:《天光云影》，北京：北京大学出版社，2005 年。

二、期刊

1. 安世华：《沧州镖局的兴衰》，《中华武术》1990年第6期。
2. 蔡保忠，马健：《近代“土洋体育”之争对武术发展的影响》，《沈阳体育学院学报》2007年第2期。
3. 蔡伟：《陈家沟太极拳的武学生态》，《三联生活周刊》2005年第6期。
4. 蔡仲林，汤立许：《对武术概念的再认识》，《湖北大学成人教育学院学报》2004年第1期。
5. 昌沧：《〈中华武术〉创刊前后》，《中华武术》2002年第11期。
6. 陈捷：《驳王新午的谬论》，《体育文丛》1957年第8期。
7. 陈蕴茜：《论社会心理对近代中国知识分子群体转型的影响》，《南京大学学报》（哲学·人文·社会科学）1997年第3期。
8. 程逸松：《论外宣翻译中的语境因素》，《湖北经济学院学报》（人文社会科学版）2012年第12期。
9. 丹豫晋：《清代山西镖局起源初探》，《沧桑》2012年第5期。
10. 邓先海：《清末湖北断军的营兵运动会》，《体育文史》1995年第3期。
11. 段丽梅：《明清晋商对山西优秀拳种形意拳产生与发展的影响》，《中国体育科技》2011年第5期。
12. 谷继建：《镖局裂变是中国产权经济发展的分割点》，《首都经济贸易大学学报》2010年第6期。
13. 郭贵春：《论语境》，《哲学研究》1997年第4期。
14. 郭汉民，袁洪亮：《近代国民性改造思想的萌芽——论地主阶级改革派的人心风俗思想》，《洛阳师范学院学报》2001年第1期。
15. 郭守靖：《从文化学视角看北京2008奥运会武术比赛》，浙江师范大学学报（自然科学版）2008年第2期。
16. 郭玉成，许杰：《精武体育会与中央国术馆的武术传播研究》，《体育文化导刊》2005年第2期。
17. 郭志禹：《武术理论的辩证思维论析》，《上海体育学院学报》1997年第4期。
18. 哈恩忠：《闲话保镖》，《北京档案》2004年第8期。
19. 韩星：《“华夷之辨”及其近代转型》，《东方论坛》2014年第5期。
20. 韩勇，王云辉等：《谁的体育产业》，《财经国家周刊》2010年第26期。
21. 吉灿忠，邱丕相：《对华北“同兴公”镖局的历史评价》，《中州体育·少林与太极》2009年第10期。
22. 贾云峰：《古代镖师的六大戒律》，《文史博览》2009年第12期。
23. 居山剑圣：《镖行春典选》，《武魂》1994年第11期。
24. 乐陶：《“武侠文艺大国”的实战水平如何？》，《时代周报》2011年第115期。
25. 李风雷，易剑东：《新中国武术运动的发展》，《体育文史》1998年第6期。
26. 李刚，郑中伟：《明清镖局初探》，《华夏文化》1999年第4期。

27. 李建英，郭贤成，孟林盛等：《略论明清时期晋商对武术的贡献》，《体育与科学》2012 年第 3 期。
28. 李桔元：《语境的多维研究——国内语境研究十年发展综述》，《东北大学学报》（社会科学版）2008 年第 2 期。
29. 李万来：《抗日战争时期党领导的体育运动》，《成都体育学院学报》1986 年第 1 期。
30. 李尧臣：《保镖生活》，中国人民政治协商会议全国委员会文史资料研究委员会编：《文史资料选辑》第 75 辑，北京：文史资料出版社，1981 期。
31. 栗胜夫，杨丽：《关于武术进奥运及办好奥运会武术比赛的若干思考》，《武汉体育学院学报》2007 年第 11 期。
32. 蔺志华，虞定海：《武术的现代流变》，《体育文化导刊》2009 年第 2 期。
33. 刘东波，马振东，周春太：《镖局的生存空间与民间武术的传承与创新》，《北京体育大学学报》2008 年第 12 期。
34. 刘海平，徐海环：《对平遥镖局历史发展的研究——以“同兴公”镖局为例》，《体育科技文献通报》2014 年第 5 期。
35. 刘玉华：《对于王新午〈开展武术运动的一些意见〉的意见》，《体育文丛》1957 年第 7 期。
36. 陆勇：《“亡国灭种”的想象与近代民族国家话语霸权的形成》，《洛阳师范学院学报》2010 年第 1 期。
37. 吕如香：《华中第一镖局》，《档案管理》2010 年第 2 期。
38. 马良：《中华北方武术体育五十余年纪略》，《体育与卫生》1924 年第 3 期。
39. 马明达：《对太极拳文化现象的思考》，《体育学刊》2004 年第 5 期。
40. 马颖达，马贤达，马令达等：《一代文通武备的大武术家——纪念马凤图先生诞辰 110 周年》，《武林》1998 年第 10 期。
41. 莫朝迈：《义和团运动中的武术拳种及传人》，《中华武术》1995 年第 10 期。
42. 彭跃清：《精武体育会对我国武术发展的影响》，《体育文化导刊》2011 年第 6 期。
43. 邱丕相：《对武术概念的辨析和再认识》，《上海体育学院学报》1997 年第 2 期。
44. 申国卿：《2008—2012：中国武术的发展激荡与战略抉择》，《武汉体育学院学报》2013 年第 11 期。
45. 申国卿：《2012 年度的武术文化发展之思》，《山东体育科技》2013 年第 6 期。
46. 申国卿：《从武林大会到 WMA——中国武术发展的当代回归与激荡》，《武汉体育学院学报》2011 年第 2 期。
47. 申国卿：《太极拳发展特点的当代解读》，《山东体育学院学报》2011 年第 2 期。
48. 申国卿：《燕赵武术文化研究》，《体育科学》2010 年第 4 期。
49. 申国卿：《中华复兴视角下的近代武术发展》，《武汉体育学院学报》2014 年第 9 期。
50. 孙剑云：《灵活巧变的孙式太极拳》，《中华武术》2001 年第 3 期。
51. 孙剑云：《孙式太极拳的产生》，《中华武术》1999 年第 1 期。
52. 孙长芙：《北京四民武术研究社简史》，《武魂》1996 年第 4 期。
53. 谭华：《20 世纪前期的“国术改良运动”》，《北京体育大学学报》，2002 年第 1 期。

54. 谭华：《70年前的一场中国体育发展道路之争》，《北京体育大学学报》2002年第1期。
55. 谭华：《近代中国社会的变革与武术的进步》，《华南师范大学学报》（社会科学版），2003年第1期。
56. 童旭东：《孙禄堂评传》，《武当》1995年第6期。
57. 童旭东：《孙禄堂先生的人生轨迹》，《武林》2000年12期。
58. 王宏斌：《镖局兴衰数百年》，《国学》2008年第11期。
59. 王林，虞定海：《军国民主义对武术发展的影响》，《山西师大体育学院学报》2009年第1期。
60. 王满福，刘映海：《清代镖局与晋商的发展》，《体育文化导刊》2007年第5期。
61. 王涛：《24式太极拳 简朴出繁华》，《中华武术》2006年第11期。
62. 王新午：《开展武术运动的一些意见》，《体育文丛》1957年第4期。
63. 王学典：《语境、政治与历史：义和团运动评价50年》，《史学月刊》2001年第3期。
64. 王友唐：《从媒体改版、太极成为新宠谈起》，《中华武术》2011年第4期。
65. 王岳川，胡森森：《大国崛起需要“大文化”守正创新》，西南民族大学学报（人文社科版）2008年第11期。
66. 王悦：《晓霁扬兵紫气重，振衣一上最高峰——国家体育总局武术研究院2010年专家委员会年会举行》，《中华武术》2011年第2期。
67. 温力：《尚武精神及其对武术发展的影响》，《武汉体育学院学报》2009年第8期。
68. 吴洪成，张艳芳：《军国民主义对武术发展的影响》，《保定学院学报》2009年第5期。
69. 夏虹，申国卿：《回望北京奥运之年的体育文化遗产》，《武汉体育学院学报》2014年第7期。
70. 小可：《源顺镖局》，北京市体育文化工作委员会编：《北京体育文史》第五辑，1990年。
71. 杨桦：《2008年北京奥运会对提升中国国际地位和声望的研究》，《体育科学》2006年第5期。
72. 杨建营，邱丕相：《“国家需要”对武术发展的驱动力探析》，《体育学刊》2010年第2期。
73. 杨绍虞：《镖行唇典浅说（中）》，《中华武术》1989年第2期。
74. 杨祥全：《艰难前行——新中国武术史之三》，《中州体育·少林与太极》2012年第5期。
75. 杨祥全：《气象日新——新中国武术史之二》，《中州体育·少林与太极》，2012年第4期。
76. 杨祥全：《根基乍立——新中国武术史之一》，《中州体育·少林与太极》2012年第3期。
77. 伊见思：《体育研究社略史》，《体育丛刊》1924年第1期。
78. 佚名：《传承百年的镖局精神》，《国学》2008年第11期。
79. 佚名：《科学实在论的进步及其走向——访郭贵春教授》，《哲学动态》1998年第3期。
80. 佚名：《孙式太极拳重要代表人物》，《中华武术》2002年第11期。

81. 易剑东，韩淑艳，邹淑明：《中国武术百年历程回顾——面向21世纪的中国武术》，《体育文史》1999年第1期。
82. 易剑东，谢军：《中国武术百年历程回顾——面向21世纪的中国武术》，《体育文史》1998年第4期。
83. 易剑东，谢军：《中国武术百年历程回顾——面向21世纪的中国武术》，《体育文史》1998年第5期。
84. 易剑东，张苓：《中国武术百年历程回顾——面向21世纪的中国武术》，《体育文史》1998年第3期。
85. 易剑东：《民国时期武术社会化探析》，《南京体育学院学报》1996年第11期。
86. 易剑东：《中国武术百年历程回顾——面向21世纪的中国武术》，《体育文史》1998年第1期。
87. 袁敦礼：《奥林匹克的价值及其对中国体育的影响》，《体育周报》1932年第5期。
88. 张春梅，段丽梅：《明清镖局与武术传承关系探究》，《山西师大体育学院学报》2011年第2期。
89. 张非垢：《武术工作中的两条路线》，《体育文丛》1957年第9期。
90. 张胜利：《中国武术何去何从》，《〈瞭望〉新闻周刊》2008年第33期。
91. 张襄海：《近代中国武术发展概况》，国家体委体育文史工作委员会，全国体总文史资料编审委员会编：《体育史料》第14辑，北京：人民体育出版社，1989年。
92. 张银行，李吉远，李成银：《关于“后奥运”武术普及与推广的若干思考——基于国内的视域》，《西安体育学院学报》2013年第1期。
93. 赵双进：《对八十年代武术工作的回顾与随想》，《体育文化导刊》2003年第1期。
94. 赵跃飞：《镖局，冷兵器时代的晋商护符》，《档案春秋》2013年第6期。
95. 质如：《大刀王五和源顺镖局》，《北京档案》2014年第3期。
96. 中国第一历史档案馆编：《光绪三十二年京城管理镖局枪支史料》，《历史档案》2005年第3期。
97. 中央体委民族形式体育研究会：《为什么不把武术称为国术》，《新体育》1954年第7期。
98. 周萌：《六千万个期待——关于武术市场开发的思考》，《中华武术》1997年第1期。
99. 周伟良：《传统武术俗文化特征散论》，《天津体育学院学报》1992年第3期。
100. 朱志斌，魏孟田，张冰：《清末民初武术发展研究》，《体育文化导刊》2009年第10期。

三、报纸

1. 包尔文，刘莉莉：《开局百日的世界印象》，《人民日报》，2013年2月22日，第1版。
2. 曹彧，邵帅：《传承武术内涵 打造品牌价值》，《中国体育报》，2012年1月12日，第7版。
3. 陈佳堃：《熊朝忠目标统一三大金腰带 在日本人气高于中国》，《北京晚报》，2012年11月26日，第30版。
4. 陈来：《中华传统文化与核心价值观》，《光明日报》，2014年8月11日，第16版。

5. 慈鑫，袁梦佳：《武术“入奥”很难不失本质》，《中国青年报》，2012 年 10 月 29 日，第 8 版。
6. 崔景波：《融合南、北拳编新套路》，《体育报》，1959 年 3 月 26 日。
7. 大公报社：《今后之国民体育问题》，《大公报》，1932 年 8 月 7 日。
8. 大公报社：《与全国体育会议商榷》，《大公报》，1932 年 8 月 17 日。
9. 高亮，王世峰，赵珺：《武术产业化发展 登封拟打造“世界功夫之都”》，《东方今报》，2009 年 6 月 11 日。
10. 贺军，陈功：《奥运圣火传递受干扰引发的战略反思》，《南方周末》，2008 年 4 月 30 日。
11. 胡芳：《奥运“IPO”彰显中国实力（金融高管看奥运）》，《国际金融报》，2008 年 8 月 9 日，第 6 版。
12. 黄德强：《杨澜老公吴征收购 K1 世界顶级搏击赛事落户中国》，《重庆晨报》，2011 年 10 月 21 日，第 42 版。
13. 焦翔等：《中英携手迈向“黄金时代”》，《人民日报》，2015 年 10 月 20 日，第 3 版。
14. 李波：《圣火传递与大国境界》，《北方周末报》，2008 年 4 月 17 日，第 14 版。
15. 李成：《感受活生生的博尔赫斯》，《光明日报》，2012 年 2 月 24 日，第 5 版。
16. 李宏梁，段涛：《第七届中国沧州武术节隆重开幕》，《长城在线》，2003 年 10 月 9 日。
17. 李洪波：《金庸小说揭秘：很多母题来源于民国武侠小说》，《山西晚报》，2013 年 12 月 18 日。
18. 李晓亮：《伪武术表演，是对武学的妖魔化》，《华西都市报》，2012 年 9 月 5 日，第 4 版。
19. 刘彬：《仰视“光前裕后”的哲学之师——汤一介谈〈瞩望新轴心时代：在新世纪的哲学思考〉》，光明日报，2014 年 1 月 10 日，第 12 版。
20. 刘硕阳等：《中国职业体育二十年再破题（下）》，《人民日报》，2013 年 3 月 29 日，第 6 版。
21. 欧阳康：《中国价值观与中华民族伟大复兴》，《光明日报》，2013 年 1 月 19 日，第 11 版。
22. 欧阳英：《辩证看待摸着石头过河与加强顶层设计》，《光明日报》，2013 年 4 月 2 日，第 11 版。
23. 世界日报社：《体育呼唤革新》，《世界日报》，1932 年 7 月 17 日。
24. 宋承良：《张之江、李景林和他们的中央国术馆》，《东方早报》，2013 年 1 月 16 日，第 B10 版。
25. 孙郁：《2012 年度中国十大学术热点》，《光明日报》，2013 年 1 月 8 日，第 4 版。
26. 体育周报社：《体育何分洋土》，《体育周报》，1932 年 8 月 13 日。
27. 佟阳：《武术进奥运 2020 年有希望》，《华商晨报》，2012 年 10 月 27 日，第 B12 版。
28. 汪海波：《以长视角与“整体史观”考察中国道路的历史选择》，《光明日报》，2012 年 12 月 6 日，第 11 版。
29. 王继晟：《大众乒乓 天宽地阔》，《人民日报》，2013 年 3 月 23 日，第 6 版。
30. 王娟：《太极文化紧握商业巨手》，《焦作日报》，2009 年 10 月 26 日，第 7 版。

31. 王天柱：《除去茅塞》，《绵阳晚报》，2008 年 8 月 27 日，第 B2 版。
32. 王希子：《〈中国达人秀〉：包容每一个梦想》，《光明日报》，2012 年 1 月 16 日，第 14 版。
33. 王笑笑：《武术争入奥 促文化交流》，《北京日报》，2012 年 12 月 21 日，第 15 版。
34. 吴蔚：《民国时期保定快跤》，《保定日报》，2009 年 9 月 13 日，第 4 版。
35. 吴蕴瑞：《我看今后的国民体育问题》，《体育周报》，1932 年 8 月 20 日。
36. 肖江：《“瘦身计划”限制武术进奥》，《沈阳日报》，2008 年 7 月 12 日，第 A08 版。
37. 肖石：《以优秀传统文化涵养新时代价值理念》，《人民日报》，2015 年 7 月 14 日，第 7 版。
38. 徐霞鸿：《“鉴湖女侠”——自由魂里的“决绝与柔情”》，《绍兴晚报》，2010 年 11 月 28 日，第 8 版。
39. 徐霞鸿：《精神家园里永远的秋瑾》，《绍兴晚报》，2010 年 11 月 28 日，第 7 版。
40. 薛原：《建构体育发展大局观——关于体育改革向纵深推进的思考之五》，《人民日报》，2014 年 1 月 10 日，第 15 版。
41. 杨莲洁：《〈功夫熊猫〉收 1.35 亿元 上映三周票房创纪录》，《北京晨报》，2008 年 7 月 8 日，第 B22 版。
42. 尹汉宁：《顶层设计要倾听基层声音》，《光明日报》，2013 年 3 月 27 日，第 2 版。
43. 张国：《百年圆梦，见证了中华民族伟大复兴的脚步》，《中国青年报》，2008 年 8 月 4 日，第 3 版。
44. 赵蔚林：《中国散打举行总结大会 高小军：武术由散打带头》，《华商报》，2012 年 12 月 15 日，第 B8 版。
45. 中央党校中国特色社会主义理论体系研究中心：《走近中华民族伟大复兴》，《光明日报》，2013 年 1 月 26 日，第 5 版。
46. 钟声：《大国之路的精神支撑》，《人民日报》，2012 年 6 月 6 日，第 9 版。

四、学位论文

1. 郭守靖：《齐鲁武术文化研究》，上海：上海体育学院博士学位论文，2007 年。
2. 郭玉成：《武术传播的理论与对策研究》，上海：上海体育学院博士毕业论文，2002 年。
3. 李厚芝：《我国武术市场开发策略研究》，上海：上海体育学院博士毕业论文，2003 年。
4. 谢建平：《二十世纪太极拳的变迁之研究》，上海：上海体育学院博士毕业论文，2005 年。

五、网络资源

1. UFC 中国：《UFC 未来发展看中国 综合格斗影响力必超足球》，http：//sports.qq.com/a/20121030/000412.htm（2012-10-30）。
2. 曹利群：《市场的形成与扩展——来自中国农村市场的证据》，http：//www.doc88.com/p999353889510.html（2011-02-01）。
3. 陈保磊：《要理智看待“武术入奥”为竞技体育“减负减压”》，http：//sports.163.com/12/0119/11/7O4JMOQV00051CAQ. html（2012-01-19）。

4. 陈泽伟，张兴军：《武术何时进奥运？》，http：//www.sohu.com/a/109124244_157388（2008-08-19）。
5. 催玉京：《北京四民武术研究社的历史传承》，http：//www.qqgfw.com/News_1Info.aspx?News_1ID=31268（2017-03-26）。
6. 顾瑞珍等：《“洋熊猫”引起政协常委的热议》，http：//news.qq.com/a/20080704/002733.htm（2008-07-04）。
7. 家钥：《〈功夫熊猫〉：东方武学的西式致敬》，http：//gym214.blog.163.com/blog/static/3669051220097533851799/?mode=edit（2008-06-23）。
8. 孔庆东：《民国武侠经典序》，http：//blog.sina.com.cn/s/blog_476da3610102dvz6.html（2012-04-18）。
9. 李舫：《重拾中华民族传统文化的自信》，http：//www.hljnews.cn/fou_zt/2008-08/13/content_186482.htm（2008-08-12）。
10. 李瑞林：《孙中山与天津中华武士会》，https：//tieba.baidu.com/p/165841551（2007-05-15）。
11. 李诗佳：《胡锦涛会见出席北京奥运会开幕式的外国政要》，http：//www.china.com.cn/international/txt/2008-08/07/content_16157013.htm（2008-08-09）。
12. 林本剑，谷正中，苏荇：《太极世界冠军开幕式表演惊艳鸟巢》，http：//2008.qq.com/a/20080809/004588.htm（2008-08-09）。
13. 刘鹏：《北京奥运会与中国体育的可持续发展——在北京奥运城市发展论坛上的演讲》，http：//www.beijing2008.cn/Hot_Event/Forum/20090808/901.shtml（2009-08-07）。
14. 刘向前：《首届全国武术散打医务监督委员会在北京正式成立》，http：//sports.sina.com.cn/o/2012-09-11/21226222359.shtml（2012-12-16）。
15. 柳琴：《武林泰斗——我的武术老师李尧臣》，http：//blog.sina.com.cn/s/blog_501da8ee01007xbl.html（2007-12-21）。
16. 卢新宁：《奥运时评十五：告别“历史悲情”我们拥抱世界》，http：//2008.people.com.cn/GB/128225/128442/7642702.html（2008-08-11）。
17.（英）马利得：《奥运火炬点燃中国民族情绪》，http：//www.ftchinese.com/story/001018699/（2008-04-16）。
18. 宁财神：《从韩国奥运火炬传递看大国崛起的艰辛路途》，http：//blog.sina.com.cn/s/blog_4c50f9f4010097ey.html（2008-05-02）。
19. 童旭东：《由民国时期两次国术擂台大赛看到的（二）》，http：//blog.sina.com.cn/s/blog_709f49fa0102efon.html（2013-09-19）。
20. 童旭东：《由民国时期两次国术擂台大赛看到的（一）》，http：//blog.sina.com.cn/s/blog_709f49fa0102ef2c.html（2013-08-28）。
21. 万喆：《从体育强国到强国体育，中国体育需重新定位》，http：//www.chinanews.com/ty/2015/03-04/7100869.shtml（2015-03-05）。
22. 王霞光：《“大武术观”促进武术大发展》，http：//sports.people.com.cn/GB/14259384.html（2011-03-28）。

23. 谢栋风等：《外国专家认为北京奥运会将推动中国步入一个新时代》，http：//news.163.com/08/0823/12/4K1G3SEM000120GU. html（2008-08-23）。

24. 姚明：《体育产业 5 万亿不应是终极目标》，http：//news.qq.com/a/20150309/003499.htm（2015-03-10）。

25. 佚名：《〈功夫熊猫〉刺痛中国文化神经》，http：//world.people.com.cn/GB/57507/7524594.html（2008-07-17）。

26. 佚名：《2012 年功夫赛事汇总》，http：//sports.sohu.com/s2012/8055/s332463415/（2013-01-10）。

27. 佚名：《奥运圣火是一面镜子》，http：//blog.sina.com.cn/s/blog_49d1ce9c01008y3q.html（2008-04-24）。

28. 佚名：《从武林中来 到政界中去：民国政治人物与武术的因缘》，http：//cul.sohu.com/s2013/minguowulin/#brief2（2015-01-31）。

29. 佚名：《韩慕侠名声直追霍元甲 周恩来曾在门下学拳》，http：//www.dahe.cn/wenhua/shgc/t20070803_1063255.htm（2013-01-16）。

30. 佚名：《记录"武林大会"》，http：//www.cctvse.net/moban1.asp?pid=44（2012-07-15）。

31. 佚名：《精武精神》，http：//www.chinwoo.org.cn/page/section/39（2015-08-21）。

32. 佚名：《马云与李连杰开文化公司弘扬太极 李连杰任 CEO》，http：//www.iceo.com.cn/shangye/36/2011/0413/215038.shtml（2011-04-13）。

33. 佚名：《猛志常在——王猛将军传（三）》，http：//blog.sina.com.cn/s/blog_4a7664dd0102v5og.html（2014-10-20）。

34. 佚名：《民国武术奇人沧州二杰 王子平与佟忠义》，http：//www.china.com.cn/aboutchina/zhuanti/wsdg/2008-07/22/content_16046875.htm（2008-07-22）。

35. 佚名：《平江不肖生》，https：//baike.baidu.com/item/%E5%B9%B3%E6%B1%9F%E4%B8%8D%E8%82%96%E7%94%9F/328690?fr=aladdin（2015-08-12）。

36. 佚名：《市场经济功夫全在市场之外》，http：//politics.people.com.cn/GB/80291/13180946.html（2010-11-10）。

37. 佚名：《燕赵多豪侠》，http：//www.chinanews.com/zhuanzhu/2001-10-09/628.html（2014-01-21）。

38. 佚名：《真实版〈一代宗师〉告诉你真实的民国武林》，https：//tieba.baidu.com/p/2646327189（2013-01-18）。

39. 佚名：《中国功夫现状：陷资本江湖梦想破灭 中看不中用？》，http：//sports.ifeng.com/fengqing/detail_2010_08/31/2366593_1.shtml（2010-01-26）。

40. 佚名：《中国武术产业潜力巨大 已成为中国文化国际名片》，http：//sports.eastday.com/s/20090713/u1a4502029.html（2009-07-13）。

41. 佚名：《中国武术何时才能走进奥运会？》，http：//sports.qq.com/a/20080721/000603.htm（2008-07-21）。

42. 袁正洪：《武当武术被列为国家体育总局武术研究院科研课题》，http：//www.hb.chinanews.com/news/2006/2006-07-18/67117.html（2006-07-18）。
43. 张熙武：《〈功夫熊猫〉的启示》，http：//blog.sina.com.cn/s/blog_47383f2d0100aanc.html（2008-07-20）。
44. 张许平：《关于擂台比武的意淫》，http：//bbs.tianya.cn/post-no05-209213-1.shtml（2011-09-16）。
45. 周进：《赵登禹曾率军获喜峰口大捷 绰号“打虎将军”》，http：//culture.people.com.cn/n/2014/0930/c17231825764757.html（2014-10-05）。
46. 周伟良：《二十世纪前的中国武术》，http：//view.news.qq.com/a/20080729/000040_1.htm（2013-01-16）。

后　记

本书是笔者国家社科基金项目《中国武术百年转型历程的时代语境与宏观特征研究》（项目编号：13BTY060）的最终研究成果，是基于本人多年来对于武术发展的感悟而成文的。另外，本书也是“河南省高等学校哲学社会科学创新团队支持计划”（2017-CXTD-03）系列成果。

作为一种古老而特殊的中华传统文化，武术至今已经走过了漫漫数千年的演进历程。从一门最初的生存搏杀之技到一种当代的特色民族文化，武术坎坷、斑驳的生命底色中镌刻着瑰丽多姿的复杂印痕，曲折、雄壮的发展轨迹中蕴含着发人深思的经验启迪。从一个合适的时代节点出发，围绕不同历史阶段的武术发展状态进行回顾与审视，对于武术发展而言尤为必要。

当代中国正在进入一个民族文化复兴的伟大时代。伴随着新时代的宏观语境，中华民族伟大复兴的时代特征进一步彰显，并且正愈发深刻地影响到包括武术在内的传统文化综合发展。因此，如何科学总结中国武术以往历史发展经验，积极适应新时代的中华民族当代伟大复兴语境，显然不仅仅是中国武术发展面临的一项战略主题。在我们看来，波澜壮阔的中华伟大复兴战略画卷，无疑也为中国武术发展的回顾与展望创造出一个全新的研究基点，提供了一种独特的研究视域。

武术发展本身是一个动态的时空历程，武术文化研究离不开科学的辩证法则。因此，本书主要以马克思主义唯物辩证法为指导，将当代马克思主义哲学出场学理论和语境论研究范式引入武术研究领域，尝试从综合与动态的视角出发，联系当代中华伟大复兴战略语境，对于武术文化百年转型不同阶段的时代背景及其宏观特征进行历史审视与综合思辨。

以上述认识为引领，本书梳理、论述了武术文化的百年转型语境与百年转型语境中的武术文化，分析、解读了武术百年转型之旅三次思想讨论的历史意义与战略启迪，探讨、提出了中华民族伟大复兴语境与当代中国武术出场路径、转型战略，并在相关问题上注重体现自身的相关认识，重点描述了“1900—1949 年的中华民族转型语境以及武术文化发展回应”“1949—1978 年的新中国宏观时势与武术文化发展形态”“1978—2008 年的改革开放背景与武术文化生态特征”“2008—2012 年的武术文化发展激荡及其宏观演进趋势”等几个方面的相关内容，在上述研究过程中，注重体现关于武术发展的自身思考认识特点，由衷期待能够对当代中国武术文化发挥一些积极作用。

但是，限于时间、资料以及个人能力等因素，本书在若干方面的研究深度与广度等显然仍有许多拓展与提高空间，例如，对于中华民族伟大复兴语境下当代武术客观生存状态的深度揭示与分析，对于中华伟大复兴语境下当代武术出场路径与转型战略的微观分析与探讨等方面，仍存在不足或欠缺；有关近代以来中国社会转型语境中武术人的时代价值及其综合思考，有关中国武术百年转型经验视角下当代“武术标准化战略”的辩证分析等，显然也需持续研究。

在本书的资料收集收集、文字撰写过程中，得到了有关方面的积极支持与大力帮助，参考、引用了不少相关文献成果，在此一并致谢！未及注明或疏疏漏之处，敬请各方见谅！

关于中国武术发展的研究与探讨永无止境。我们持续努力的探讨与求索生生不息。谨以此语作结，献给栉风沐雨、历久弥新的武术文化，致意筚路蓝缕、且行且思的武林中人。

中国卿

2017 年 11 月 26 日